기

방
문

기업가의 방문

어느 기업 대학에서 생긴 일

1판1쇄. 2014년 3월 17일

지은이. 노영수
펴낸이. 박상훈
주간. 정민용
편집장. 안중철
책임편집. 이진실
편집. 최미정, 윤상훈, 장윤미(영업 담당)
업무지원. 김재선

펴낸 곳. 후마니타스(주)

등록. 2002년 2월 19일 제300-2003-108호

주소. 서울 마포구 합정동 413-7번지 1층 (121-883)

편집. 02-739-9929, 9930
제작 영업. 02-722-9960
팩스. 02-733-9910
홈페이지. www.humanitasbook.co.kr

인쇄. 천일 031-955-8083
제본. 일진제책 031-908-1407

값 15,000원

ⓒ 노영수 2014
ISBN 978-89-6437-202-9 04300
        978-89-6437-201-2 (세트)

이 도서의 국립중앙도서관 출판시도서목록(CIP)은
e-CIP홈페이지(http://www.nl.go.kr/ecip)와
국가자료공동목록시스템(http://www.nl.go.kr/
kolisnet)에서 이용하실 수 있습니다(CIP제어번호:
CIP2014007642).

기업가의 방문

노영수 지음

어느 기업 대학에서 생긴 일

후마니타스

추천사

두산그룹의 색깔이 있다면 극단성과 노골성이다. 그들은 노동자 손배 가압류를 처음 시작하지도 않았고, 대학 기업화의 선구자라 보기도 어렵다. 하지만 두산이 일단 손대기만 하면 지독한 사회문제가 됐다. 노동자 배달호를 죽음으로 몰고 간 손배 가압류가 그랬고, 중앙대학교의 '구조 조정'이 그랬다. 이 책은 재벌에 저항한 어느 대학생의 악전고투를 생생하게 그려 낸다. 노영수는 자신의 비겁함을 고뇌하거나, 싸울 준비가 다 될 때까지 기다리지 않았다. 발 디딘 자리에서 곧장 뛰어들어 싸웠다. 쌍끌이 어선을 탈 때 그는 게공선의 노동자였고, 타워크레인에 오를 때는 김주익이자 김진숙이었다. 당신이 노영수라는 이름을 몰랐다면 알아야 하고, 알았다면 기억해야 한다. 뉴욕, 쿠바, 멕시코가 아니라 바로 우리 곁에 저항의 젊은 초상이 있었다.

— 박권일(칼럼니스트, 『88만 원 세대』 저자)

대학과 기업은 서로 협력하면서 동시에 서로 비판해야 한다. 하지만 두산그룹의 중앙대 인수를 통해 대학과 기업은 지구상에 존재할 수 있는 가장 천박하고 남세스러운 관계를 맺었다. 기업이 대학에 들어오자, 대학은 회사가 되었고, 학생은 직원이 되었다. 이 황당한 사태에 모두가 놀라 입을 다물지 못할 때, 항의의 목소리를 내기 위해 홀로 그 높은 고공 크레인 위에 오른 젊은이가 있었고, 그 일로 그는 모교라는 이름의 회사에서 해고당했다. 그렇게 불의에 침묵하지도, 타협하지도 않으려 했던 어느 '의혈' 젊은이의 고독한 투쟁의 기록이 여기에 있다.

— 진중권(동양대학교 교수)

『기업가의 방문』은 자율적이었던 대학이 자본의 개입으로 인해 어떻게 하나의 브랜드로, 사기업으로, 취직 공장으로 변모해 가는지를 쓰라리게 드러낸다. 속물적 욕망을 자원 삼아 이루어지는 이 뻔뻔한 변화에 꿋꿋하게 맞섰던 한 '지독한' 학생의 경험담을 담은 이 책은 자본이 여론과 사회를 장악해 가는 방식에 관한 보고서일 뿐 아니라, 개인적 투쟁이 사회적 불평등에 대한 인식으로 확장되는 과정을 보여 주는 의식의 성장기이기도 하다. 이 책을 읽는 것은 우리 시대를 읽는 것이다.

— 문강형준(문화평론가, 계간『문화/과학』편집위원)

노영수는 '안녕들 하십니까'의 문제의식과는 동떨어진 사람이다. 사회의 부조리함을 알면서도 침묵했던 것에 대한 반성에서 '안녕들 하십니까'가 시작됐다고 한다면, 노영수는 결코 안녕하지 못한 사람이 아니다. 그는 늘 저돌적이었다. 망설이는 법이 없었다. 무엇이 잘못됐다는 '직감'이 서면 언제나 문제 해결의 최선봉에 섰다. 분명히 노영수의 그것은 '판단'이 아니라 '직감'이다.

그래서 노영수 그 자신의 기록은 동시에 대학 기업화의 선봉에 있는 중앙대학교의 기록이다. 두산 재단 이후 일어난 일들은 하나같이 '문제'였다. 진중권 교수 재임용 거부부터 학과 구조 조정, 자치 언론 탄압, 학생 징계까지, 문제 아닌 일이 없었다. 이 모든 일들에 저항하는 최선봉에는 언제나 노영수가 있었다. 따라서 이 책은 노영수의 이야기라기보다 중앙대학교의 이야기다. 21세기 대학 기업화가 어떤 방향으로 진행되며 어떤 결과를 낳고 있는지를 고발하는 '교육 보고서'이면서, 오늘날 학생 사회의 현실을 낱낱이 드러내는 한 편의 '르포'다. 어떤 수려한 문학 작품도 몸으로 쓴 투박한 기록보다 아름다울 수는 없는 법이다.

— '의혈, 안녕들 하십니까'의 남규(중앙대 정치국제학과 09학번)

이제와 생각해 보면, 철학과 학생인 나는 형에게 빚을 졌다. 같은 인문학도로서 내가 하지 못한 것을 대신 했다고 느꼈기 때문이다. 우리는 학교로부터 외면당했고, 학생들로부터 비난받았다. 구조 조정은 방해받지 않고 거의 계획대로 진행되었다. 학교는 고기 잡는 것을 사람 목숨보다 소중하게 여기는 어선으로 바뀌었다. 하지만 우리는 여전히 돈보다는 "사람이 미래"인 학교를 바란다.

— 삼보 일배를 함께한 친구 효진(중앙대 철학과 04학번)

영수 형은 알면 알수록 참 피곤하게 하는 사람이다. 매사가 주먹구구에다가 의리라면서 이상한 일들을 같이 하자고 꾀기 일쑤였다. 농성이나 시위뿐만이 아니다. 주점만 해도 학기마다 한 차례씩, 심지어는 치킨을 직접 튀겨서 팔기까지 했다. 그렇게 영수 형의 꾐에 빠진 사람이 비단 나 혼자만은 아닐 것이다. 그러다 보니 불이익도 많이 받았다. 폭설에 농성하던 천막이 무너지질 않나, 군대에서 관심 사병이 되질 않나, 복학 후에는 성적을 잘 받고도 징계자라는 이유로 장학금을 받지 못했다. 아무래도 영수 형과 계속 얽히다가는 부귀영화는커녕 평범한 삶도 누리지 못할 것 같다. 하지만 그래도 영수 형이 좋다. 완벽하지 못하고, 결점투성이에다, 음주를 즐기고, 음식을 밝히며, 가끔씩 사고를 치는 노영수와 함께였기에 내 대학 생활은 안녕하지 못했지만, 안녕했다.

— 한강대교 고공 시위를 함께한 친구 표석(중앙대 국문과 08학번)

내가 신입생이었을 때, 선배들은 후배들을 모아 놓고 곧 전역하고 복학할 '노영수'를 조심하라 당부했다. 미주알고주알 설명은 없었지만, 그 후로 노영수는 우리의 기피 대상 1호가 되었다. 그리고 학교로 돌아온 노영수는 왜 자신이 요주의 인물이었는지를 몸소 증명했다. 그가 있는 자리는 항상 요란했고, 사고가 끊이질 않았으며, 따라서 번거로운 수고를 동반해야 끝이 났다. 그럼에도 불구하고 나는 얄팍한 호기심으로 선배 노영수와 바투 지내게 되었다. 그래서 더러는 귀찮은 일에 불려 다니고 굳이 나서지 않아도 될 일에 나서게 되었지만, 얄망궂은 그의 태도와 달리 나름대로 설득력 있는 행동들이었던 탓에 불평다운 불평 한 번 못하고 지금껏 지내 왔다. 이 책은, 뭐랄까 나를 제외하고도 수많은 희생자들이 있었다는 걸 고백한, 노영수의 자성록이 아닌가. 물론 이 모든 희생이 기업가의 방문에서 비롯되었음은 확실하다.

— 삭발 시위를 함께한 친구 종현(중앙대 독문과 06학번)

차례

막이 오르기 전, 기차역 소리, 그다음 보이는 '퀼렌'이라는 글자. 배경에 비치는 소도시의 이름이 틀림없다. 몰락해 가는 황폐한 모습이다. 역사(驛舍)도 쓰러져 간다.

……

시민2: 대부호이신 여사님이 꼭 한번 오실 때가 됐어.
　　　칼버슈타트에 병원을 지어 줬다더군.

　　— 뒤렌마트, 『노부인의 방문』 중에서

프롤로그

1

2008년 5월, 두산그룹은 학교법인 중앙대학교를 인수한다. 박용성 이사장의 화려한 청사진 뒤에서 많은 사람들이 기업의 대학 인수에 우려 섞인 시선을 보냈다. 두산 재단 6년, 중앙대학교는 지금 대학 기업화의 갖가지 부작용으로 몸살을 앓고 있다. 두산으로 인수된 이후 중앙대학교에서 벌어진 일련의 사건들을 지켜보고 있노라면 흑석동 교정은 마치 스위스 극작가 뒤렌마트(Friedrich Dürenmatt)의 희곡 『노부인의 방문』(Der Besuch der alten Dame)의 무대인 작은 시골 마을 컬렌처럼 느껴졌다. 극 중 컬렌은 한때 전 세계를 통과하는 고속 열차들이 정차하는 부유하고 활기 넘치는 도시였지만, 어떤 이유에선지 점점 영락해 현재는 더럽고 황량한 도시가 되어 있다. 연극은 이 도시 출신으로 지금은 세계적인 부호가 된 차하나시안 부인이 이 황량한 고향 마을을 방문하면서 시작된다. 과거의 명성을 잃고 퇴락한 컬렌 시에서 열등감에 휩싸여 있던 주민들은 구세주 같은 그녀가 나타나 옛 영화를 되찾아 주길 잔뜩 기대하고 있었다.

귈렌 시를 방문한 차하나시안 부인은 도시민들의 열렬한 환영을 받는다. 세계 제일의 부자인 차하나시안 부인이 고향을 방문했으니 도시의 여러 시설과 단체에 기부금이 쏟아지지 않을까 하는 기대에 전 도시가 흥분한다. 그리고 차하나시안 부인을 영접하는 역할은 젊은 시절 그녀의 연인이었던 알프레드 일의 몫이 된다. 시장과 경찰서장, 목사 등 지역 유지들은 일이 운영하는 작은 식료품 가게에 찾아와 차하나시안 부인의 비위를 최대한 맞춰 달라고 주문한다. 옛 연인과의 40년 만의 재회에 노부인은 추억에 젖어 도시 구석구석을 돌아보고, 도시의 유지들은 그녀를 정성껏 영접하는 일에게 칭찬을 아끼지 않는다.

하지만 순조로울 것만 같았던 노부인의 방문은 차하나시안 부인의 충격적인 발표로 극적인 전환을 겪는다. 주민들을 모아 놓고는 법원에서 거짓 증언을 통해 자신을 배신하고 임신한 자신을 비정하게 내버린 알프레드 일의 과거를 폭로하면서 그를 살해하면 1천억 프랑을 도시민들에게 나누어 주겠노라 제안한 것이다. 그녀는 이렇게 말한다.

"나는 정의를 원해요. 정의를 돈으로 사겠어요!"

충격에 빠진 주민들을 대표해 시장은 '정의'와 '휴머니즘'의 이름으로 차하나시안 부인의 제안을 단호하게 거부한다. 하지만 시장을 포함한 시민 모두는 이미 돌이킬 수 없는 유혹에 빠져든다. "어디 한번 두고 봅시다." 노부인은 돈으로 살 수 없는 것은 세상에 없음을 잘 알고 있었다. 그저 기다리기만 하면 될 뿐이었다.

2

중앙대도 그랬다. '천 원 재단'이라는 말이 나올 정도로 무능력한 '김희수 재단'은 1987년 학교를 인수한 이래 제대로 된 투자를 하고 있지 못한 상태였고, 학교는 점점 영락해 갔다. 오랜 시간 투자 없이 방치된 교정에는 구성원들의 불만만 쌓여 가고 있었다. 이런 상황에서 학생과 학교 관계자들은 과거의 명성을 되찾아 줄 '노부인'을 애타게 찾고 있었다.

그리고 중앙대에는 '노신사'가 방문했다. 박용성이라는 노신사였다. 차하나시안 부인과 달리 중앙대에는 어떤 연고도 없는 재벌 회장이었지만, 그가 학교를 인수하고 적극적인 투자 계획을 밝혔을 때, 교수나 교직원, 학생, 청소 노동자들까지 가릴 것 없이 거의 모든 구성원들이 퀼렌 시 시민들처럼 기대에 부풀었다. 이는 나 역시 마찬가지였다.

박용성 이사장은 취임과 동시에 학칙 개정과 강도 높은 학과 구조 조정을 요구했다. 총장 직선제를 폐지하고 총장에게 있던 교수 선발 권한을 자기 손에 움켜쥔 채 학과도 자신의 의지대로 구조 조정하겠다고 나선 것이다. 박용성식 '개혁'이 투자의 전제 조건이었던 셈이다. 그는 이런 개혁에 대한 강력한 자신감을 드러냈다. "학생들과 대화를 해보면 두산을 대환영하는 분위기다. 솔직히 말하면 자본주의의 논리가 어디 가나 통한다는 것을 다시 한 번 느꼈다."[1]

퀼렌 시민들은 처음에는 차하나시안 부인의 요구를 거절하는 척했지만 '어디 한번 두고 보자'던 차하나시안 부인의 말은 '자본주의는 어디서나 통한다'던 박용성 이사장의 말처럼 곧 효력을 발휘하기 시작했다. 싸구려 담배를 피던 사람들이 고급 담배를 피우고, 저렴한 독주를 마시던 사람들이 코냑을 마시며, 자전거를 타던 사람들이 승용차를 구입하기 시작한 것이다. 그리고 퀼렌 시 시민들의 돈 씀씀이가 커지고 하나둘 빚을 내기 시작하면서 알프레드 일의 공포도 점점 커져만 갔다. 그의 가게에서 외상으로 고급 식료품을 구입해 가는 주민들을 일은 의심과 공포의 눈으로 바라보지만, 그 누구도 그를 살해할 의도가 없다고 말한다. 그러나 빚이 늘어날수록 일을 살해해야 할 필요성이 커진다는 사실을 퀼렌 시민 모두 잘 알고 있다. 시민들은 점점 자신들의 이익을 위해 일을 살해할 방법을 모색한다.

중앙대도 그랬다. 맨 처음 박용성 이사장이 취임하고 구조 조정을 단행했을 때, 많은 학생들과 교수들은 함께 저항의 목소리를 냈다. 진중권 교수가 해임될 때에도, 학내 언론이 탄압받을 때에도 많은 학생들이 힘을 모았다. 그러나 학생 자치와 교육권에 대한 재단의 침해와 강압이 계속될수록, 또 학교에 새로운 건물이 하나씩 들어설수록 저항의 목소리는 작아져 갔다. 회심의 미소를 지으며 퀼렌 시를 서서히 잠식해 간 차하나시안 부인의 생각대로 재단은 느리지만 완전한 승리를 쟁취해 나가고 있었다.

하지만 퀼렌 시 시민 거의 모두가 정의를 포기하고 자신의 사익을 위해 일을 살해할 계획에 골몰하고 있을 때에도, 목사만은 끝까지 저항하는 모습을 보인다. 그는 일을 찾아가 도망가라고 충고하고 혼자 술에 취해 광장에서 주민들의 위선과 거짓을 폭로한다. 그러나 그 또한 다가오는 일의 죽음을 막을 수 없었다. 오히려 인류 양심의 마지막 보루였던 목사마저도 결국 두 손을 들고 집단적 이익을 위한 희생양인 알프레드 일의 살해에 동참하고 말았던 것이다.

결국 알프레드 일은 누가 죽였는지도 알 수 없는 집단적 행위 속에서 살해되고, 노부인은 약속한 1천억 프랑의 돈을 남기고 떠난다. 연극은 여기서 끝이 난다. 퀼렌 시 시민들이 결국 행복해졌는지, 아니면 집단적 우울증에 빠졌는지, 아니면 돈으로 인한 갈등으로 공멸했는지 우리는 알 수 없다. 분명한 사실은 노부인의 방문이 도시에 부를 가져다주었고, 공동체와 윤리에는 죽음을 가져왔다는 것이다. 중앙대의 경우는 어떨까? 두산 재단이 들어오고 나서 우리는 보다 행복해졌을까? 두산이 새로 지어 준 건물 덕분에 부유해지고, 대학 평가 순위 상승으로 열패감은 얼마간 극복되었지만, 대학이라는 학문 공동체와 "의에 죽고 참에 살자"는 중앙대의 건학 이념은 알프레드 일처럼 살해된 것이 아닐까? 그리고 이 과정에서 중앙대 구성원들은 공동체와 우리가 소중히 여기던 가치들을 살해하는 데 집단적으로 참여하거나 묵과한 것은 아닐까?

3

쌍끌이 어선, 타워 크레인 시위, 퇴학 처분 이후 학교로 돌아가기 위해 악착같이 싸워야 했던 시간들. 조금은 거칠어 보이는 이력에도 불구하고 집에서는 누나들의 귀여움을 받고 자란 늦둥이 막내다. 어릴 적부터 뚝딱뚝딱 뭘 만드는 걸 좋아했다. 점토로 예쁘게 빚은 해바라기 꽃. 엄마와 선생님을 놀라게 한 건 그 위에 살포시 내려앉은 자그마한 벌 한 마리였다. 기억도 가물가물한 초등학교 1학년 때의 얘기다. 손놀림이 섬세했다. 또래 친구들이 가지고 놀던 조립식 장난감에 별로 흥미를 느끼지 못하고 직접 주무르고 자르고 붙이면서 이것저것 만드는 걸 좋아했다. 마음도 여렸다. 한껏 정들어 버린 교생 선생님이 학교를 떠날 때 제일 먼저 울음보가 터지곤 했던 꼬마, 그럴 때면 선생님은 '영수는 감성이 풍부해서 그런 거야'라고 토닥여 주셨지만 친구들로부터는 울보라는 놀림을 받아야 했다.

"나는 여러분들이 이 기형적인 한국 사회에 그대로 이식되는 부품이 되기 위해 발버둥치는 것이 아니라, 오직 나 자신에 투기함으로써 스스로를 찾아가는 교양인이 되길 바랍니다." 독문과 첫 수업 시간은 그렇게 시작됐다. 선생들은 '자기 생각을 포기하면서 뭔가를 이루려 하지 말고 자기 생각을 관철시키면서 스스로의 길을 가라'라는, 지금 되돌아보면 무책임한 주문을 거듭했다. 원래부터 조립식 장난감은 체질이 아니었다. 부품이 될 생각도 없었다.

그러던 어느 날 한 기업가가 대학에 방문했다. 기업으로 가져다 쓸 부품마저 직접 만들겠다고 대학을 인수한 것이다. "자본주의는 어디서나 통한다"던 그는 '마르크스주의와 현대사회' 강의를 폐강시켰다. '문화 비평론' 강의를 하던 진중권 교수도 실습 기간이 끝나 버린 교생 선생님처럼 학교를 떠나야 했다. 기업의 관점에서 불필요한 것들은 모두 내버려졌다. 사제 간의 믿음이니 우정이니 낭만이니 하는 것들은 점차 자취를 감추기 시작했다. 그들의 광고 문구처럼 학교는 점점 더 "대학이 상상할 수 없는 대학"으로 성장해 갔다.

지난 6년간 교수, 학생, 교직원 약 2만5천여 명의 중앙대 구성원들은 두산의 '대학 기업화 실습' 강의를 들어야 했다. 기업의 입맛대로 대학의 수장이 앉혀지고, 학문 단위가 재편됐으며, 커리큘럼이 고쳐졌다. 구성원들에게 모멸감을 주는 시스템이 절대적 상대평가의 형태로 도입됐다. 성과급형 연봉제 앞에 교수들은 사원이 되었고 D학점 의무 부과제 앞에 학생들 중 누군가는 출발선에 서기도 전에 낙오자가 됐다. "대학은 그 담장 안에서만큼은 자유롭고 평등한 사람들의 사회를 선취할 수 있다"는 훔볼트의 이야기는 박용성 이사장의 말대로 헛소리가 된 지 오래였다.

이 책은 무엇보다 2008년부터 2014년까지 기업가가 방문한 중앙대학교에서 벌어진 이야기를 중심으로 한다. 하지만 이것이 비단 중앙대만의 이야기는 아니다. 안타깝게도 같은 시기 한국 사회 대부분의 대학들에서 비슷한 풍경이 연출됐다. 1996년 삼성에 인수된 성균관대에서는 2000년, 재단이 교수와 대학생을 사찰한 문건이 공개되었고, 1997년 성균관대를 시작으로 한 총장 직선제 폐지 움직임은 현재 거의 모든 사립대로 확대되었으며, 2011년 국립대였던 서울대가 법인화되었다. 이제는 기업의 이름을 단 대학의 건물들과 유명 가수들의 공연장이 되어 버린 대학 축제의 모습은 대한민국 모든 대학생들이 익숙해져 있는 평범한 일상일 뿐이다.

한편으로 이 책은 2003년에 입학해 20대 청춘을 오롯이 대학에서 보낸 나의 개인적 기록이기도 하다. 대학생으로서의 개인적 경험을 바탕으로 하다 보니, 대학 기업화의 전반적인 과정을 짚는 데에는 다소 부족한 측면도 있었다. 시야 밖에서 벌어진 일들을 충분히 성찰하지 못했고 사건의 구체적인 내막을 파헤치고 분석하는 데 일정 정도 한계가 있었음을 밝혀 두고 싶다.

어찌 보면 투박한 학교에서의 투쟁기를 단행본으로 출간할 생각을 하게 된 것은 2008년에 겪었던 특별한 체험 때문이었다. 한편으로 쌍끌이 어선에 올라 사투를 벌이다시피 하며 보내야 했던 시간들은 학비를 벌기 위해 알바 시장으로 내몰리고 연이은 학자금 대출로 사회에 첫발을 내딛기도 전에 '부채 인간'으로 호명되는 350만 대학생의 일상이기도 했다.

또 한편으로 선상 체험은 두산 재단 이후 대학을 되돌아 볼 수 있는 공간으로 더욱 특별히 다가왔다. 육지와는 격리된 또 하나의 세상이었던 선상에서는 더 많은 어획고를 위해 무슨 일이든 자체적으로 처리하는 것이 최고의 미덕이었다. 그 때문에 상식 밖의 일들이 비일비재했다. 육지와의 거리는 상식으로부터의 거리였고 육지에서의 상식은 바다를 건너지 못했다. 상식으로부터 독립된 공간, 자본의 논리가 모든 것을 지배하는 곳이 바로 그곳이었다. 그리고 2008년 5월의 화창한 봄날, 4개월여에 걸친 풍랑을 뚫고 부산항에 도착했다. 짜릿했던 발 맛, 이제야 육지에 닿았다는 안도감. 그러나 그것은 착각이었다. 중앙대는 5월 14일, 재단 이사회를 열어 두산을 새로운 학교법인으로 영입하는 안을 만장일치로 승인했다. 중앙대학교가 대학의 굴레를 벗어 던지고 바다를 향해 미끄러졌던 것이다. "이제 90년 전통의 중앙대학교는 112년 역사 두산의 배를 타고 대망의 항해를 시작합니다." 이 책은 지난 6년간 중앙대와 두산이 함께한 대항해의 기록이다.

1장

바다를 향한 남자의 도전

게 가공선은 '공장선'이지 '항해선'이 아니다.
그래서 항해법은 적용되지 않았다. ……
더구나 게 가공선은 완전히 '공장'이었다.
하지만 공장법의 적용도 받지 않는다.

고바야시 다키지, 『게 가공선』 중에서[1]

1

2008년 1월. 제대한 지 꼭 1년째 되는 날, 낯선 도시 부산으로 가는 열차를 탔다. 학비도 생활비도 도저히 감당할 수가 없어 돈을 벌기 위해 나선 것이다. 도서관에서 책을 읽는 것보다 생활정보지를 훑어보는 게 더 익숙한 일상이었다. 여기저기 구인광고를 뒤적이다 '선원 모집'이라는 문구에 눈길이 갔다. 예로부터 배를 타면 돈을 많이 벌 수 있다고 했다. 반년 정도 열심히 일해서 돈 걱정 없이 학교 좀 다녀 보자는 생각이었다. 남들은 어학연수다 교환학생이다 해서 멀리들 나가는데, 나는 돈벌이를 위해 먼 바다를 택한 것이다.

친구들은 꼭 그렇게까지 해야 하냐며 의아해 했다. 하지만 그때는 욕심을 좀 내야 했다. 밤새 일해 봐야 간신히 최저임금 정도 줄 수 있는 편의점 알바 같은 일들로는 도저히 허기를 채울 수 없었다. 하늘 높은 줄 모르고 치솟는 등록금, 그리고 방값, 밥값, 교통비……. 어영부영 편의점에서 호사를 누리려 했다가는 바로 적자 인생이 되기 일쑤였다. 휴학계를 냈다. '일반 휴학'. 학교가 내 휴학에 붙인 이름이다. 가난한 대학생들이 휴학을 하고 돈벌이에 나서는 것이 달리 특별한 일은 아닌 것 같았다. 고기를 잡으러 바다로 가든, 스펙을 쌓으러 외국에 가든, 그냥 다 하나같이 '일반 휴학'

으로 치부해 버리는 사회에 그다지 불만도 없었다.

2

경부선 창밖으로 눈발이 날린다. 돌이켜 보면 지난 1년, 빠듯한 살림이었지만 학교를 다닐 수 있어 행복한 시간이었다. 예비역 복학생들이 다 그렇겠지만 군 생활을 마치고 홀가분한 기분으로 학교로 돌아왔을 땐 정말 세상에 거칠 것이 없었다. 노력만 하면 학점도, 알바도, 취업도 모두 잘 풀릴 것만 같았다. 그러나 그 행복도 잠시, 3년 전 입대를 앞두었을 때처럼 나는 낯선 곳을 향해 달려가는 열차 안에서 다시금 묵직한 두려움을 마주하고 있었다. 입영 열차를 타는 것만큼이나 우울한 체험이 이렇게 빨리 다시 찾아올 줄이야.

　　그렇다고 너무 우울해 할 필요는 없다. 나는 내 노력 여하에 따라 '가난'이라는 딱지를 떨쳐 버릴 수도 있다. 서러워할 이유도 없다. 그 잘난 대학을 다니기 위해 버거운 노역을 짊어져야 하는 대학생이 어디 나뿐일까. 언제부턴가 나와 비슷한 혹은 나보다 못한 처지의 사람들을 생각하며 자족하는 일이 익숙했다. 보증금 5백만 원짜리 월세방에 홀로 계신 기초생활수급자 어머니를 생각하면 그렇게 비교할 만한 처지는 많지 않았지만, 그냥 그렇게 생각하기로 했다. 그 모든 걸 바다 한가운데 떨쳐 버릴 수 있을 거라 최면을 걸었다.

　　어느덧 창밖으로 부산항 컨테이너 부두가 눈에 들어왔다. 바다가 보이는데도 반갑지가 않았다. 열차는 더 이상 달리지 않는다. 내려야 한다.

부산역에 열차가 멈추니 마음이 가라앉았다. 주춤주춤 역 광장을 건너니 목적지인 초량 시장이 눈에 들어왔다. 물어물어 골목을 지나 선원 알선 업소로 들어섰다. 서울에서 통화했던 그 가게였다. 짭짤한 소득을 거둘 수 있다고 꼬드겼던 사장이 반갑게 나를 맞이했다. 이어 옆 건물 허름한 병원에서 신체검사를 받았다. 정육점에서 고기를 다루듯 투박한 손길로 나를 이리저리 재던 간호사가 뚝딱 종이 한 장을 쥐어 주었다. 이로써 나는 '어업 현장직 인턴'에 최종 합격됐다.

소개소 사장은 배가 내일 들어온다며 하루 묵을 여인숙으로 나를 안내했다. 승선 대기 기간 동안 소개소에서 숙식을 제공할 거라는 친절한 설명대로였다. 허름한 방안에 두 명의 사내가 이미 자리를 잡고 있었고 방 한 구석에는 라면과 냄비, 버너가 널브러져 있었다.

"서울에서 왔다꼬? 뱃일이 힘들낀데 …… 스물여섯? 너처럼 어린 아들은 하루 만에 보따리 싸고 내린데이, 보래이!"

뱃일 좀 해봤다는 사내가 투박하게 말했다.

자신을 건달 출신이라고 소개한 또 다른 사내는 이 일이 처음이라고 했다.

"아도 생기고 하니까 마, 집사람이 정직하게 묵고살아야 쓰지 않것냐고 …… 그래서 내 인생을 다시 살겠다는 각오로 이기까지 왔심더."

두 사내는 밤늦도록 소주병을 기울였다.

3

다음날 우리 일행을 태운 승합차는 한참을 달려 통영항에 도착했다. 기사는 우리가 통영선적 쌍끌이 어선을 타게 될 거라고 설명해 줬다. 굽이굽이 부둣가를 따라 들어간 차가 '91·92 ○○호' 앞에 멈춰 섰다. 선장이 세 명 치 수수료 105만 원을 결제하고 나서야 우리는 배에 오를 수 있었다. 첫 달 월급에서 공제될 소개비가 35만 원이라고 했다. 나와 전직 건달이 '뒷배 -92호'에 타고, 다른 사내는 '책임배-91호'에 올랐다.

"군대는 갔다 왔나? 젊은 놈아가 무신 생각으로 이기까지 왔는진 모르겠지만서도 뱃일이라는 건 근성이 있어야 하는 기다! '뱃분'이 아니라 '뱃놈'이 된다는 생각으로 억척스럽게 함 해보그라!"

짤막한 정신교육 후 선장의 자랑이 이어졌다.

"찌깐한 멸치바리 어선에 안 걸린 걸 다행인 줄 알그라! 우리 배는 신형 대구리인기다! 허기사 마 그라도 멀미가 체질이면 답이 없긴 하다마는……."

쉽게 알아듣지 못할 경상도 사투리였다.

지저분한 갑판에서는 그 어디서도 맡아 보지 못한 고약한 냄새가 났다. 생선 썩는 냄새였다. 생선 찌꺼기가 부패하며 올라오는 지독한 냄새는 사방이 트여 있는데도 꼭 갇힌 방 안에 있는 것처럼 집요하게 후각을 자극했다. 140톤급 대형 기선의 엔진 소리도 굉장했다. 연돌에서는 연신 시커먼 연기가 자욱하게 올라왔고, 출력을 높일 때는 갑판에서 옆 사람 말소리조차 제대로 들을 수 없을 정도로 귀가 얼얼했다.

정박을 위해 묶어 둔 어른 팔뚝만 한 두께의 두툼한 줄이 풀리고 배는 미끄러지듯 항구를 빠져나왔다. 육지가 멀어지는 만큼 배는 심하게 요동치기 시작했고 그제야 나는 '고기잡이배'에 오른 걸 실감할 수 있었다. 몇 개의 섬을 지나다 보니 어느덧 아무것도 보이지 않는 망망대해에 떠있었다. 이미 갑판엔 짙은 어둠이 내려앉았고, 낯선 악취와 굉음에 움츠러든 내 마음에도 까만 어둠이 내려앉았다.

누구도 초라한 어선을 타고 싶은 사람은 없다. 그때 내가 탔던 배가 어선이 아니라 여객선이었다면 한겨울 밤바다가 제법 운치 있게 느껴졌을지도 모른다. 그런 곳이라면 칠흑 같은 어둠도 선상의 낭만에 묻히고 말겠지. 같은 시간 같은 바다에 떠있던 어느 배에서는 그런 정취를 즐기는 사람도 있었을 것이다.

4

우리가 떠있던 바다는 현실이었다. 어선은 조업 활동에 최적화된 구조였지만 선원들의 안전이나 편의는 뒷전이었다. 선실로 들어가는 통로 옆에는 주방과 식당이 있었고, 좁은 문을 지나 안으로 들어가면 선원들이 생활하는 공간이 있었다. 조타실에서 생활하는 선장을 제외한 기관장, 기관사, 항해사, 외국인 연수생, 일반 선원 등 열 명 안팎의 사람들이 지내는 숙소다. 선실 내부는 소개소에서 들은 대로 사생활이 보장되는 '1인 1실', 딱 한 명이 드러눕기에 좋은 '원룸식' 구조였다. 바닥 면적은 싱글 침대 절반 남짓으로 한 명이 누우면 꽉 찰 정도였는데 발목을 쭉 펴면 머리끝과 발가락이 양쪽 벽면에 닿았고, 앉으면 머리가 천장에 부딪힐 정도로 협소한 공간이었다. 그나마 개별적으로 미닫이문이 달려 있으니 '1인 1실'이라고 해도 아주 틀린 말은 아니었다.

쌍끌이 어선은 속칭 '개구리배'라고 불렸는데, 모르긴 해도 배가 항해하는 모습이 개구리가 폴짝폴짝 뛰어가는 것과 닮아서 그런 이름이 붙은 게 아닌가 싶었다. 격하게 요동치는 배, 놀이기구처럼 산만한 궤적은 초보 선원들을 쥐고 흔들었다. 파고가 높은 날은 선수의 일부가 수면에 잠길 정도로 심하게 곤두박질치기도 했는데 그럴 때면 두 발로 몸을 지탱하는 것조차 힘들었다.

혼들리는 배이기에 주방과 식당 집기들은 모두 붙박이었다. 식탁과 의자는 바닥에 고정돼 있고 냉장고, 전기밥솥도 마찬가지였다. 오직 사람과 쥐들만이 자유롭게 휘청거리며 오갈 수 있었다. 배가 좀 심하게 흔들릴 때에는 숟가락도 제대로 들기 어려웠다. 밖에서 파도가 치는 것처럼 국그릇 안에서도 파도가 쳤다. 상추나 김같이 가벼운 반찬은 주기적으로 떠올랐다가 가라앉기를 반복했다. 다들 "잘 묵어야 뱃심으로 일을 한다"고들 했지만, 먹는 일 자체가 가장 힘든 일이기도 했다.

"다른 짐은 필요 없고요, 몸만 오시면 됩니다." 그래서 그런지 처음 배에 오를 때 받은 '식구미'라고 하는 가방은 두툼했다. 현수막을 재활용해 만든 쌀 한 가마 크기의 푸짐한 가방에는 이불, 추리닝, 땀복, 내복, 팬티, 담배, 수건, 칫솔, 그리고 조업할 때 입는 푸른 비닐 작업복과 장화가 들어 있었다. 마치 훈련소에서 받는, 보급품이 담긴 더블백 같았다. 처음 선실에 들어섰을 때에도 마치 자대 배치를 받고 내무반에 막 들어선 이등병처럼 이전과는 전혀 다른 세계에 들어선 것 같은 긴장감이 느껴졌다. 이것저것 궁금한 것이 많았지만 사람들은 간단한 질문에도 대꾸조차 제대로 하지 않았다. 오히려 관심을 보이고 말을 걸수록 성가시다는 듯 까칠한 반응이었다.

나와 승선 동기였던 전직 건달은 뱃멀미를 심하게 하고 다음날 바로 퇴사했다. 그가 배에 올라 한 일은, 30분도 안 돼 구토를 시작해서 밤새 탈진한 채로 주저앉아 있다가 도망치듯 배에서 내린 것이 전부였다. 단순히 먹은 음식물만을 토해 내는 것이 아니었다. 처음의 각오와 다짐도 같이 토해 낼 수밖에 없었다. 정직하게 먹고살겠다는 그의 바람은 소박했지만, 거친 바다는 호락호락하지 않았다. 그가 내리고 나서 그의 자리를 대신할 사람이 바로 충원됐다.

　나 역시 혹독한 신고식을 치러야 했다. 밤새 난간을 붙잡고 구역질을 했으니 말이다. 음식물을 토한 것이 아니니 헛구역질을 했다는 표현이 맞을 것 같다. 비위가 약한 편이라 생선이 부패하는 역겨운 냄새에도 쉽게 적응할 수 없었다.

　"뱃멀미가 무신 벼슬인 줄 아는가 …… 퍼뜩 인나그라!"

　첫날부터 일도 제대로 거들지 못하고 기진맥진해 있던 나를 쏘아붙인 건 항해사였다. 하룻밤 혼쭐이 난 후에야 증세는 좀 잦아들었다. 그나마 멀미 체질은 아니어서 버틸 수 있는 걸 다행이라고 생각했다. 그때는 그게 행운인 줄 알았다.

5

브리지, 즉 배를 조종하는 조타실에서 따로 먹고 자고 일하는 선장의 얼굴은 거의 볼 일이 없었다. 투망이나 양망을 할 때가 되면 시끄러운 비상벨을 눌러 선원들을 갑판에 소집시켰고 마이크를 쥐고 떠들면 우리는 앰프가 시키는 대로 일을 했다. 선장은 2층, 브리지에서 마이크에 대고 주야장천

욕지거리를 퍼부었다.

"야, 이 문디 자슥들아, 삼치 애무해가 밤샐끼가! 인자 우리 배 투망 차례인디 갑판 하나 마무리 못하고! 문디 새끼들 그래 놓고 밥은 처묵겠제."

"야, 이 개자슥아 그럼 니가 내려와가 해봐라!"

우리도 1층 갑판에서 맞받아쳤다. 하지만 선장의 욕설은 앰프를 통해 배 전체에 울려 퍼졌고 우리의 불만은 얼마 가지도 못하고 앰프 소리에 파묻혔다. 물론, 항상 욕만 퍼붓는 것은 아니었다. 값비싼 어종이 올라오는 날이면, 선장은 기분이 좋아 간혹 콜라 같은 음료수를 던져 주곤 했다.

1층, 선실의 최고 권력자는 기관장이었다. 기관은 선박을 기동하는데 핵심적인 역할을 하는 곳이다. 기관실의 거대한 축이 스크루를 돌려 추진력을 얻고 그때 발생하는 전기로 배 전체에 전원을 공급한다. 발전소와 비슷한 기능이다. 그 외에도 기관장은 기관사와 함께 냉동실의 냉동기를 가동시키고 기관에서 소요되는 기름을 관리하는 역할을 했다. 갑판 밑 지하 선미 쪽에 위치한 기관실은 항상 뿌옇게 느껴질 정도로 유증기로 가득 차 숨쉬기조차 거북했고, 기계 돌아가는 소리는 날카로운 총성처럼 쉴 새 없이 귀청을 때렸다. 우리 배의 기관장은 오래전 기관실에서 근무하다가 동력 벨트에 한쪽 손목이 잘려 나간 상태였고, 기관사는 한쪽 눈의 시력을 상실해 동공이 초점을 잃고 뿌옇게 보였다. 정확한 이유는 모르겠으나 역시 조업 중에 다친 흔적이라고 했다. 그래서인지 음침한 기관실은 초보 선원에게 무시무시한 종합 병동처럼 느껴졌다.

일등항해사와 이등 항해사는 복잡한 그물을 수선하는 일과 투망·양망 작업 그리고 잡아들인 생선을 포장하는 일을 주로 했다. 배를 조종하는 일은 선장을 대신해 간간이 당직을 설 때만 담당하는 정도였다. 기관장과 기관사가 갑판과 지하 기관실을 오가며 일을 했다면, 항해사들은 갑판과 브리지를 오가며 일을 했다. 때때로 군기 반장 역할을 하며 일선의 선원들을 관리하는 것도 항해사들의 몫이었다.

6

외국인 연수생. 군은 일을 도맡아 하는 이주 노동자의 다른 이름이다. 물론 이들은 합법 체류자다. 산업 연수생이라는 이름으로 중국이나 동남아 등지에서 사람을 데려다 쓸 수 있게 정책적으로 정원을 확보해 준 것은 뱃일이 얼마나 힘든 일인가를 반증한다. 말도 제대로 통하지 않는 타국의 망망대해, 요동치는 어선에서 일을 한다는 게 쉬울 리 없다. 그들도 한계에 부딪히면 합법적인 지위를 버리고 다른 일을 찾아 도망친다. 며칠 전 책임배에서 중국인 선원이 잠적했다는 이야기가 들려왔다. 그때부터 그는 불법사람이 된다. 합법일 때나 불법일 때나 힘들고 서글프기는 매일반인 사람들. 규정상 배 한 척당 두 명까지 채용할 수 있는데, 내국인보다 인건비가 훨씬 쌌기 때문에 당연히 두 명씩 꼬박 채워 운영했다.

유영춘과 마진봉. 우리 배의 연수생은 두 명 다 체격 좋은 중국인이었다.

"빨리해 쯔발노마."

내가 힘에 부쳐 일을 더디게 하자 마진봉의 입에서 불쑥 튀어나온 말이었다. 좀 당황스러웠지만 조금 생각해 보니 화낼 일도 아니었다. 얼마나 많이 "빨리해 ○○놈아"라는 말을 들었을까? 간부들로부터 들었던 욕을 앵무새처럼 따라 하는 그들에게 오히려 미안한 마음이 들었다. 중국인 선원들은 나와 같은 일반 선원이어서 가장 더럽고 힘든 일들을 함께 했고 말은 안 통해도 부대껴 일하면서 금세 친해질 수 있었다.

나를 포함해 한국인 일반 선원은 총 세 명이었다. 허드렛일을 시키기 위해 고용된 이들로 배를 타면 돈을 꽤 벌 수 있을 거라는 막연한 기대만을 품은 채 알선 업체의 꼬임에 팔려 오다시피 한 사람들이었다. 대부분은 뱃일 경험이 없었고, 심지어는 자신이 타게 될 배가 어선이라는 사실조차 모르고 오는 사람도 있었다. 그러니 고되고 열악한 작업환경 때문에 며칠을 못 버티고 내리는 사람이 태반이었다. 그때마다 빈자리는 다른 사람으로 잽싸게 채워졌다. 일반 선원은 그렇게 일상 소모품처럼 대체되는 존재였다. 배에 올라 설 명절 때까지 20일이 채 안 되는 기간 동안에도 열 명이 넘는 사람들이 눈앞에서 선원이란 이름으로 쓰이다 버려졌다. 말도 한 번 제대로 걸어 보지 못한 사람들이었다.

7

남해 선단의 쌍끌이 어선은 1월에 엄청 분주한 시기를 보낸다. 1년을 주기로 운영되는 쌍끌이 어선은 휴어기인 여름철에는 배를 도크 위에 올려 페인트칠부터 기관 정비까지 배 전체를 전반적으로 점검하고, 추석을 지나 태풍이 잦아들면 출항할 준비를 한다. 남해 선단 쌍끌이 저인망의 경우, 물이 가장 차가운 1월에 어획량이 정점에 오르는 성어기를 맞이한다. 그러니까 내가 배에 올랐던 시기가 가장 바쁜 시기였던 것이다. 그때는 고기가 그물 한가득 들어차기 일쑤였다. 쌍끌이 어선이 끄는 저인망 그물은 배 두 척

사이의 거리가 벌어지면 그 폭이 2백 미터 가까이 펼쳐질 정도로 규모가 컸다. 그 안에 있는 바다 생물들은 꼼짝없이 촘촘한 그물에 갇히게 되는데, 커다란 복주머니처럼 빵빵해진 그물을 들어 올린 후 하단의 실밥을 당기면 갑판 위로 생선들이 우르르 쏟아졌다. 가운데 부분이 살짝 패인 갑판의 중앙부를 기준으로 많이 잡힐 때는 사람 키만큼 생선이 쌓이기도 했다.

　그 많은 생선은 모두 사람 손으로 직접 분류된다. 주종이었던 삼치는 크기별로 종이 박스에 담았고, 병어는 병어대로 갈치는 갈치대로 복어는 복어대로 나무 상자에 담았다. 그리고 멸치는 삽으로 퍼서 노란 바구니에, 나머지 실치 등 잡어 찌꺼기는 납작한 팬에 퍼 담았다. 거기서 끝이 아니다. 모든 어획물들을 직접 지하의 급냉실과 냉동실, 빙장실로 옮기는 일도 뒤따른다. 잔뜩 물기를 머금어 5, 60킬로그램씩 나가는 바구니 수백 개를 위에서 내리고 밑에서 받는 일이 계속됐다. 위에서 내리는 사람은 바구니를 놓치지 않기 위해 손아귀에 잔뜩 힘을 주느라 팔이 부르르 떨렸고, 밑에서 받는 사람은 바구니에서 뚝뚝 떨어지는 비릿한 생선 국물이 뺨을 타고 흘러 온몸을 적셨다. 출하를 할 때는 거꾸로 같은 과정을 반복했다. 생선을 저장하는 창고는 갑판 밑 지하, 선수와 선체의 중간 부분에 있었다. 생물로 팔아야 할 멸치, 병어, 갈치는 빙장실로 내려 얼음을 뿌려 줘야 했다. 삼치는 영하 20도의 냉동실에서, 양식장 사료로 쓰이거나 어묵 공장으로 보낼 실치 등은 영하 40도의 급냉실에서 돌처럼 굳어 갔다.

　갑판의 생선이 다 처리되고 나면 다시 투망을 준비한다. 드럼에 말린 그물을 역방향으로 풀면서 찌꺼기를 털어 낸다. "어이가, 어이가." 어색한 장단이지만 집중해야 한다. 그물코에 손가락을 끼우고 온 힘을 다해 털지 않으면 제대로 털리지 않는다. 정신을 딴 데 팔다가 박자가 어긋나면 옆 사람이 그만큼 고생해야 하기 때문에, 그물을 털 때는 특히 신경을 써야 했다. 모든 일이 쉽진 않았지만 그물 터는 일은 특히 곤욕이었다. 그물코 사이사이에 빼곡하게 멸치와 실치가 끼이게 되는데, 그물이 다시 드럼에 말려들면서 고압으로 짓눌린 탓에 심한 악취가 났다. 이 과정에서 멸치와 실치 덩어리는 하얀 연기가 피어오를 정도로 발효되는데, 우리는 그것을 "똥이 됐다"고 표현했다. 그물을 쥐고 힘껏 털면 그 똥이 얼굴과 머리에 튀었다. 잠시 장갑을 벗고 닦아 낼 여유도 없었다.

투망을 하고 난 후 그물을 끌고 바다를 헤집는 일은 배 두 척의 몫이다. 그렇다고 쉴 수는 없다. 그렇게 두세 시간 정도 그물을 끄는 동안 일반 선원들에게는 또 다른 일이 주어진다. 생선을 저장하는 일이 그것이다. 영하 수십 도의 냉동실과 급냉실을 오가며 꽁꽁 얼어붙은 생선을 정리하다 보면 갑판에서 흘린 땀도 얼어 버릴 것 같다. 그러다 내 몸도 반쯤 얼어 간다 싶을 때쯤 일이 마무리되는데, 그때 나오는 뜨거운 국에 밥을 말아 먹고 나면 뻗어 버릴 수밖에 없다. 물론 두 다리를 쭉 뻗는 것은 불가능하다. 내게 주어진 '1실'이 그렇게 넓지 않을 뿐만 아니라 언제 울릴지 모르는 벨소리에 늘 선잠이 들기 때문이다. 그물을 털면서 묻은 갈치 내장, 생선 비늘, 멸치 파편으로 범벅이 된 머리를 감는 것은 물론 엄두도 내지 못한다. 녹초가 된 탓에 고양이 세수도 힘겹다. 그렇게 우리는 관 한 짝만 한 공간에서 정말 시체처럼 잠이 들었다.

찌익, 찌익! 다시 비상벨이 울린다. 여기저기서 사람들의 씩씩거리는 소리가 들려온다. 중국말은 못 알아듣지만 역시 짜증 섞인 억양이다. 시체들이 하나둘 관 뚜껑을 열고 기어 나온다. 양망을 할 시간이 된 것이다.

아무리 피곤해도 벨 소리가 너무 커서 못 듣고 자는 사람은 없다. 모두 비몽사몽 간에 조업복을 걸치고 갑판에 나갔는데 해가 지고 있다. 아니 뜨고 있는 건가? 구분이 안 된다. 육지에서는 있을 수 없는 일이다. 구분을 하지 못하는 것은 두 가지 이유에서다. 하나는, 배의 진행 방향이 그때그때 변하기 때문이다. 그래서 가끔은 해가 서쪽에서 뜨는 기분이 들 때도 있었다. 그리고 너무 피곤해서 생체리듬이 완전히 깨져 있기 때문이기도 하다. 자기 전에 무슨 일을 했는지조차 기억나지 않는다. 의식과 기억, 생체리듬은 벨 소리 한 방에 모두 리셋된다. 마치 기절했다가 깬 것처럼, 낮이든 밤이든, 해가 뜨든 달이 뜨든, 비가 오든 눈이 오든, 하늘은 그저 갑판이라는 전쟁터의 무의미한 배경일 뿐이다. 시계를 볼 여유도 이유도 없다. 사실 해가 뜨고 지고는 전혀 중요하지 않다. 밤낮을 가리지 않고 조업을 하기 때문에 모든 신체 리듬은 오직 투망과 양망의 사이클에 맞춰져 있다. 어차피 퇴근도 없다. 하루하루의 주기는 무의미했고 헤아릴 수도 없었다. 수평선 부근의 해가 뜨는 해인지, 지는 해인지 전혀 가늠할 수 없는 기이한 현상은 시일이 꽤 흐르고 나서도 계속됐다.

8

하루하루는 의미가 없지만 하루하루가 쌓여 한 달이 되면 통장으로 급여가 지급된다. 월 90만 원이 채 안 되는 기본급은 최저임금을 살짝 웃도는 수준이라고들 했다. 그나마 세금하고 보험료를 공제하면 실수령액은 75만 원 정도밖에 안 됐다. 2008년 당시 시간당 최저임금은 3,770원. 퇴근 개념도 없고, 수면 시간을 다 합쳐도 서너 시간이라는 점을 감안하면 하루 평균 노동시간은 스무 시간. 그나마 네 시간의 수면 시간도 언제 울릴지 모르는 벨 소리를 기다리며 긴장의 끈을 놓을 수 없는 쪽잠 신세다. 연장 근무 수당이니 50퍼센트 할증이니 다 접어놓고 단순하게 실수령액을 시간으로 나눠 계산해도 시급이 1,500원밖에 되지 않았다. "바다를 향한 남자의 도전! 선원 대 모집! 월 3백만 가!"라고 했던 소개소의 광고와는 차이가 커도 너무 컸다.

물론 1,500원꼴의 시급은 기본급이다. 급여의 한 축이었던 기본급 외에 보합금이라는 것이 있다. 배가 한 해 조업을 마무리한 후 전체 어획량으로 벌어들인 총수익금을 기여 비율과 근무일 수를 기준으로 분배하는 것을 보합제라 한다. 말하자면 성과급인 것이다.

간부들은 보합금이 꽤 쏠쏠할 것이라는 얘기를 흘렸다. 일이 힘들 때마다 나중에 받게 될 보합금을 생각하며 눈을 질끈 감고 견뎠다. 보합금은 선원들이 단내 나는 노동을 참아 내는 유일한 이유였다. 하지만 보합금에는 커다란 함정이 숨어 있었다. 철망할 때까지 버티지 못하면 보합금은 한 푼도 받을 수 없다는 것. 75만 원 정도의 월급이 임금의 전부가 될 수도 있다는 말이다. 그 때문에 보합금은 역으로 선원들을 인질로 잡아 두는 구실을 했다. 내가 바로 그 전형적인 경우였다. 또 다른 함정은 보합금의 액수를 전혀 가늠할 길이 없다는 것이다. 수지 타산을 따져 볼 자료가 하나도 없는 상황에서 보합제라는 교묘한 급여 시스템은 희망 고문을 멈추지 않았다.

시간이 점차 지나면서 급여 문제에 대한 생각도 어느 정도 정리되어 갔다. 하지만 이미 내가 만들어 놓은 기여분에 대한 미련 때문에 여기서 그만둘 수는 없었다. 기왕 이렇게 된 거 끝까지 한번 버텨 보자고 마음을 단단히 먹었다. 단순하게도 나는 정확히 보합제가 의도한 바대로 움직였다. 물론 '바다를 향한 남자의 도전'은 애초부터 미련한 선택이었지만.

9

또 다른 근심거리가 마음을 계속 불편하게 했다. 안전 문제였다. 배를 타기 며칠 전, 이런저런 뉴스를 훑어보다가 어선 침몰에 관한 기사를 보게 되었다. 평소였으면 무심코 지나쳐 버릴 기사였지만 뱃일을 앞둔 상황에서 사고 기사는 머릿속을 맴돌았다. 사실 그것 때문에 뱃일이 꺼려지기도 했다. 하지만 막상 배를 탄 이후에는 그런 문제에 신경 쓸 겨를조차 없었다. 그러던 와중에 부산 선적 쌍끌이 어선 한 척이 제주 남해상에서 침몰됐다는 소식이 들려왔다. 1월 말경이었다. 사람이 여럿 죽거나 실종됐다는 소식에 정신이 번쩍 났다.

사실 우리 배는 짝짝이 배였다. 선원들은 이를 그냥 짝배라고 불렀다. 쌍끌이 어선은 제작 단계부터 두 척을 하나의 세트로 묶어 건조하기 때문에 두 배의 사양이 거의 동일하다. 위에서 봤을 때 좌우 대칭으로 설비가 되어 있다는 점이 다를 뿐이다. 그런데 우리 배 두 척은 갑판의 모양부터 문의 위치, 드럼의 크기가 조금씩 달랐다. 원래 한 쌍이 아니었던 배가 폐선 혹은 침몰 등의 이유로 원래의 짝을 잃고 새롭게 쌍을 이룬 것이다. 물론 조업에는 문제가 없었지만 우리 배와 같은 쌍끌이 어선이 제주 해상에서 조업 중 침몰했다는 소식은 두고두고 마음에 걸렸다.

결국 밥 먹는 자리에서 내가 먼저 이야기를 꺼냈다.

"저 …… 창고에 있는 구명조끼 꺼내서 갑판 쪽에 비치해 놓으면 안 되나요? 지난번에 뉴스 보니까 쌍끌이 어선이 침몰했다고……."

분위기가 일순간에 싸늘해지더니 이등 항해사가 내 멱살을 잡았다.

"이 미친 시끼가 밥 처먹다 말고 뭔 개소리꼬!"

'침몰'이라는 단어는 금기어였던 것이다. 기관사도 금세 한마디를 거들었다.

"재수 없는 소리 계속 해쌌고 그럴 끼면 일 고마해라! 아주 배 넘어가라고 고사를 지내제……."

가만히 듣고 앉아 있던 기관장이 상황을 정리했다.

"인명은 재천인기라. 다 살 놈은 살고 죽을 놈은 죽는 기야. 와 쓸데없이 그런 생각을 하노?"

그는 잘린 팔목으로 항해사를 토닥이며 상황을 진정시켰다.

내가 멱살까지 잡힌 데에는 이유가 있었다. 며칠 전의 감정이 아직 다 누그러지지 않았기 때문이다. 배에서 밥을 하고 음식을 준비하는 도모장은 원래 모집 분야를 '주방'으로 해서 따로 뽑는데, 전임 도모장이 갑자기 일을 그만둔 상황이었다. 도모장을 일반 선원 중에서 임의로 뽑는다고 했고 나까지 후보에 올랐다. 새롭게 도모장이 된 양반은 그래도 개중에 밥 좀 해봤다는 사람이었지만, 초장부터 덜컥 끓여 내놓은 게 복어국이었다. 마침 며칠 전 라디오를 통해 남해상에서 복어를 잘못 먹고 세 사람이 죽었다는 뉴스를 접한 터였다. 사람들은 거리낌 없이 복어국을 먹었지만 나는 불안해서 한술도 뜨지 못했다. 밥을 다 먹고 싱크대에 국을 몽땅 버리는 모습을 보고 복어 손질을 거든 항해사는 마음이 상한 눈치였다. 항해사의 따가운 시선이 느껴졌다.

'아, 그냥 먹을 걸 그랬나? 남들도 다 먹는데……'

분위기가 냉랭해지니 난처하기 짝이 없었다. 졸지에 외톨이가 됐다.

'그냥 이등병 때처럼 식판을 깨끗이 비웠어야 했구나.' 마음이 무거웠다.

"인명은 재천인기라. 혼자 너무 유난떨지 말그래이."

기관장이 상황을 정리했다.

10

"인명은 재천이다." 기관장 입에서 툭하면 튀어나오는 말이지만 난 도무지 이해가 가지 않았다. 갑판에서 작업을 하다가 몸의 중심을 잡기 힘들 정도로 배가 심하게 요동칠 때면 자연스레 주위의 구명 장비를 살피게 됐다. 선미 쪽에 하나, 브리지에 두 개. 눈에 보이는 구명용 튜브는 세 개가 전부였다. 만약 배가 침몰하기라도 한다면 어떻게 될까? 선실 구석진 창고 안의 구명조끼는 무용지물일 뿐이었다. 양망과 투망을 할 때마다 그물을 털고 생선을 주워 담으라고 저주를 퍼붓듯 울리는 비상벨은 있었지만, 정작 비상시에 꼭 필요한 구명조끼는 창고 구석에서 쥐의 이빨이나 갈아 주는 신세였다. 도대체 무슨 배짱으로 생사를 하늘에 걸겠다는 건지 이해할 수 없는 노릇이었다.

사실 구명조끼만의 문제는 아니었다. 위험 요소는 너무 많았다. 일에 익숙해질수록 조업의 핵심 과정인 투망과 양망 작업이 위험한 일이라는 것도 새삼 느껴졌다. 투망 과정에서 순식간에 갑판을 미끄러져 나가는 그물에 다리라도 끼이면 그대로 바다로 딸려 들어가게 된다. 그 반대인 양망도 마찬가지. 그물이 고속으로 감길 때 네트드럼에 사람이 끼여 죽은 경우도 있다고 했다. 네트드럼에 감겨 있는 그물의 장력을 생각하면 멧돼지도 끼이면 바로 가루가 되어 버릴 것 같았다. 장력 때문에 가장 위험한 건 쇠밧줄 와이어였다. 배의 중심에 위치한 네트드럼에 감겨 있는 와이어는 그물을 수심 깊은 곳으로 내려 주는 강철 연결선이다. 쇠줄은 바닷물에 서서히 부식되지만 그 비용이 만만치 않기 때문에 제때 교체하기가 현실적으로 쉽지 않다. 그렇게 늑장을 부리다 와이어가 끊어지기라도 하면 엄청난 탄력으로 되돌아와 갑판에 있는 사람들을 덮칠지도 모른다. 냉동실의 냉매로 쓰이는 프레온가스도 수시로 말썽을 부렸다. 낡은 기관실에서 새기 시작한 프레온가스는 낡은 엔진에서 나오는 매연과 뒤섞여 삽시간에 갑판으로 퍼져 선원들을 괴롭혔다. 제대로 숨쉬기도 어려웠고 눈조차 똑바로 뜰 수 없을 정도로 따가웠다. 또 파도가 칠 때 배의 가장자리는 어디든 실족의 위험이 도사리고 있었다.

　그뿐만이 아니었다. 더 많은 생선을 싹쓸이하기 위해 사용했던 그물코도 문제였다. 우리 배의 그물코는 법에 정해진 규격보다 촘촘했고, 이 때문에 우리는 단속을 나온 해경정이 보일라 싶으면, 해적선이라도 마주친 양 줄행랑을 쳐야 했다. 게다가 도망까지 치면서 선수 쪽 선체에 쓰인 배 이름을 가려야 하는데, 이 역시도 일반 선원들의 몫이었다. 밤에 전속력으로 내뺄 때는 인민군이라도 만난 것처럼 등화관제를 하다시피 했는데, 심하게 요동치는 선수의 난간에서 널빤지로 배 이름을 가리는 작업은 조명이 꺼진 어두운 밤이라 더 위험했다. 그러나 그 어디에도 선원들의 안전을 위한 배려는 없었다. 배는 오직 더 많은 고기를 잡고, 더 많이 저장하며, 더 많은 수익을 올리는 데만 최적화되어 있을 뿐 선원들의 안전은 그저 하늘에 맡겨졌다.

11

선상이라는 공간은 특수한 공간이었다. 같은 범죄를 저지르더라도 해상에서 저지른 범죄는 가중 처벌된다. 강도, 살인, 강간 등의 중대 범죄가 이에 해당하는데, 같은 행위라 해도 그로 인해 발생하는 위험이 육지에서보다 훨씬 크기 때문이다. 또한 사후 처벌뿐만 아니라 범죄를 사전에 예방하기 위해 '자체 치안'이라는 개념으로 선장에게 많은 권한이 부여돼 있다. 20톤 이상 선박의 선장은 항해 중 배 안에서 발생한 범죄에 대해 사법경찰관으로서의 권한을 갖게 되기 때문에 범죄 수사, 범인 체포까지 가능하다. 확인할 수는 없었지만 조타실 어딘가에는 총도 있을 거라 했다.

사실 막강한 권력을 가진 선장에게는 총보다 더한 무기가 있었다. 갑판 중앙에는 그물을 끌어올리는 높다란 기중기가 있었고, 그 양옆에는 기중기를 지지하는 기둥이 있었는데, 그 두 개의 기둥에 설치된 음향 대포에서는 쉴 새 없이 선장의 욕설이 쏟아져 나왔다. 걸쭉하지도 구수하지도 않은 사납고 날카로운 음성이었다. 물론 나름의 이유는 있었다. 투망과 양망 과정을 2층 브리지에서 조망하면서 사고를 방지하기 위한 지도 차원이라고 했다. 데시벨 자체는 기관 돌아가는 소리보다 낮았지만 아무리 그래도 시작부터 끝까지 육두문자로 일관하는 소리가 듣기 좋을 리 없었다. 경상도 사투리를 못 알아듣는 게 항상 불편했지만, 선장이 마이크를 잡고 연설

할 때만큼은 말귀를 알아먹지 못하는 게 오히려 다행이다 싶었다.

'자체 치안'이 직간접적으로 법률에 근거한 것이라면 '자체 의료'는 모르긴 몰라도 관습에 의한 것이었다. 선원들이 아플 때 일일이 병원에 보낸다는 게 불가능하기 때문이다. 간부들은 종종 외박을 할 때면 여자 속옷을 가져다 선미의 대나무 깃발에 매어 두곤 했다. 그렇게 하면 생선이 잘 꼬인다는 얼토당토않은 속설 때문이었다. 꼭 입던 속옷이어야 한다는데 그걸 구한다는 핑계로 가끔 유흥 주점에 들렀다 오곤 했고, 간혹 속옷에다 덤으로 병까지 얻어 오는 경우가 있었지만 그렇게 돼도 해상에선 별 도리가 없었다. 책임배에는 그런 상황들에 대비하기 위해 정체 모를 앰플이 비치돼 있었다. 아픈 사람이 그걸 맞고는 증세가 많이 호전되기도 했다. 나도 한 번은 크게 몸살을 앓은 적이 있었다. 강도 높은 노동에 제대로 씻지도 못하는 비위생적인 환경에서 한 번 정도 열병을 크게 앓는 것은 사실 피할 수 없는 일이었다. 그때도 간부들은 한사코 거절하는 내게 그 앰플을 권했다. 어떤 증상에든 약이 된다는 만능 주사. 몸살이 심해 열이 많이 났지만 나는 그냥 버티는 쪽을 택했다.

사실 쌍끌이 배는 어선이라기보다 생선을 찍어 내는 공장이었다. 배 한 척에 2~30억, 한 달에 1억 원 가까운 연료비가 들어가고 20여 명이 넘는 인력이 투입되는 생선 공장. 노동과 자본의 집약적 만남은 전략적이고 냉정했다. 하루 기름값, 인건비 등 선박 유지 비용을 생각하면 사람 한 명 아프다고 병원에 보낼 일이 아니었다. 사람은 얼마든지 소개소에서 가져다 쓸 수 있지만 아픈 사람을 고쳐 쓰는 데 드는 지체 비용은 상대적으로 어마어마한 것이었다. 선원들 입장에서도 아프다는 이유로 무작정 배에서 내릴 수 없었다. 배에서 내리는 순간, 보합제라는 이름으로 그간 적립해 두었던 모든 희망이 일시에 사라져 버릴 수 있기 때문이었다. 선원들이 만능 주사 앞에 엉덩이를 뒤집어 깔 수밖에 없었던 것도 사실은 이런 사정 때문이었다. 그래서 배에는 아픈 사람이 없었다.

12

입가에서 쉰내가 나기 시작했다. 배가 퍼지든 사람이 퍼지든 무언가 하나 절단이 나야 끝나겠다 싶었다. 그리고 바로 그때 인자한 중재자처럼 설 명절이 찾아왔다. 명절이라고 변변한 먹을거리 하나 없었지만 여관방에서 쉴 수 있는 것만으로도 족했다. 간부들은 대부분 명절을 쇠기 위해 택시를 타고 부산 등지로 향했다. 고향이 충청도인 항해사와 중국인 선원들, 그리고 한국인 일반 선원들만이 남겨졌다. 그 와중에도 한국인 일반 선원 몇 명은 소리 없이 사라졌다.

결국 나는 중국인 선원들과 통영항 부근에서 명절을 보낼 여관을 찾기 시작했다. 하지만 우리는 좀처럼 묵을 곳을 찾을 수 없었다. 여관 주인들은 대놓고 '중국인은 사절'이라 했다. 중국 사람들은 지저분하고 방도 더럽게 쓴다는 이유에서였다. 몇 군데 돌아다니며 번번이 퇴짜를 맞으니 슬슬 화가 치밀어 올랐다. 지저분하기로 따지면 중국인 선원들뿐만 아니라 우리 선원들 모두가 문제였다. 한 시간 넘게 이곳저곳을 전전하고 나서야 간신히 일곱 명이 묵을 방 두 개를 잡았다. 밀린 빨래 보따리를 들고 세탁기를 한 번 돌려도 되겠냐고 했더니 여관 주인이 기겁을 했다. 세탁기 한 번 쓰겠다는데 왜 이리도 인심이 박한 걸까?

초췌한 웬 청년의 모습이 거울에 비췄다. 나였다. 배에 오른 지 채 3주도 되지 않았지만 몇 달이라도 된 것처럼 느껴졌고 그 피로가 고스란히 얼굴에 묻어났다. 겨울 햇볕에 탄 얼굴은 유독 시커메 보였고, 여기저기 생선 비늘로 덩어리진 머리는 소금기에 산발이 되어 있었으며, 수염까지 지저분하게 자라 있었다. 아닌 게 아니라 정말 뱃놈이 다 됐다 싶었다. 평소에도 외모를 가꾸는 성격은 아니었지만 바닷바람에 한결 더 까칠해진 얼굴을 보니 이내 서글픈 마음이 들었다. 나는 무슨 영화를 누리겠다고 이곳까지 와서 이리도 아등바등하는가? 초라한 꼴을 하고 여관방을 전전하며 세탁기 한 번 돌리겠다는 청마저 거절당하니 한편으로는 오기가 생겼다. 기어코 손빨래로 모든 빨랫감을 해치우고 사방에 옷가지를 널고 드러누웠다.

비좁은 방에 함께 나란히 누운 건 중국인 선원들이었다. 중국인 선원들만 괜스레 핍박 받은 걸 생각하니 민망한 마음이 들었다. 그동안 같이 고된 일을 해오며 친해진 터였기에 더 그랬다. 게다가 그 편견과 멸시의 시선이 나를 비껴가지 않는다는 걸 잘 알고 있었기에 이러저런 생각이 머리를 떠나지 않았다.

한동안 쉬고 나서야 정신이 좀 들었다. 골목을 한참 헤매 공중전화를 찾아냈다.

"예 어머니, 지금 통영에 있고요. …… 친구네 집에서 잘 지내고 있어요. 공판장에서 일하면서 돈도 모으고 …… 생선도 나르고, 뭐 그러죠."

"얘는 도대체 정신이 있는 거니? 너 멸치잡이 배에 팔려 간 줄 알았어."

'멸치잡이 배' 얘기에 뜨끔했지만 어느새 바다가 친구가 됐으니 대충 얘기는 옳게 된 것이다. 전역하고 나서 그때까지도 휴대폰을 장만하지 못했는데, 그때는 그게 차라리 다행이었다.

항해사가 소주를 한잔 샀다. 술은 부산 가는 열차에서 마신 캔 맥주 이후 처음이었다. 들큼하게 취기가 올라오고 무뚝뚝했던 항해사가 말문을 열었다.

"엊그제 탄 젊은 친구들은 또 내뺐는가 삐네. 이 배라는 곳은 너무 많은 사람들이 거쳐 가가 내 사람한테 쉽게 정을 주지 않는 기야. 어차피 언제 떠날지도 모르는데 이름은 알아 뭐하겠노?"

그제야 무뚝뚝하고 투박해 보이기만 했던 뱃사람들의 태도가 조금은 이해가 됐다. 그리고 그날 나는 내가 배를 탄 뒤 열흘도 안 돼서 책임배, 뒷배 통틀어 일반 선원 서열 1위가 됐다는 것도 들을 수 있었다.

13

어느새 싸움을 말리던 중재자가 물러가고 조업이 다시 시작됐다. 배가 퍼지든 사람이 퍼지든 누구 하나 절단이 나야 끝나는 싸움이 다시 시작된 것이다. 이번에는 영하 40도, 급냉실에서의 작업을 위해 두툼한 방한복과 방한화에 털모자까지 완전무장을 했다. 하지만 송곳 같은 냉기는 사정없이 살갗을 파고들었다. 눈동자를 부지런히 굴리지 않으면 각막이 깨져 버릴 것 같은 한기였다. 숨을 들이쉴 때마다 냉기가 온몸으로 퍼졌고 내쉰 숨은 눈썹에 얼음꽃으로 맺혔다. 그 거추장스러운 장비를 하고 그 추운 곳에서 땀이 나도록 움직이다 보면 지난 설 연휴를 보낸 얄궂은 여관이 머릿속에서 호텔처럼 다시 그려졌다.

갑판 밑 어창에서의 전쟁 같은 작업은 추워서 힘든 것만이 아니었다.

냉동기를 끄고 가끔은 급냉실을 청소하기도 했는데, 지하 어창에서 걸쭉한 침출수를 퍼내는 일은 정말 곤욕스러웠다. 얼음이 녹고 냉기가 빠지고 나면 춥지는 않았지만 금세 코를 찌를 듯한 냄새가 올라왔다. 생선 썩는 물이 악취를 풍기며 밀폐된 창고 바닥에 출렁거리며 나는 냄새였다. 이 침출수를 쓰레받기로 양동이에 퍼 담다 보면 악취에 머리가 땡할 정도였다. 어창을 한 번 청소하고 나면 속이 뒤집혀 밥도 제대로 먹을 수 없었다.

처음에 홍역을 치르고 난 뒤 말끔히 극복했다고 생각했던 멀미 역시 얼마 후 다시 도졌다. 낮은 파고에도 배가 심하게 요동쳤다. 선실에서 쉴 때에도 선체에 파도 때리는 소리가 선명하게 들렸고 그 진동도 온몸으로 전달됐다. 전에 없던 일이었다. 양망을 할 때도 배가 생선이 들어찬 그물의 무게를 이기지 못하고 좌우로 심하게 휘청거렸다. 그물을 조금 찢어 그 틈으로 생선을 상당 부분 덜어 낸 다음에야 겨우 그물을 끌어 올릴 수 있을 정도였다. '배가 이러다 넘어갈 수도 있겠구나!'하는 공포감에 모두가 긴장했다.

배가 이렇게 된 데에는 이유가 있었다. 기름 탱크가 거의 바닥을 드러내면서 통통배처럼 가벼워졌기 때문이다. 밑바닥에서 무게추 역할을 하던 기름이 거의 소진되고 나면 배는 낮은 파고 앞에서도 종이배처럼 맥을 못 췄다. 당연히 그 배에 타고 있는 선원들도 맥을 못 추기는 마찬가지였다. 그러다 기름을 가득 채우고 나면 배는 떠다닌다기보다는 마치 섬처럼 착 가라앉아 안정감을 유지했다. 우리는 배의 밑짐이었던 기름을 다 쓰기 전에 얼른 급유가 이뤄지길 바랄 뿐이었다.

급유는 한 달에 한 번꼴로 이루어졌다. 배에는 생각보다 많은 기름이 들어갔다. 돈으로 따지면 배 두 척에 대략 1억 원 정도의 기름이 들어간다고 했다. 선박용 등유를 가득 급유하는 데는 꼬박 하룻밤이 걸렸다. 그럴 때면 선장은 투전판에 놀음을 하러 갔다. 하지만 나머지 선원들은 따로 할 일이 있었다. 배 한 척에 들어가는 윤활유만 해도 대여섯 드럼이 됐는데, 이 역시 선원들이 직접 연돌 옆 오일 주유구에 올라가 양동이로 일일이 퍼 담아야 했기 때문이다. 그 일이 끝나면 간부들은 모텔이나 주점으로 놀러 갔고, 나머지 일반 선원과 중국인 선원들은 정박돼 있는 배 위에서 잠을 청 했다. 육지에 맞닿아 있는 배는 거의 움직이지 않았지만 육지를 바로 앞에 두고 선실에서 잠을 자는 것처럼 우울한 일도 없었다.

저 멀리 통영항과 맞닿은 남망산에는 어느샌가 노란 개나리가 내려 앉았다. 처음 배에 올랐을 때의 대한 추위가 엊그제 같은데 어느덧 봄이 온 것이다. 이맘때면 학교에도 여기저기 꽃이 필 텐데……. 재잘거리는 새내 기들과 봄꽃이 어우러진 교정은 올해도 싱그러울 것이다. 이러저런 생각 에 출렁이는 밤은 더욱 우울했다.

14

4월에 접어들면서 날도 푸근해지고 수온이 많이 올라갔다. 남해상에서의 조업이 시원치 않자 멀리 제주 인근 해역으로 출항을 하는 일이 잦아졌다.

"여서도에 빠따(대삼치)도 더 안 올라오고 방석병어나 한 방 땡기려면 동지나로 가야 쓰것는디……."

공판장에 생선 상자를 다 올리고 부둣가에서 밥을 먹는데 간부들끼 리 모여 궁리를 하는 소리가 들렸다. 동지나, 그러니까 동중국해에서 그물을 끌겠다는 말이었다.

통영에서 배를 타고 한참을 나와 제주 남해상 어딘가에서 조업을 하는데 뭔가 일이 생긴 것 같았다. 우리 배의 기관이 고장 난 것 같다고들 했다. 드디어 배가 퍼진 것일까. 기관장이 수리를 위해 기관실에서 한참을 씨름하다 나와 브리지를 향해 '엑스'자를 들어 보였다. 그리고는 책임배의 선미와 우리 배의 선수를 모아줄로 연결해 인양하기 시작했다.

한 배의 동력으로 두 척의 배를 끌고 가는 길은 더디고 지루했다. 부산까지 들어가는 데 항해만 대여섯 시간을 해야 한다고 했다. 부산까지 가는 걸 보니 간단한 고장은 아닌 듯했다. 하지만 우리에겐 입안이 헐고 체력이 바닥난 시점에 가뭄에 단비 같은 소식이었다. 선장은 키를 내게 맡기고 브리지에 간부들과 빙 둘러앉아 훌라를 치기 시작했다. 좀처럼 브리지에 올 일이 없던 기관장에 기관사까지 모여 크게 한판이 벌어졌다. 책임배에 인양되는 상황이었지만 키를 아주 미세하게 움직여 보니 배가 곧장 반응했다. 선장이 고개를 휙 돌려 눈을 흘겼다.

멀리 부산항을 앞에 두고 책임배가 옆에 와서 붙었다. 배 두 척을 나란히 묶어 남항 대교, 부산 공동 어시장을 지나 한적한 부둣가에 배를 댔다. 한진에서 나온 엔진 기술자가 미리 대기 중이었다. 그 역시 잠시 기관을 둘러보고는 고개를 절레절레 흔들었다. 부품을 교체해야 하는데 2박 3일이 걸릴 거라고 했다. 뜻밖의 휴가가 주어진 것이다. 배가 퍼지고 나서야 주어진 휴식 시간. 배가 쉬어야 사람이 덩달아 쉴 수 있는 상황을 생각하니 한편으론 쓸쓸하기도 했다.

15

어창에서 갈치 한 상자를 짊어지고 나온 기관장은 통선을 타고 맞은편 영도 쪽으로 순식간에 사라져 버렸다. 물론 나도 천금같은 2박 3일을 선실에서 보낼 생각은 없었다. 통장에 돈도 있겠다, 좀 편하게 쉬고 싶었다. 정신 없이 사느라 한동안 바깥소식은 잊고 지냈는데, 선원들과 같이 여관방을 잡으러 가는 골목길에서 선거 벽보를 마주쳤다. 투표일은 바로 내일이었다. 2박 3일의 휴가는 마치 나의 투표를 위해 설계된 일정 같았다.

18대 총선은 내겐 단순한 선거가 아니었다. 지난 3월, 컨베이어 벨트에 마지막 생선 상자를 공판장에 올려 보내고 얼음을 받는 잠깐의 대기시간 동안 쏜살같이 PC방에 다녀온 적이 있었다. 민주노동당 당대회에서 혁신안이 부결됐다는 소식을 접하고 탈당계를 접수시키러 다녀오는 길이었다. 민주노동당을 지지했던 건 가난한 서민들, 아등바등 알바 시장으로 내몰리는 대학생들, 그러니까 바로 나의 삶을 대변해 줄 새로운 정치를 갈구해서였다. 그래서 그 길로 탈당계를 제출하고 진보신당에 입당 원서를 냈다. 생각보다 시간이 오래 걸려 출항이 좀 늦어지는 바람에 간부들로부터 한동안 구박을 받아야 했다. 그리고 맞이한 총선이었다. 불과 몇 시간 전까지만 해도 마음속으로 응원하는 것 말고는 달리 내가 할 수 있는 일은 없는 듯했다. 그랬던 내게 2박 3일의 천금 같은 휴가가 주어진 것이다.

우선은 여관방에 들러 간단히 씻고 옷을 갈아입은 후 바로 서울로 출발했다. 버스를 타고 몇 정거장을 지나 부산역에 내려 광장을 가로질러 가는데 웬 사내들이 길을 가로막았다. 그들의 얼굴에는 뭔가 확신에 찬 표정, 한 건 했다는 자신감이 묻어났다. 사복 경찰들의 불심검문을 받게 된 것이다. 다짜고짜 수갑부터 채울 기세였다. 오랜만에 서울 갈 생각에 들떠 있던 터라 기분 좋게 바로 지갑에서 신분증을 꺼내 보였다. 내가 사색이 돼 도주라도 하길 바란 눈치였다. 형사들은 실망한 듯 신분증은 확인도 하지 않았다. 두 형사 사이로 빠져나와 역사로 들어섰다. 정신없이 분주한 사람들 사이로 어색한 내 모습이 유리 거울에 비쳤다. 내가 형사라도 검문을 했을 것 같은 몰골이었다. 봄기운이 완연한 4월인데도 여전히 한겨울에 입던 오리털 잠바를 걸친 모습은 답답하기 그지없어 보였다. 덥수룩한 머리에 새까만 얼굴, 게다가 수염까지 영락없이 큰 죄를 짓고 도피 중인 범죄자였다.

결국 서울역에서 또다시 불심검문에 걸리고 말았다. 이번엔 침착하게 거절했다. 난생 처음, 그것도 하루에 두 번씩이나 검문을 받고 나니 괜스레 불안하고 초조한 마음이 들었다. 그래서 집에도 가기 전에 대중목욕탕부터 들러 덥수룩한 수염을 깨끗이 밀어 버렸다.

어머니와 한바탕 얼싸안고 오랜만에 집에서 밥을 먹고 났는데, 어머니께서 근심스런 표정으로 화장대 위에 있던 웬 봉투를 내밀었다. 하루 종일 관운이 그렇게 따르더니만 결국엔 큰 관청에서 기별이 온 것이었다. 봉투를 뜯어 보니 이름도 생소한 '약식명령'이라는 서류가 들어 있었다.

"피고인 노영수는 대학생이다. 피고인 노영수는 한미 FTA 반대, 레바논 파병 반대 …… 신문로 일대의 왕복 8차선 도로를 점거하고……."

2007년 말 민중대회 때 연행되었던 것 때문에 벌금이 나온 것이었다. 자그마치 1백만 원. 장탄식이 나왔다. 동봉된 이의신청 절차 안내서에 따라 정식재판을 청구해야 하는데 문제가 있었다. 배를 놓치지 않으려면 내일 오전에 일찍 투표를 하고 바로 부산으로 가야 하는데 법원에 가려면 모레까지 기다려야 했다. 1백만 원이라는 말에 덜컥 겁이 나서 일단 모레

아침에 법원에 가 정식재판을 청구하기로 했다. 그때까지만 해도 나는 배가 부산항을 뜬다 하더라도 모항인 통영항에서 다시 배를 잡아타는 데 큰 문제는 없을 거라고 생각했다.

16

처음 겪는 일이라 법원에 서류를 넣는 데도 시간이 좀 걸렸다. 불안한 마음에 바로 항해사한테 연락을 했지만 전화기는 꺼져 있었다. 회사에 연락을 했더니 배는 이미 출항을 해서 나는 '무단 하선' 처리가 됐다고 했다. 자초지종을 설명해서 겨우 오해는 풀었지만 문제가 또 있었다. 앞으로 배가 통영항에 들어오지 않을 수도 있다는 것이었다. 동중국해에서 조업을 하고 물건은 제주 쪽에서 풀 예정이라고, 게다가 한 번 출항을 하면 며칠이 걸릴지 모른다고 했다. 서울에서 연락을 기다릴 수밖에 없었다. 아니, 휴대폰이 없으니 수시로 연락을 하는 것은 내 쪽이었다. 계속 연락이 닿지 않던 항해사가 전화를 받은 건 며칠이 지나서였다. 제주 남쪽에 있는 항구라고 오래 있지 않을 것 같으니 서두르라고 했다. 그 이름도 생소한 화순항. 전남 화순도 아니고 제주 화순이라니 사실 제주도는 가본 적도 없었다.

　어쨌든 나는 득달같이 공항으로 달려갔다. 비행기는 생전 처음이었다. 쌍끌이 어선을 잡아타기 위해 비행기를 타고 가다니 이런 경우가 또 있을까? 제주공항에 내리자마자 택시를 타고 화순항으로 내달렸다. 하지만 배는 이미 떠나고 없었다. 비행기까지 타고 왔는데 쌍끌이 배 두 척은 사이 좋게 흔적도 없이 자취를 감춘 상태였다. 눈앞이 깜깜했다. 완전히 꼬여 버린 이 일을 어떻게 풀어야 할지 전혀 대책이 안 섰다. 버스를 타고 공항으로 가서 다시 회사에 전화를 했다. 배가 언제 들어올지는 조업 상황에 달려 있기 때문에 전혀 예측할 수 없다고 했다.

"대학생이 배 타면서 힘들게 고생한 건 대견한데, 규정상 안타깝지만, 배에 다시 못 타게 되면 끝내 무단 하선 처리됩니다."

지금까지 일한 것만이라도 어떻게 참작해 줄 수 없냐는 말에 사장이 잘라 말했다. 보합금이 다 날아간다는 청천벽력 같은 얘기였다. 그동안 같이 배를 탔던 92호 선원들한테도 학생이라는 이야기는 하지 않은 터였다. 학생이라고 하면 왠지 약해 보이고 만만하게 볼 것 같아 굳이 밝히고 싶지 않았다. 하지만 보합금이 다 날아갈 수도 있다고 생각하니 가릴 게 없었다. 학비를 벌려고 배 타러 온 대학생이라고 사정하면 마음을 움직일 수 있지 않을까 생각했다. 하지만 룰은 냉정했다.

무작정 제주에서 기다릴 수도 없고, 결국은 다시 집으로 돌아가야 하는 상황이었다. 서울로 돌아가는 비즈니스석 비행기 티켓을 10만 원이나 주고 사니 속이 쓰렸다. 생애 첫 번째 비행 그리고 제주 땅에 첫발을 디딘 지 세 시간 만에 생애 두 번째 비행기를 타고 제주 땅을 떴다. 자괴감이 밀려왔다.

그렇게 서울에서 또 며칠을 보내다 홧병이 도질 때쯤 겨우 배하고 연락이 닿았다. 서둘러 공항으로 갔지만 이번에는 좌석이 없었다. 그러다 마침 출발이 임박한 비행기의 한 자리 예약이 취소되어 겨우 탑승할 수 있었다. 이번엔 한림항이었다. 화순에 비하면 그나마 제주공항에 좀 더 가까웠다. 택시에서 내려 부리나케 뛰었다. 커다란 상선과 해양 연구선을 지나 저 멀리 항구 끄트머리에 갈매기가 잔뜩 꼬여 있는 배가 보였다. 틀림없이 쌍끌이 어선이었다. 막 모아줄을 끄르고 출항하려던 배에 겨우 올라탔다. 날이 더워지면서 생선 비린내는 더 심하게 코를 자극했고, 사람들이 일하는 모습조차 생경하게 느껴졌다. 며칠 육지 물을 먹다 오니 그새 배가 낯설어진 것이다. 까맣게 그을린 얼굴에 지지분한 수염, 떡진 머리 일색의 사람들을 보니 배를 아슬아슬하게 잡아탔다는 안도감은 곧 근심이 됐다. 그렇게 익숙하고도 낯선 기분으로 뱃생활 2라운드가 시작됐다.

17

총선 휴가 전후로 조업 지역은 연근해에서 동중국해로 바뀐 상태였다. 통영을 거점으로 하루나 이틀에 한 번꼴로 입항을 하던 배가 이젠 동중국해에서 몇 날 며칠이고 어창에 고기가 들어찰 때까지 조업을 했다. 그만큼 어획량이 줄어든 것이다. 물론 양식장의 사료로 팔려 나가는 값싼 어종보다 돈이 되는 병어나 복어 그리고 대삼치가 주로 잡혔다. 제주에 출하하면 일부는 일본으로 수출되기도 했다.

가끔은 그물이 텅텅 비다시피 올라올 때도 있었는데 선장은 그럴 때마다 마이크를 잡고 광분을 멈추지 않았다. 전혀 우리 힘으로 어찌할 수 없는 일임에도 다른 배가 보일 때마다 우리 배와 비교하며 닦달을 했다.

"그물에 구멍이 나면 부지런히 기워가 고칠 생각을 해야제, 이게 뭐꼬!"

"○ 같은 것들! 느그들 지금 유람선 타러 왔나! 느그들 지금 취미 생활하나! 저기 저 낚싯배보다도 고기를 못 잡으면 우예 하노!"

물론 그물엔 큰 이상이 없었다. 문제는 선장의 조급증이었다. 선장은 투망을 할 때마다 반복적으로 무게추 탈착을 지시했다. 그러면 항해사들은 수백 킬로그램씩 나가는 육중한 쇠사슬을 그물 끝에 새끼줄로 엮었다 떼었다를 반복해야 했다. 항해사들의 불만이 날로 쌓여 갔다. 하지만 역시 앰프의 지시를 거스르진 못했다.

새하얀 선체에 나라 '국'자가 새겨진 해양 연구선이 지나가자 선장은 또 악을 썼다.

"야들이 지금 탐사 나왔나! 우리 배가 무신 연구선이가! 고기 한 마리 잡아가 후비 파고 앉아 있을까가? 그물을 잘 꿰서 마 한 방 땡길 생각을 해야지, 정말 손구락 빨끼가!"

선장의 생떼는 어차피 이골이 난 터라 이제는 피식 웃음이 났다. 낚싯배, 유람선, 해양 연구선을 쌍끌이 어선과 비교한다는 발상이 재밌기도 했다. 고약한 발상의 전환이었다.

동중국해에서의 조업은 연근해 조업과는 여러 면에서 차이가 났다. 어획량 자체가 많지 않아 작업 시간은 줄어들고 그물을 끄는 시간이 길어졌다. 조업의 피로는 줄었지만 새로운 골칫거리가 생겼다. 해상에서의 지루함은 생각지도 못한 복병이었다. 벨이 울리기도 전에 캄캄한 관 속에서 눈이 떠질 때, 한참을 자고 일어나 눈을 떴는데도 벨이 울리지 않을 때, 선실은 갑자기 감옥이 되어 버렸다. 그렇다고 갑판에 나와 봐야 딱히 할 일도 없었다. 사방이 온통 수평선인 망망대해에 떠있는 건 우리 배뿐이었다. 이 긴긴 밤이 언제 끝날지 기약도 없었다. 괜찮다, 괜찮다 하면서도 어느 순간 바다 한가운데 꼭 갇혀 버린 것만 같아 숨이 턱 막혔다. 일을 하면서 느끼는 육체적 피로만큼이나 망망대해에서 느끼는 지루함 역시 견디기 힘들기는 매한가지였다. 가끔씩 복어를 신문지에 돌돌 말아 가져다주면 초코파이와 콜라를 건네주던 통영의 구멍가게가 그리웠다. 지는 해와 뜨는 해가 구분되고 하루하루가 헤아려지면서 지루함은 더해만 갔다.

18

4월도 다 지나가고 어느새 선체는 또 가벼워졌다. 기름이 바닥났지만 다시 급유할 계획은 없었다. 원룸에 드러누우면 매직으로 투박하게 써놓은 색 바랜 두 글자가 보였다. 철망. 누가 썼는지 알 수 없었지만 그 글씨만 봐도 끝이 보인다는 생각에 뿌듯했다. 그리고 거짓말처럼 드디어 철망할 때가 온 것이다. 서귀포에서 하루를 묵고 내일 통영에서 물건을 푼 다음 부산항 으로 들어갈 계획이라고 했다. 이제 다 끝이다. 더 이상의 투망은 없다. 그 물을 죄다 풀어 깨끗하게 털고 창고에 집어넣었다. 더 이상 해경 눈치 볼 일도, 부랴부랴 배의 이름을 가릴 일도 없다. 마지막 밤의 축배를 들기 위 해 서귀포 시내 한 호프집으로 선원들이 모였다. 모두가 들떠 있었다. 이제 정말 끝이라고 생각하니 후련했다. 그새 마음이 바다만큼 넓어졌는지 조 금은 아쉬운 마음까지 들었다. 비행기를 세 번씩이나 바꿔 타고 우여곡절 끝에 찾아온 징글징글한 섬이었지만, 유려한 관광지가 주는 왠지 모를 포 근함도 있었다. 아쉬움을 달래기 위해 진하게 취기가 오를 때까지 술잔을 기울였다. 제주에서의 마지막 밤은 그렇게 순조롭게 마무리되는 듯했다.

"아침 여덟 시까지 늦지들 않게 오그라."

같은 여관방에서 잠들었던 항해사가 나를 급하게 흔들어 깨운 시간 은 여덟 시가 거의 다 돼서였다. 늦은 것이다.

"마지막 날 늦어 무단 하선 처리돼 가 보합금 한 푼도 못 받은 놈들도 있데이."

항해사가 어젯밤 농담처럼 했던 말이 불현듯 떠올랐다. 잽싸게 옷만 꿰어 입고 탄환처럼 여관방을 뛰쳐나갔다. 서귀포항까지 미로 같은 길을 앞서거니 뒤서거니 하며 벼락같이 뛰었다. 배는 그대로 있었다. 다리에 경련이 일었지만 천만다행이었다.

19

모아줄을 끄르고 출항을 해야 하는데 한바탕 소란이 일었다. 책임배 선장이 우리 배 기관장을 호되게 나무라는 것이었다. 무슨 일인지는 모르겠으나 기관장이 보따리까지 싸들고 갑판에 나와 머뭇거리고 있었다. 기관장은 하선을 놓고 갈등하는 것 같았다. 잔뜩 격앙된 책임배 선장이 마이크를 잡고 하선을 종용하며 한참 동안 구박을 했지만 기관장은 무슨 잘못을 했는지 제대로 대꾸도 하지 못하고 망설이고만 있었다. 갑판에 있던 모두의 시선이 기관장에게 쏠렸다. 이제 곧 있으면 한 해 조업이 마무리되는데 제정신이라면 하선할 이유가 없었다. 선장보다 높은 연배로 보이는 기관장이 갖은 욕설을 들으며 모두 앞에서 수모를 당하는 걸 보니 안쓰러웠다.

"뭘 그래 근심스럽게 보노. 저 영감쟁이 하나 없어지면 너그들이 챙길 보합금도 껑충 오를 긴데."

누군가 뒤에서 중얼거렸다.

전체 임금의 반이 훌쩍 넘는 돈을 날리지 않기 위해 선원들은 이를 앙다물고 버텨야 했고 혹여 무단 하선이라도 하게 될까 봐 항상 조마조마해했다. 아픈 것도 참고 부조리한 것도 받아들이면서 버틴 단 하나의 이유, 열악한 노동조건 속에서도 선원들의 이탈을 방지하는 장치가 바로 보합제였다.

그럼에도 불구하고 대부분의 선원들은 얼마 못 버티고 떠나갔다. 보름 정도 버티면 오래 일한 축에 들었지만 희한한 급여 시스템은 그들이 떠나는 길에 십 원 한 장 보태 주는 법이 없었다. 보름치 기본급은 세금과 보험료를 빼고 나면 소개비 35만 원에 못 미치니 전액 공제가 됐고, 떠나간 일반 선원의 보름치 보합금은 결국 최후 생존자들이 나눠 갖게 되는 것이다. 한 해 9개월 남짓의 조업을 마칠 때 남아 있는 일반 선원들의 평균 승선 일수가 대략 한 달 정도 된다고 보면 우리 배를 거쳐 간 일반 선원 대부분의 임금 절반가량이 보합제라는 약탈적인 급여 시스템의 먹잇감이 되는 셈이다.

그 수혜자는 경력이 오래된 간부들과 선원 알선 업체였다. 하지만 경력이 오래된 간부들의 세계도 결코 평화롭지만은 않았다. 기관장 같은 중견 간부가 막판에 하선이라도 해주면 한 해 동안 일반 선원들이 남겨 준 보합금에 맞먹는 이익을 단번에 안겨 줄 수도 있다. 그래서 사람들은 종종 엉뚱한 생각을 했다. 밍크 고래라도 한 마리 걸려들어 어획고가 껑충 뛰어오르길 바라는 것처럼 영감쟁이 하나쯤 없어져 버리면 내 몫의 보합금이 껑충 뛰어오를 수 있다는 얼토당토않은 상상을 하게 되는 것이다.

또 다른 수혜자는 선원 소개소였다. 대부분의 업소들은 뱃일의 실상을 제대로 알려 주지 않은 채 마구잡이로 사람을 공급하는 데에만 열을 올렸다. 어차피 머릿수만큼 수수료를 받기 때문에 금방 하선하게 될 부적격

자를 소개시켜 주면 더 좋았다. 다른 사람을 또 가져다주면 되고 그만큼이 고스란히 다시 수익이 되기 때문이다.

"바다를 향한 남자의 도전! 선원 대 모집! 월 3백만 가!" 소개소에서는 나중에 받게 될 수도 있는 보합금의 최대치를 제시하며 곤궁한 사람들을 현혹했다. 하지만 정작 미끼를 문 사람들 가운데 열에 아홉은 결국 보합금은 구경도 못하게 된다는 사실을 알려 주는 사람은 아무도 없었다. 물론 제시된 액수도 경신되기 어려운 최대치다.

며칠을 못 견디고 하선하는 일반 선원들은 대부분 근무일 수만큼의 기본급이 소개비 35만 원에 못 미치게 된다는 생각에 미안한 마음으로 도망치듯 하선한다. 하지만 배에 오를 때 보합금에 현혹당한 것이 첫 번째 착각이라면, 미안한 마음으로 하선하는 것은 두 번째 착각이다. 어차피 얼마 못 버틸 것을 감안해 만들어 놓은 약탈적 급여체계가 있으니 누구에게도 미안해 할 필요는 없다.

미련하게 나처럼 끝장을 본 일부 선원들도 결국엔 생각만큼 재미를 볼 수 없다. 선장 3.5, 기관장 2.8 그리고 일반 선원 0.8. 부킹, 그러니까 일반 선원 앞으로 책정된 기여 비율이 턱없이 낮아 파이가 커져도 먹을 입이 너무 작기 때문이다. 이건 불공정한 게임이다. 짧게 타든 오래 타든 철망을 할 때까지 타든 일반 선원들은 배에 오르는 순간부터 자신도 모르게 봉사활동을 시작한다고 해도 과언이 아니다. 게다가 여기에는 속 편하게 보합금 따위 신경 쓰지 않는 사람들도 있다. 중국, 말레이시아, 인도 등지에서 온 이주 노동자들은 아예 보합제에서 배제돼 있다. 족쇄를 따로 채우지 않아도 도망갈 수 없는 처지의 약자들이기 때문이다.

기관장의 하선 소동이 마무리되고 통영으로 가는 길은 얽히고설킨 보합제에 대한 생각으로 머릿속이 복잡했다. 예정대로 통영에서 물건을 풀고 잔잔한 바다를 쾌속선처럼 내달려 부산항에 들어섰다. 선장이 마이크에 대고 노래를 불렀다. "돌아왔다! 부산항에!" 이제 철망이니 선장도 저 마이크를 내려놔야 한다. 최종 목적지 부산 공동 어시장에는 한 해 조업을 마무리하고 이미 철망을 한 배들이 수십 척 넘게 정박돼 있었다. 그물을 풀어 씻고 갑판을 닦는 마지막 마무리 작업을 마친 후 배에서 폴짝 뛰어 땅에 발을 디뎠다. 둔탁한 육지에 내딛는 '발 맛'이 짜릿했다. 유쾌한 육지 멀미가 가볍게 스쳐 갔다. 그간 차곡차곡 모아 온, 벽돌처럼 얼어 버린 갑오징어 꾸러미를 들고 서울로 가는 열차에 몸을 실었다. 바다를 향한 남자의 도전은 그렇게 마무리됐다.

20

사우나에서 아무리 땀을 빼도 몸에 밴 오묘한 향기는 좀처럼 가시지 않았다. 전철 옆자리에 앉은 사람들이 금세 이상한 낌새를 챌 정도로 비린내는 은은하게 계속해서 배어 나왔다. 며칠이 지나고 짠물이 거의 다 빠질 무렵, 보합금 결산 소식이 들려왔다. 3백만 원 정도 될 거라는 항해사의 말을 곧이듣지는 않았지만 막상 통장을 보자 나오는 건 허탈한 웃음뿐이었다. "3,160,000 ○○수산." 절묘하게도 지난 학기 납부했던 등록금이 316만 원이었다. 정확하게는 316만9천 원. 한 학기 동안 죽어라 고생해서 모은 돈이 한 학기 등록금에도 못 미치다니! 물론 2008년에는 등록금이 6.8퍼센트 인상되면서 337만5천 원이 됐고, 내년에도 등록금은 고공 행진을 이어 갈 분위기였다. 복학을 하려면 족히 350만 원은 있어야 했다. 철없는 등록금은 무슨 짓을 해도 턱없이 낮은 내 임금을 껑충껑충 씩씩하게 앞질러 나가고 있었다.

'날고 기고 배 타고 다 해봤지만 제자리걸음도 안 되잖아!'

누군가 나를 비웃는 것 같았다. 최저임금 수준의 앞이 안 보이는 아르바이트 인생을 일거에 만회해 보고자 했던 내 욕심이 너무 컸던 것인가. 곤궁할수록 더 쉽게 함정에 빠지는 게 세상 이치인가. 결국엔 최저임금에도 못 미치는 일에 신나게 덤벼든 꼴이라니! 정신없이 살아도 빠듯한 형편에 굳이 하지 않아도 되는 경험을 하는 데 너무 많은 비용을 치른 것 같았다.

"바다를 향한 남자의 도전, 선원 대 모집, 월 3백만 가!"

밍크 고래라도 한 마리 잡혔으면 좀 나았으려나?

2장

대
항
해
시
대
의

개
막

오늘날 대학을 의미하는 University의 라틴어 어원은
Universitas magistrorum et scholarium로, 이는 교사들과
학생들이 공동의 목적을 위해 조직한 공동체를 의미한다.

위키피디아[1]

대학이 상아탑으로 학문 연구만 하던 시절은 지났다.
대학도 하나의 산업으로 보고 그 같은 관점에서 경영해야 한다.

박용성[2]

1

한동안 집에서 몸을 추스르고 다시 학교에 나갔다. 내가 고기잡이배를 타러 갔다는 소문이 돌았던 탓에, 학교에서 마주치는 친구들마다 반색을 하며 반겨 주었다. 평소에도 오두방정이었던 혜미는 까만 얼굴을 마주하자 화들짝 놀라 비명을 질렀다. 걸걸한 목소리의 은선이도 반갑게 인사를 했으나 민주노동당을 탈당했다는 말에 가재미눈을 하고 노려보며 정색을 했다. 총학생회 비상대책위원장이 된 승선이는 보자마자 내 핀잔을 들어야 했다. "등록금을 6.8퍼센트나 인상해 주면 나는 어떻게 살라고……." 내가 배를 타러 부산으로 떠난 후 술자리에서 엉엉 울었다던 동민이는 몇 날 며칠 계속된 고기잡이배 이야기에 혀를 내둘렀다.

2

2008년 5월의 늦은 밤, 백두대간이 지나는 호남의 산간 마을. 예고 없는 방문인 탓에 조심스럽게 문을 열고 들어섰다. 마을 회관에서 밤늦도록 떠들썩하게 말뚝박기를 하고 놀던 친구들 사이에 정적이 흘렀다. 깜짝 등장에 모두 넋이 나간 표정이었다. 무주읍에 막차를 타고 들어와 히치하이킹을 거듭해 마을 회관에 도착한 시각은 자정이 다 되어서였다. 반가워하는 얼굴들을 보니 늦은 밤길이 헛수고는 아니었다. 전역 후엔 계절마다 거르지 않고 참여해 온 농활이라 이번 봄 농활도 거르지 말아야 한다는 강박 같은 게 있었다. 물 좋고 산 좋은 곳에서 흙 만지며 선후배들과 어울릴 수 있는 기회를 놓치고 싶지 않았다. 무엇보다 무주에서라면 지난겨울의 음울한 기억들을 모두 토해 낼 수 있을 것만 같았다. 음침한 기관실에서 당직을 서며 그리던 얼굴들, 게다가 처음 마주하는 08학번 새내기들까지 모두 너무 반가웠다.

뱃일을 견뎌 낸 대가로 돈 말고 얻은 게 있다면 뱃사람의 근성과 갑오징어 한 꾸러미가 있었다. 그날 밤, 뱃일을 하면서 한 장 한 장 모아 온 갑오징어 한 꾸러미를 몽땅 풀었다. 수산 시장에 가면 더 싱싱한 걸 구할 수도 있겠지만, 지난겨울 고된 뱃생활의 애환이 깃들어 있는 갑오징어였다. 뱃살만 도려낸 후 격자 모양으로 칼집을 내고 길쭉하게 잘라 떡볶이 양념을 해서 조렸다. 통통한 살이 쫄깃한 갑오징어 떡볶이는 막걸리 안주로 그만이어서 농민회 형님들한테도 인기가 좋았다. 매번 서울로 돌아가는 길에 과일이며 농산물을 푸짐하게 챙겨 주셨던 마을 분들께 뭐라도 한번 대접하면 좋겠다는 생각이었는데 그제야 신세를 갚은 기분이 들었다.

3

[2008년] 6월 10일, 중앙대 이사회는 박용성 두산중공업 회장을 이사장으로

선임, 두산의 중앙대 인수를 공식적으로 마무리하고 본격 업무에 들어갔다. 대학 인수는 이전에도 있어 왔지만, 이번 사례는 인수자인 두산이 전(前) 대학 이사장에게 일종의 인수 자금을 돌려준 첫 사례라는 점에서 적지 않은 논란과 우려를 낳고 있다.

대학교육연구소, "두산의 중앙대 인수 파장과 문제점"[3]

"나 이제 가노라, 저 거친 광야에⋯⋯."

"아니지, 아니지! '나'에서 꺾어 주라고 했잖아! 한낮에 찌는 더위는 나의 시련일지라. '나아' 이제 가노라."

2008년 5월, 광우병 소고기 수입 반대 촛불 집회가 전국적으로 번지기 시작했고 후배들과 나는 같이 집회에 나가면서 학생회실에서 민중가요를 연습하곤 했다. 그 무렵 학교가 두산 재단에 인수됐다는 소식이 들려왔다. '주식회사 대한민국의 CEO'를 자처한 이명박 대통령의 일방통행이 국민적 저항에 부딪힌 시점에 가장 위계적이고 폐쇄적인 조직인 기업이 대학마저 접수한 것이다. CEO 대통령의 출현과 기업의 대학 인수, 절묘한 타이밍이었다.

재단 교체는 당시로서는 어쩔 수 없는 일이었는지도 모르겠다. 육영 의지를 상실한 '김희수 재단'은 몇 년 전부터 재단 전입금을 한 푼도 내지 않아 '빈손 재단', '식물 재단'이라는 빈축을 사오고 있었다. 재단 전입금이 사라진 만큼 등록금에 대한 의존도가 높아지고 그만큼 대학 구성원들의 불만도 쌓여 갔다.[4] 일본의 부동산 재벌이었던 '김희수 재단'이 애초에 교육에 대한 철학이나 육영 의지 없이 투자의 일환으로 중앙대를 인수했다는 말이 나올 정도였다.

2008년 5월 8일, 박범훈 총장은 교내 총장실에서 기자회견을 열어, 두산그룹이 학교법인 중앙대학교를 매각, 인수한다는 내용의 공동 협약서를 체결했다고 밝혔다. 그 배경으로 무엇보다 중앙대의 재정난이 언론의 도마에 올랐다. 중앙대가 병원과 로스쿨 건물을 지으면서 학교법인의 부채 규모가 7백억 원대에 이르렀다는 이야기와 일본의 부동산 재벌이었던 전임 김희수 이사장 역시 일본의 부동산 경기 침체로 투자 여력을 상실했으며 장학 사업을 계속 유지할 뜻이 없어 중앙대를 내놓았다는 것이었다. 이 과정에서 김희수 전 이사장은 "중앙대의 발전을 위해서는" 대기업을 영입할 필요가 있다고 언급했으며, 이에 박범훈 총장이 직접 나서 롯데와 현대 측에 인수 의사를 타진했다는 소문이 돌기도 했다.[5] 그러다가 돌연 두산이 인수 협상자로 등장한 것이었다.

중앙대 인수와 관련해, 두산 측이 밝힌 표면적인 이유는 그룹 규모에 걸맞은 사회 공헌 활동을 통해 기업 이미지를 쇄신하기 위해 새로운 교육 사업을 모색하던 중 마침 중앙대 측이 재단 인수를 제안해 와 이를 받아들였다는 것이었다. 물론, 당시 언론은 이미지 쇄신의 필요성이 제기된 배경에 "'형제의 난'으로 촉발된 오너 일가에 대한 비자금 수사 등 일련의 불미스런 사태"가 있었음을 지적했다.[6] 사실상 일부 언론의 지적대로 중앙대와 두산의 만남은 서로에게 도움이 되는, 윈윈 전략이기도 했다. 중앙대로서는 대기업을 새로운 주인으로 맞이함으로써 그간의 재정난을 일거에 해소하고 새로운 도약의 계기를 마련할 수 있는 기회였고, 두산으로서는 그간의 불명예를 일거에 씻을 수 있는 기회였기 때문이다.

하지만 두산이 중앙대를 인수하게 된 내막을 둘러싼 의혹은 끊이지 않았다. 먼저, 재단 인수 방식이 도마에 올랐다. 두산이 중앙대 인수의 대가로 출연한 1천2백억 원을 중앙대와는 아무런 상관없는, 김희수 전 이사장이 설립한 수림 장학재단에 지불했기 때문이었다. 그간의 대학 인수가 부채 탕감이나 재정 투자를 조건으로 했다면, 두산의 중앙대 인수는, 전임 이사장에게 돈을 지불하고 두산이 중앙대를 구입한 것이나 다름없었다. 학교 측이 밝힌 전임 김희수 이사장의 개인 출연금이 1천116억 원이고, 두산이 김희수 전임 이사장의 개인 장학 재단에 지불한 돈이 1천2백억 원이니, 김희수 재단은 투자한 돈에 이자까지 쳐서 대학을 매매한 꼴이었다. 중앙대의 발전을 위해서는 대기업의 참여가 필요하다던 김희수 전 이사장의 발언이 정작 의미하는 게 무엇인지 명확해졌다. 이제 대학도 사고팔 수 있는 상품이 된 것이었다.[7]

게다가, 두산의 중앙대 인수가 단순히 기업 이미지 제고 차원의 사회 공헌 활동만은 아니라는 해석도 뒤따랐다. 두산이 중앙대를 인수함으로써, 사학 재단 기부를 통한 법인세 절감의 혜택은 물론, 연 수입 1천6백억 원에 달하는 것으로 알려진 중앙대 병원을 비롯해, 거의 1조 원에 달하는 중앙대 부지를 1천2백억 원의 출연금으로 사실상 인수한 셈이기 때문이었다.[8] 하물며, 기업 M&A에 천부적 능력을 발휘하고 있는 두산의 그간 활동을 보았을 때, 언제든 문제가 생길 경우 중앙대를 매각하면 그뿐이었다.

4

[2008년은 중앙대가] 개교 90주년과 더불어 두산과 손을 맞잡은 시작의 해로 개교 90주년을 성대하게 자축하고 있는 분위기입니다. 학교는 학생들의 애교심과 학교에 대한 자부심을 고양시키기 위해 동분서주하는 모습입니다. …… 재학생들의 본교에 대한 사랑은 …… 곧 집단의 발전과 연결되어 학교의 경쟁력을 만들어 내는 핵심이 되는 것입니다. 이러한 학우들의 관심은 학교를 다니는 동안에는 …… 학우들의 학업을 도울 것이고 졸업하고 난 뒤에는 학교 발전 기금 등으로 이어져 학교 발전의 원동력이 될 것입니다.

중대 방송국 UBS 논평(2008/10/03)[9]

학교 앞 술집에서 '처음처럼' 소주를 찾는 사람이 늘어 갔다. 두산에서 만드는 술이었기 때문이다. 두산 곰돌이들을 응원하는 사람들도 늘어났다. 모기업이 두산이기 때문이다. 폴로에서 옷을 살 때는 자신 있게 학생증을 내밀었다. 두산에서 유통하는 브랜드라 할인이 된다는 이야기가 돌았기 때문이다.

박효진(중앙대 철학과 04학번)[10]

재단 인수 초기 두산은 이런저런 행사를 준비하느라 부산을 떨었다. 2학기 개강이 얼마 지나지 않아 잠실야구장에서 열린 두산베어스 응원의 밤 경기에서는 박범훈 총장이 개교 90주년을 기념해 백넘버 90번이 달린 두산 유니폼을 입고 시구를 했고, 약 5천여 명의 재학생들이 몰려가 응원전을 펼쳤다. 물론 입장은 무료였고 버거킹 햄버거 세트와 막대 풍선이 덤으로 쥐어졌다. 야구장을 꽉 메운 인파 속에서 학생들은 거리낌 없이 막대 풍선을 두들기며 목청껏 두산을 응원했다. 며칠 뒤 올림픽 공원 체조 경기장에서는 개교 90주년 행사가 열렸다. 일찍이 학교를 다니며 볼 수 없었던 화려한 행사는 재단이 바뀌었음을 실감하게 해주었다. 체조 경기장 안으로 입장하는 재학생들의 손엔 비닐 백이 하나씩 쥐어졌고, 거기에는 셔츠와 책자, 그리고 버거킹 와퍼가 담겨 있었다. 경품을 어쩌나 많이 내걸었던지 추첨 시간엔 시끌벅적 희비가 엇갈렸다. 나 역시 추첨권을 살며시 꺼내 번호를 물끄러미 내려다봤다. 08학번 후배가 노트북을 경품으로 받게 됐다는 소식이 들려왔다.

비슷한 시기 『중대신문』이 실시한 중앙인 설문 조사에서 재학생 81.5퍼센트가 두산 그룹의 학교법인 참여에 대한 기대감을 드러냈다.[11] 반면 두산의 중앙대 인수와 더불어 박용성 이사장이 내건 총장 임명제에 대한 여론은 호의적이지 않았다. 재학생들의 40.6퍼센트가 기존의 직선제를 유지해야 한다는 견해를 밝혀 임명제로 전환돼야 한다는 30.1퍼센트의 여론을 앞질렀다.[12] 대기업의 투자가 가져다 줄 미래에 대한 기대감은 컸지만, 재단 측의 총장 임명과 이를 통한 대기업의 직접적인 대학 운영에 대한 경계심은 역력했다. 학교 발전에 대한 기대와 대학의 기업화에 대한 우려가 공존하던 시기였다.

총학생회 비상대책위원장이었던 승선이는 그것이 고민이었다. 개교 90주년 기념 열린음악회, 맨 앞줄 지정석, 박범훈 총장 곁에 자리를 잡은 승선이의 표정은 영 밝지가 않았다.

5

보통 오너들은 근로자들에게 '우리 다 같이 주인 의식을 가지고 일하자, 여러
분이 이 회사의 주인이다' 이러는데 그게 나쁘게 얘기하면 노동 착취의 한 수
단이야. 회사의 주인이라고 얘기해 놓고 막상 회사가 어려워지면 나가라고
하잖아. 주인이라면 그게 가능한 일이겠어? …… 괜히 주인 의식 어쩌고 하는
헛소리는 사탕발림이야. 그런 사탕발림으로는 근로자들에게 열심히 일을 해
야겠다는 동기를 부여할 수 없어요. …… [동기를 부여하려면 필요한 건] 인
센티브지요. '네가 이만큼 일하면 이만큼 보상하겠다'고 하는 거요. 그렇게 못
하면 집에 가서 애나 봐야지요.

박용성, 2002년 『월간조선』과의 인터뷰 중에서[13]

주인 의식을 갖는 것과 주인이라고 말하는 것은 다르다. …… 대학을 기업과
단순히 비교하긴 어렵다 해도, 대학 사회에 경계를 넘어서는 과도한 '주인 의
식'이 퍼져 있는 게 아닌가 여겨진다. …… 대학의 의사 결정권은 학교법인에
서 비롯되고, 운영 주체는 학교법인의 이사회로 보는 게 논리적으로 타당하
다. …… 애교심을 바탕으로 한 '주인 의식'은 좋지만, 의무와 역할보다 과도
하게 권리를 내세우는 일각의 모습이 대학 발전에 걸림돌이 되고 있다.[14]

박용성 신임 이사장은 한 일간지를 통해 대학 경영에 대한 자신의 견해를
직설적으로 드러냈다. 1년여간 대학의 이사장, 소위 대학의 '진정한 주인'
으로서 그간 겪었던 경험으로부터 나온 성찰이었을 것이다. 요지는 주인

의식을 갖되 주인처럼 행동하지는 말며, 주인으로서의 의무를 생각하되 주인으로서의 권리는 생각하지 말라는 것이었다.

　사실, 두산이라는 재벌 그룹이 중앙대를 인수한 이후, 나 역시 누군가의 주인 의식이 점점 두려워졌다. 2001년 당시 재계 서열 12위권이었던 두산그룹은 총 5조 원의 자산 규모를 자랑하는 국영기업이었던 한국중공업을 3천57억 원이라는 헐값에 인수하며, 재계 서열 8위로 올라섰다. 당시 두산의 한국중공업 인수를 둘러싼 이러저런 특혜 의혹이 불거지기도 했지만, 무엇보다 커다란 사회적 파장을 일으킨 것은 인수 직후 벌어진 대대적인 정리 해고 때문이었다. 그것도 겨우 계약금 3백억 원만 치른 상태에서 1,124명에 이르는 노동자들을 해고한 것이었으니 이에 대한 노동자들의 분노와 반감은 클 수밖에 없었다.

　당시에도 박용성 회장은 회사의 주인은 주주이지 노동자들은 아니라고 이야기했다. 노동자들은 그저 주주를 위해 돈을 벌어 주고, 그 대가로 생활비를 가져가는 존재에 불과하다는 것이었다. 자신 역시 마찬가지라 했다. 주인이 아닌 사람에게 주인 의식을 가지라고 말하는 것은 노동 착취요, 사탕발림이라고도 말했다. 오직 실적과 그에 따른 인센티브만 존재할 뿐이라고 했다. 그리고 불필요한 존재들은 나가라고, 그저 집에 가서 애나 봐야 한다고 말하기도 했다. 한국중공업을 인수한 지 한 달도 채 안 된 박용성 회장의 주인 의식은 20여년을 일해 왔던 노동자들에게 가차 없이 발휘되었다. 평생 한 직장만을 바라보고 살던 노동자들이 일방적 구조 조정에 항의하며 벌인 파업의 대가는 징계와 해고, 그리고 살인적인 손배 가압류였다. 두산이 들어오고 2년 후인 2003년 1월 9일, 한국중공업에서 두산중공업으로 이름이 바뀐 창원 공장 앞마당에서 자신의 몸에 불을 붙인 노동자 배달호의 마지막 월급 통장에 찍힌 액수는 단돈 2만5천 원이었다.

　과도한 주인 의식. 그것은 결국 박용성 이사장 자신의 발목을 붙잡았다. 한국중공업을 인수한 지 얼마 후인 2005년, 두산그룹은 '형제의 난'에 휩싸였다. 재산 분할 분쟁을 벌이던 와중에 형인 박용오 회장이 검찰 투서를 통해 두 동생인 박용성·박용만 회장의 비리를 폭로한 것이다. 이에 따르면, 이들은 분식 회계를 통해 1천7백억 원대의 불법 비자금을 조성하고, 326억 원의 회삿돈을 횡령해 사적으로 생활비와 개인 대출금 이자를 갚는 데 사용했다. 말하자면, "회사의 진정한 주인인 주주"들의 돈을 빼돌려 사적으로 사용하는, 과도한 주인 의식을 발휘한 것이었다. 이후 서울중앙지법은 박용오와 박용성 회장에게 징역 3년에 집행유예 5년, 벌금 80억 원을 선고했고, 박용만에게는 징역 3년에 집행유예 4년, 벌금 40억 원을 선고했다.[15] 그리고 3년 후, 박용성 회장은 화려하게 중앙대학교를 방문했다.

6

오늘 나는 대학을 그만둔다, 아니 거부한다. …… 큰 배움도 큰 물음도 없는 대학(大學) 없는 대학에서, 나는 누구인지, 왜 사는지, 무엇이 진리인지 물을 수 없었다. 우정도 낭만도 사제 간의 믿음도 찾을 수 없었다. 가장 순수한 시절 불의에 대한 저항도 꿈꿀 수 없었다. 스무 살이 되어서도 내가 뭘 하고 싶은지 모르고 꿈을 찾는 게 꿈이어서 억울하다.

　　　　　　김예슬, 『오늘 나는 대학을 그만둔다, 아니 거부한다』 중에서[16]

2010년 봄, 새 학기 개강이 얼마 지나지 않아 대학가를 뒤흔든 사건이 벌어졌다. 고려대 경영학과 3학년에 재학 중이던 김예슬이 대학 거부 선언을 하고 자발적 퇴교를 선택한 것이다. 그녀는 진리도 우정도 정의도 없는 대학에 사망진단을 내리고 그렇게 학교를 떠나갔다. 대학가는 술렁였다.

김예슬의 대자보가 고려대 교정에 나붙을 무렵, 나는 1학기 개강과 함께 시작된 천막 농성에 참여하고 있었다. 두산 재단이 강력한 의지를 갖고 시행하고자 했던 학부제와 학과 통폐합에 반대하는 농성이었다. 김예슬 선언은 고려대뿐만 아니라 대학 사회 일반에 대한 진단이기도 했다. 중앙대는 대학 사회 일반에 비해서도 훨씬 더 가파른 대학 붕괴의 현실에 직면해 있었다. 기업에 부품을 공급하는 하청업체를 인수하듯, 기업에 인력을 공급하는 대학을 직접 경영하겠다고 덤벼든 두산 때문이었다. 우정도 낭만도 사제 간의 믿음도 찾아볼 수 없었다는 쓸쓸한 고백은 그 친구만의 이야기가 아니었다.

'우정과 낭만'. 그런 건 잊고 산 지 오래였다. 눈앞의 과제를 해치우는 것만도 벅찬 하루하루였다. 도서관은 시험 기간이 아니어도 항상 학생들로 넘쳐 났고, 경영학 복수 전공에 토익 시험 준비는 기본이고 고시나 CPA, 공무원 시험 준비를 1, 2학년 때부터 시작하는 친구들도 많았다. 한 학기 동안 매 수업을 같이 듣고 몇 번씩 만나 발표 준비를 함께한 조원들도 밥 한 번 같이 먹는 일이 없었다. 수업이 끝나면 취업을 준비하러, 혹은 아르바이트를 하러 각자 뿔뿔이 흩어지기 바빴다. 발표를 같이 준비하는 팀원이라고 해서 선뜻 노트 필기를 빌려 주는 법도 없었다. 학점을 위해서라면 커닝을 하는 데도 스스럼이 없고, 그걸 알아차린 경쟁자도 신고에 망설임이 없었다.

그 한가운데는 두산이 자랑하는 중앙대만의 학점 제도가 자리잡고 있었다. D학점 5퍼센트 의무 부과제. 화려한 스펙을 쌓아도 어디 한 군데 받아 주는 곳 찾기 힘든 유례없는 취업난 속에서 A학점을 제외한 모든 학점은 열등의 낙인과 다름없었다. 힘든 것은 비단 학생뿐만이 아니었다. 여러 대학을 전전하며 강의를 해야 하는 교수들도 곤혹스럽기는 마찬가지였다. 학기 말이 되면 교수들은 학생들 달래기 바빴다.

"너희들이 A학점을 받았다고 그 사람 됨됨이도 A학점인 건 아니야. 마찬가지로 너희들이 D학점을 받았다고 꼭 D학점감은 아니니까 너무 실망하지 않았으면 좋겠어. 왜 이렇게 비인간적인 서바이벌 게임을 하라고 하는지 나도 괴롭네."

학생 역시 교수들의 하소연에 웃어야 할지, 울어야 할지 난감하기만 했다. 졸업반 친구들 스무 명이 조금 넘게 듣는 4학년 수업. 모두가 취업 준비에 바쁜 일정들이지만 누구 하나 출석에 소홀하지도 과제에 불성실하지도 않다. 하지만 그래도 두 명은 D학점을 피할 수 없었다. 논문 수업일 경우 상황은 더욱 심각했다. 예전에 통과·낙제로 평가되던 논문 수업에도 모두 절대적 상대평가와 D학점 의무 부과제가 도입됐다.

"이 수업을 통해 치열하게 고민하고 써낸 논문은 전부 다 A플러스다!"

담당 교수의 격려가 거짓 하나 없는 진심이라고 해도, 누군가는 반드시 D를 받게 되어 있었다. 학점을 주는 교수는 미안해서 어쩔 줄 모르고, D학점을 받는 학생은 그저 암담하고 허탈할 뿐, 교수들도 어쩔 수 없다는 걸 학생들도 잘 알고 있었다. '상대적으로 내가 제일 부족했구나'하고 생각하다가도 '왜 하필 나야'라는 생각에 자신도 모르게 화가 치민다. 우연히 마주쳐도 불편한 마음에 눈길을 피한다. 자존감은 무너질 대로 무너지고 원망과 자책 사이를 오락가락하는 복잡한 마음속에서 사제 간의 믿음은 흔적도 찾기 어려웠다.

2010년부터 시작된 명사 초청 강의 시간. "여러분들은 이제 갓 입학했지만 이미 늦었습니다. 입학도 하기 전에 토익 9백 점을 넘는 친구들이 부지기수다 이거에요." 마이크를 잡은 연사는 더 높은 스펙을 주문하며 침을 튀겼다. "옆에 자는 친구들 깨우지 마세요. 어차피 다 여러분의 경쟁자들입니다." 친구를 밟고 올라서라는 주문 앞에 우정이니 낭만이니 사제 간의 믿음이니 하는 것은 꿈같은 얘기가 되어 있었다.

7

등급을 나눠 낮은 등급 사람들은 쓸모없게 만드는 거죠. 자괴감 내지 패배감을 정서적으로 확산시켰어요. 사업부서도 본인의 의사와는 상관없이 축소했다 확대했다 합했다가 하는데, 회사의 의도대로 사람들이 못 견디고 나갑니다. 나이 많은 사람이나 오랫동안 일해 온 노동자들은 절망도 절망이지만 그걸 넘어 공황 상태에 빠졌어요. 직접 해고가 어려우니 분위기를 이런 식으로 만들어서 내보낸 거죠.

2005년, 두산을 비판하는 글을 올렸다 해고당한 두산중공업 노동자[17]

명사들의 채찍질이 학생들에게만 향한 것은 아니었다. 두산 재단이 들어온 이후 사정은 교수들도 크게 다르지 않았다. 2010년, 두산이 도입한 교원 업적 평가제에 따라 교수들 역시 S, A, B, C 네 개의 등급으로 분류됐다. S등급 5퍼센트, A등급 20퍼센트, B등급 65퍼센트, C등급 10퍼센트. 교수 네 명 중 세 명을 삼류 혹은 그 이하로 취급하는 공격적 분류 시스템 속에 교수 사회에도 불안과 공포가 조장되기 시작했다.

학과들도 대대적인 구조 조정 이후 계열별로 묶여 이른바 계열별 부총장제라는 이름으로 서로 경쟁에 나서야만 했다. 계열별 부총장제는 계열별 부총장들이 독립채산제를 바탕으로 인사 추천권을 비롯한 예산권, 교원 및 직원 승진 심사권을 갖고 계열 간 경쟁을 이끌어 가는 시스템으로 2011년 1월부터 실행되기 시작했다. 이런 방식은 두산의 비즈니스 그룹별 운영 체계[그룹의 조직 체계를 비즈니스 그룹(Business Group, BG)이라는 큰 틀로 묶어서 그룹별 사장을 두고 독립채산제를 실시하는 것]를 그대로 가져온 것으로 중앙대의 경우 인문사회 계열, 자연공학계열, 경영경제 계열, 예체능 계열, 의·약학 계열로 개편되면서 사실상 총 5개의 '사업 본부'가 중앙대에 만들어진 셈이었다. 인문학이 비즈니스 선언을 하고 예술, 의학도 비즈니스 선언에 동참했다. 이로써 교수들은 졸지에 각 소속 사업 본부의 사원이 됐다.

학점만 보고 달려가는 학생들과 두산의 사원이 된 교수들은 동일한 트랙을 달렸지만 그럴수록 믿음과 존경, 신뢰는 점점 더 퇴색되어 갔다. 교수들은 더 이상 예전처럼 학생들에게 애정을 갖고 관심을 기울일 수 없었다. 자신들도 두산이 제시한 평가 틀에 맞춰 허들을 넘어야 하기 때문이었다. 'S도장'을 받아 인센티브를 취하기 위해, 아니 최소한 C등급을 면하고 소속 BG 사장들에게 낙인찍히지 않기 위해 부단히 트랙을 돌아야 했다. 유능한 학자가 되기 위해, 아니 두산이 제시한 평가 틀에서 도태되지 않기 위해 몇 백 그램씩 나가는 논문도 토해 내야 했다. 그러니 이제 교수들은 학생회실에 들를 여유도, 학생들의 고민을 들어 줄 시간도 없다. 전공에 관계없이 '회계와 사회'를 필수로 들어야 하는 학생들과 전공에 따라 BG로 편제된 교수들에게 남은 건 비즈니스 마인드뿐 더 이상 이들의 관계를 사제 간이라고 부를 수도 없었다.

3 장

우리들의 천국

대학은 그 담장 안에서만큼은 마치 소우주처럼
자유롭고 평등한 사람들의 사회를 선취할 수 있다.

카를 빌헬름 폰 훔볼트

교양 교육의 목표는 추정된 사실들을 동요시키고,
익숙한 것을 낯설게 만들며
현상들 배후에서 일어나는 것들을 폭로하고,
젊은이들의 방향감각을 혼란시켜 그들이
다시 방향을 잡을 수 있는 길을 발견하도록 도와주는 것이다.

도정일[1]

1

지난 12년간 획일적인 입시 틀 하나에 자신을 구겨 넣느라 고생 많았습니다. 대학은 다릅니다. 자유롭고 평등한 학문 공동체, 독문과에서 여러분들의 개성을 맘껏 뽐내 보길 바랍니다.

2003년 새내기 새로배움터. 아직도 신입생으로 교수들을 처음 만났을 때가 잊히지 않는다. 문과대 프로그램 시간에 학과별로 교수들이 나와 인사하는 자리였다. 과별로 교수들이 나와 인사를 하면 학생들은 박수와 환호로 답했다. 그러던 와중에 한 교수가 마이크를 잡고는 사제 간의 첫 만남이니 학생들은 환호성을 지르지 말고 앉은 자리에서 허리를 굽혀 반배를 해달라고 요청했다. 예의를 갖춰 달라는 주문이었다. 그러다 독문과 차례가되었다. 마르쿠스 슈타인, 김누리, 노영돈, 오성균. 빠짐없이 참석한 독문과 네 명의 교수들은 손을 흔들며 걸어 나와 어깨동무를 한 채로 인사를했다. 가장 많은 환호를 받은 그 어깨동무를 그때는 단지 교수들의 재치와돈독함을 과시하는 제스처 정도로 생각했다.

　이어진 뒤풀이 시간. 학생들은 교수들과 한자리에서 담배를 피우고 술잔도 한 손으로 주고받았다. 처음이라 사실 많이 어색하고 불편했다. '나가지 말고 같이 담배를 피자고? 그럼 맞담배질을 하라는 얘긴가?' 담배를 피운 지는 얼마 안 됐지만 그런 적은 없었다. 어릴 적부터 '미풍양속'이라고 배우고 보고 자란 관습들은 교수들 앞에서 큰 의미가 없었다. 누구한테 배우지 않았어도 어른들 앞에서는 몸을 돌려 마시는 게 예의라고 알고 있던 어린 학생들에게 몸을 꼿꼿이 세우고 정면을 응시하며 술잔을 비우는 일 역시 상당히 어색한 일이었다.

"술잔이 무겁니? 왜 자꾸 두 손으로 들어?"

주도는 찾아볼 수 없었고 통념은 깨졌다. 그때는 그런 분위기가 어리둥절했다.

'아, 인문학을 한다는 교수들은 이렇게 폼을 잡는 건가? 좀 있어 보이는데? 그래도 맞담배질이 속으로는 언짢겠지?'

어쨌든 격의 없고 자유분방한 분위기가 싫지만은 않았다. 교수들 앞에서 줄담배를 피워 재끼며 술잔을 가볍게 치켜들 때는 묘한 해방감마저 밀려왔다.

"각자 자기 꿈에 대해 얘기해 보자고."

모두 떨떠름해 하며 한 명씩 자기 이야기를 하기 시작했다. 입시만 보고 달려온 우리에게 더 좋은 대학에 가는 것 말고 다른 꿈은 없었다. 나는 무슨 말을 해야 할지 어쩔 줄 몰랐다. 그랬다. 우리에게는 꿈이 없었다. 일렬로 늘어선 전국 50, 60만 명의 수험생들 가운데 조금 더 앞에 서고 싶은 욕망이 꿈은 아니니까. 나의 첫 대학 생활은 그렇게 꿈이 없다는 자각에서부터 시작됐다.

2

나는 여러분들이 이 기형적인 한국 사회에 그대로 이식되는 부품이 되기 위해 발버둥치는 것이 아니라, 오직 나 자신에 투기함으로써 스스로를 찾아가는 교양인이 되길 바랍니다. …… 정말 버르장머리 없는 제자를 키우고 싶어요. 권력 앞에 조금의 존경심도 품지 않는 그런 버릇없는 인간! 이 사회를 거침없이 근본적으로 성찰할 수 있는 그런 사람이 우리 독문과가 지향하는 인간상이에요.

2003년 독문과 첫 수업 시간

기업하기 좋은 나라, 대한민국에서 기업가가 된 것이 박용성 이사장에게 행운이었다면, 나에게는 중앙대 독문과 학생이 된 것이 그랬다. 무의미하게 일탈적이었던 나는 점점 더 가치 있게 버르장머리 없는 법을 익혀 갔다. 내 청춘의 질풍노도를 따뜻하게 보듬어 주고 의미를 부여해 준 공간도 바로 그곳이었다. 안에서 새는 바가지가 밖에서도 샐 수 있다고 했던가? 가끔 바가지는 예기치 않게 안에서 샜다.

"우리 4차 가서 딱 한 잔만 더 하죠!"

"영수야 선생님들도 피곤한데, 이제 그만 들어가야지."

"아이, 형 말고 누리형!"

2007년도 2학기 개강 총회, 학교 앞 맥주 집 오르쉐에서 뒤풀이를 하고 나온 사람들이 문 앞에 서서 두런두런 인사를 나누고 있었다. 자정이 다 된 시간, 3차까지 실컷 놀고 난 상황에서 대부분 귀가를 서두르던 참에 내가 술이 좀 과했던지 교수들 소맷자락을 붙잡고 떼를 쓰던 중이었다. 2007년 부임한 막내, 류신 교수가 살살 타이르는데 거기다 대고 "형 말고 누리형!"이라니! 확실히 술이 과했나 보다. 드문드문 끊긴 기억을 복원하며 다음날 전해 들은 나머지 얘기는 더 가관이었다.

"오빠 정말 기억 못해? 오빠 취해 가지고 교수님 맘에 든다고 머리 쓰다듬었어. 정말 기억 안 나?"

"교수가 훌륭하면 학생이 머리 좀 쓰다듬어 줄 수도 있지. 왜 이렇게 호들갑이야!"

태연한 척 둘러댔지만 간밤의 상황은 내게도 당황스러운 일이었다.

물론 부어라 마셔라 술만 마신 것은 아니었다. 술자리에선 강의실에서 못다 한 이야기가 이어졌다. 교환학생 선발이나 학과 내에서 재량껏 할 수 있는 장학 지원 사업을 성적이라는 기준 하나로 판가름 짓지 말아야 한다는 우리들의 이야기에 교수들도 공감했다. 학생들을 성적 하나로 줄 세우고 포상하는 것은 우리가 수업 시간에 그토록 비판했던 승자 독식의 정글 사회를 그대로 재연하는 것일 뿐이었으니까. 성적도 중요하지만 거기에 '필요에 따른 지원'이라는 개념을 가미하는 것이 더 의미 있는 분배 방식이었다.

교수들의 기대치는 높았다. 교수로서 권위를 세우기보다는 학생들과 눈높이를 맞춰 소통하고자 했고, 그런 자신들의 뜻만큼은 학생들이 그대로 따라 주기를 바랐다. 학생 사회에서 선후배들 간에 알게 모르게 존재하는 힘의 관계에 대해서도 주의를 기울였다. 특히 그들이 염려했던 것은 예비역 복학생들의 지나친 입김이었다. 2년 동안 뻣뻣해진 생각과 행동으로 후배들을 가르치려 들면 안 된다는 것이었다. "요즘 애들 진짜 개념 없지 않냐?" 걸핏하면 개념 타령인 예비역들이야말로 교수들 눈에는 '무개념'으로 비춰졌던 것 같다. 예비역 특유의 절도 있는 말투 앞에 교수들은 고개를 절레절레 흔들며 이제는 군대식 문화에서 벗어나 보라고 주문했다. 완전히 다른 세상을 받아들이는 데에는 우리 모두에게 유연한 사고가 필요했다.

우리가 배운 독일 사회 역시 우리와는 전혀 다른 세상을 보여 주었다. 독일의 대학 중 사립대학은 1퍼센트대에 불과하며 절대다수는 국립대이다. 그 절대다수의 국립대에는 등록금이라는 게 없다. 2005년경 일부 주에서 5백 유로(50, 60만 원) 정도의 등록금이 부활하기도 했지만 이마저도 얼마 지나지 않아 모두 폐지되었다. 독일의 대학생들은 일반 식당에 비해 3분의 1 정도로 저렴한 구내식당을 이용할 수 있고, 학교에서 2백 킬로미터 이내의 대중교통을 무료로 이용할 수 있으며, 국가로부터 생활비를 지원받을 수 있다. 학생 자격으로 공보험에 가입할 수도 있다. 대입 진학률 82퍼센트, 청년이 곧 대학생으로 호명되는 사회에서 학비를 조달하기 위해 벼랑 끝 알바 시장으로 내몰리는 한국 대학생들의 현실 앞에 국가가 책임지는 교육이라는 개념은 너무나 생소한 이야기였다.

의료 역시 마찬가지였다. 독일인 열에 아홉은 공보험에 가입되어 있고, 이에 따라 필요하다면 약도 수술도 무료로 받을 수 있었다. 거의 모든 치료가 무료이다 보니 과잉 진료에 대한 걱정도 없었다. 공적 의료보험 제도가 의료 수요의 전 영역을 포괄하며 견고하게 자리 잡은, 진정 '묻지도 따지지도 않는' 보건 의료 체계였다. 불안을 팔아 장사하는 사보험이 난무하고, 중증 질환으로 생활고에 시달리다 결국은 스스로 목숨을 끊거나 의료 혜택을 받지 못해 사망하는 사건이 끊이질 않는 우리의 현실과는 너무나 달랐다.

경쟁을 하지 않으면 불안한 우리에게 독일 사회의 모습은 너무 인간적이어서 믿기지 않을 정도로 낯설었다. 그런 것들마저 메모하고 암기해서 답안지를 채워 넣는 것으로 끝나고 만다면 서글픈 일일 것이다. 그런 독일 사회의 모습을 가슴으로 받아들이기 위해, 그리고 더불어 사는 가치를 내면화하기 위해서는 준비운동이 필요했다. 교수들은 입시 지옥 생활에 잔뜩 움츠러든 우리의 어깨를 펴주며, 기형적인 한국 사회의 예의바른 대학생이 아니라 우리 사회를 지탱하는 권력 앞에 무례한 대학생이 되라고 가르쳤다.

3

오성균 교수가 갓 임용된 2003년은 중앙대 독문과의 급변기였다. 몇몇 교수들이 은퇴하면서 과가 젊은 교수들을 중심으로 재편되기 시작했고, 이들은 의욕을 불태우며 새로운 세기에 걸맞은 독문학도들을 키워 내기 위한 구상에 몰두하고 있었다. 김누리, 노영돈, 오성균, 마르쿠스 슈타인. 교수들은 그런 바람을 어깨동무 퍼포먼스로 대신한 것이었다. 그리고 그 어깨동무 양 끝에 남은 팔 하나씩을 학생들에게도 내밀었다. 그렇게 우린 종종 어깨동무로 하나의 큰 원을 그렸다.

2008년 2학기 개강 무렵, 그때도 나는 아르바이트를 하고 있었다. 하루는 일을 마치고 고단한 몸으로 학생회실에 들렀는데, 웬일인지 과방 안에 사람들이 가득 모여 있었다. 학생회 집행부, 교수들 그리고 사회학과 학생회장. 어색한 조합에 나는 주춤했다.

"영수도 같이 와서 얘기 좀 해보자."

학생회실 문을 열고 고개를 빼꼼 들이댔다가 당황했던 나도 이내 그 조합의 하나가 됐다. 주제는 '학생회 활성화 방안'. 학교 안에서 학생회가 그나마 제대로 굴러간다는 사회학과 학생회를 보고 배우기 위해 사회학과 학생회장까지 초대해 앉혀다 놓고 이야기를 듣던 중이었다. 당시 사회학과 학생회장이었던 숙영이가 교수들의 시시콜콜한 물음 하나하나까지 자세하게 답해 줬다. 학회 운영 방식과 학생회 주요 사업, 학생회 일정을 공지하고 학과 홈페이지 게시판을 관리하는 요령 등 우리가 못하고 있는 것들을 체크해 보려는 자리였다. 교수들은 학부생 못지않은 열정으로 모든 걸 세심히 챙겼다. 그럴 땐 교수가 아니라 꼭 선배를 마주하는 기분이었다. 오랜 학생회 전통을 단기간에 받아들이는 것은 쉽지 않았다. 교수들의 기대만큼 일이 잘 풀리진 않았지만 학생 사회를 활성화시키기 위해 학생과 같은 눈높이에서 머리를 맞대고 고민하는 교수들의 모습이 내게는 너무 인상적이었다.

다시 민주주의의 죽음을 우려한다.
민중의 생존권을 억압하고, 재벌만 살찌우며, 비정규직을 양산하고, 교육과 의료의 공공성을 약화시키면서 시장 논리만을 내세우는 신자유주의 정책을 즉각 폐기하라!

운동권 학생회의 대자보가 아니었다. 2009년 노무현 전 대통령의 서거 정국 직후 대학가에서 잇달아 발표된 시국 선언에 독문과 교수들도 빠짐없이 이름을 올렸다. "교육의 본질은 지식이 아니라 행위"라 생각했지만 고독했던 대학생 김예슬에게 필요했던 '삶의 스승'이 내 곁엔 여럿이서 어깨동무를 하고 있었다. "고려대에서 세 번 울었다"는 그녀의 고백은 아마도 전공이 사람을 돈 버는 도구로 볼 수밖에 없는 기업을 연구하는 경영학이었던 탓도 있을 것이다. 감수성 풍부한 대학생이 품고 다니기엔 『경영학원론』이 너무 차갑고 딱딱했던 것은 아닐까? 그녀의 품엔 마르크스도 읽고 일곱 번 울었다는 『젊은 베르터의 고뇌』가 더 제격이지 않았을까 하는 생각이 들었다.

4

사제 간의 믿음이 소리 없이 두터워질 무렵, 우정과 추억은 요란하게 쌓여갔다. 운동장 뒤편, 학교에서 가장 높은 곳, 서달산 끝자락에는 중앙대 설립자인 임영신 초대 이사장의 묘소가 있었다. "의에 죽고 참에 살라." 임영신 초대 이사장이 중앙대를 설립하며 교훈과 교가로 삼았던 말이었다. 설립자의 바람대로 1960년 4·19 학생 시위 당시, 선배들은 이 구호를 새긴 플래카드를 앞세우고 흑석동 교정에서 출발해 경무대를 거쳐, 현재의 을지로입구역에 위치한 내무부 앞에서 연좌 농성을 벌였다. 안타깝게도 당시 시위를 주도했던 학생들 가운데 여섯 명이 희생되었는데, 이를 기리기 위해 세워진 탑이 바로 중앙도서관 뒤편의 '의혈탑'이었다. '의에 죽고 참에 살자', '의혈' 중앙이라는 표현은 그렇게 시작되었다.

임영신 이사장의 묘소는 크지 않았지만 일대가 아담하게 잘 꾸며져 있었고 학생들은 그곳을 할매동산이라 불렀다. 사방을 둥그렇게 둘러싼 꽃나무들은 철마다 옷을 갈아입었고 고요한 분위기 때문인지 새들이 지저귀는 소리는 더 맑고 또렷하게 들렸다. 한가하게 연인들이 산책하기에도 좋았고 친구들끼리 돗자리를 깔고 놀기에도 좋았다. 내 짓궂은 장난 때문에 생긴 아찔했던 헤딩 사건으로 응급실 신세를 져야 했던 곳도 바로 그곳이었다. 봄가을로 날씨가 선선할 때면 할매동산은 김밥에 막걸리, 간식거리를 잔뜩 사들고 올라오는 학생들로 문전성시를 이뤘다. 재단이 들어와 이곳에 두산건설의 현장 지휘 본부, 컨테이너 가건물이 들어서기 전까지만 해도 그랬다. 중앙대학을 두산이 인수했다는 것을 실감하게 한 것은 무엇보다 교정 곳곳의 공사 흔적들이었다. 조감도가 나붙고, 리모델링과 신축의 바람이 불더니, 교내 곳곳은 이내 '두산건설'이라고 쓰인 높다란 가림막으로 가려졌다.

5

본관 앞, 청룡 연못. 학생들은 이곳을 '청룡탕'이라 불렀다. 청룡탕 한가운데 청룡이 지구를 휘감고 있는 청룡상은 표정이 좀 익살맞다 싶은 것만 빼면 50여 년 전 작품치고는 꽤나 걸출한 모양새였다. 그만큼 오랜 기간 동안 중앙대와 함께해 온 상징이 바로 청룡탕이었다. 재학생들은 물론 동문 선배들에게도 청룡탕은 아련한 추억이 깃들어 있는, 중앙대의 역사 그 자체였다. 1990년대 전후로 선배들이 격렬하게 대학 본부와 대치할 때는, 청룡탕에 총장실 책상도 떠다녔다고 했다. 생일이라고 빠지고, 캠퍼스 커플이 됐다고 빠지고, 체육대회에서 이겼다고 빠지고, 졌다고 빠지고 …… 이런저런 이유를 대가며 학생들은 청룡탕에 몸을 던졌다. 청룡탕에서 한껏 물장구를 치고 나면 교정의 낭만을 거머쥐는 기분이었다.

2007년 1학기, 아직 날이 제법 쌀쌀한 봄이었다. 수업이 끝나고 과방에 들렀는데 우철이랑 웅진이가 게임을 하고 있었다. 6시까지 몇 분 남지 않았지만 6시 이전에는 과방에서 게임을 하지 않기로 한 규칙을 어긴 것이다. 못 봤으면 모르겠지만 발각됐으니 약속대로 후배들을 청룡탕에 집어넣어야 했다. 물가에 던져져 온몸을 버리느니 자진해 들어가겠다고 투덜거리며 신발을 벗고 첨벙첨벙 들어간 두 명이 청룡상을 한 바퀴 돌아 나오는 모습을 우리는 깔깔거리며 구경 중이었다. 그런데 물에 빠진 생쥐처럼 흠뻑 젖은 둘은 신발을 신자마자 별안간 나한테 덤벼들었다. 결국 셋 다 한 번 더 물에 빠져 버렸다. 밖에 있던 대여섯 명의 친구들은 혹시나 하는 마음에 멀찌감치 물러났다. 그렇게 한참을 웃고 떠들다 정문 쪽으로 내려가는 길, 누군가 뒤에서 우철이의 신발을 가리키며 소리를 질렀다. 우철이가 신고 있던 흰색 컨버스 운동화가 핏물로 얼룩덜룩해져 있었다. 웅진이도 마찬가지였다. 신발을 벗고 들어가는 바람에 발바닥이 찢어진 모양이었다. 우린 바로 응급실로 향했다. 한 시간 정도 걸려 발바닥을 꿰맨 두 명이 졸지에 휠체어 신세가 되었다. 후배들을 억지로 빠뜨려 다치게 한 것만 같아 너무 미안했다. 그러고는 몇 달 뒤 우철이와 웅진이는 나란히 군에 입대했다.

청룡탕에 사람만 빠진 것은 아니었다. 배를 타서 번 돈으로 큰맘 먹고 장만한 노트북은 내 손에서 하루를 채 견디지 못하고 청룡탕 속으로 사라졌다. 물가에서 짓궂은 장난을 치던 동민이 때문이었다. '물에서 번 돈 물로 돌아가는구나.' 수도 없이 후배들을 빠뜨려 골탕 먹이던 자리에서 봉변을 당한 것이라 달리 할 말도 없었다.

청룡탕에서 물에 대한 공포를 이긴 덕에 해병대 군 생활은 우스웠다고 넉살을 부리던 웅진이는 복학하자마자 교지 『중앙문화』에 들어갔다. 군대에 갔다 오면 원래 하던 자치활동도 접기 마련인데 복학생이 교지에 수습으로 들어간다는 건 드문 일이었다. 그만큼 웅진이는 교지 일에 의욕을 보였다. 학교에서 학생들의 목소리를 대변하고 싶다는 생각이었다. 하지만 그런 포부도 오래 지속될 수는 없었다. 웅진이가 들어간 지 한 학기가 채 못 되어 교지는 학생처 산하의 언론매체부로 통합되면서 앞으로 다가올 후폭풍을 예고하고 있었다.

6

두산이 들어오고 정문 일대가 개발되면서 지금은 약학 R&D 센터가 들어선 자리. 할매동산과 청룡탕을 이어 중앙대 교정을 가로지르는 세로축의 끄트머리에는 루이스가든이 있었다. 잔디가 듬성듬성하고 잡초가 많아 좀 황량한 분위기이긴 했지만 터가 넓어 몇 개 과의 학생들이 함께 놀아도 부족함이 없었다. 잔디가 예쁘게 정돈된 할매동산에 비할 바는 못됐지만 정문과 맞닿아 있어 항상 사람들로 북적거리는 곳이기도 했다. 두세 명이 시작한 막걸리 판은 Y로를 지나는 선후배들이 하나둘 합세해 금세 와자지껄한 판이 되기 일쑤였다. 노래도 하고 기타도 치고, 좀 유치하지만 수건돌리기도 했다. 술집에는 없는 다양한 놀이 문화가 그곳에 있었다.

두산이 들어오면서, 루이스가든에는 약학 R&D 센터 신축 공사장이 들어섰고 'Y로'와 '정경 가든'이 있던 자리엔 넓은 잔디'밭'이 조성됐다. 잔디 '광장'이라고 부를 수 없는 것은 잔디가 무럭무럭 자라는 것을 바라만 볼 수 있었기 때문이다. 그해 가을 잔디가 자라는 '밭'을 사람들이 모일 수 있는 '광장'으로 쓰고자 원탁회의를 개최했던 학생들은 근신, 경고 등의 징계를 당했다. 신고는 했으나 허가되지 않은 집회를 강행해 학교 시설을 무단 사용했다는 이유에서였다.

'의에 죽고 참에 살자'는 플래카드를 들고 한강대교를 건너 끝내 독재 정권을 무너뜨린 4·19세대 선배들이 출정식을 했던 광장이 이제는 두산의 허가 없이는 단 한 뼘도 딛고 설 수 없는 닫힌 공간이 되어 버리고 말았다. 루이스가든, 몇 그루의 우람한 나무가 서있던 자리엔 공사를 위해 들여온 노란 타워크레인이 세워졌다. 그때는 물론 내가 거기 올라가게 될 줄은 상상도 하지 못했다.

7

교정에서의 경험이 우정과 낭만만 있었던 것은 아니었다. 다시는 되새기고 싶지 않은 기억도 있었다. 2007년 봄, 문과대 건물 7층에서 화재가 발생했다. 대피를 알리는 벨이 뒤늦게 울렸고 학생회실에서 사태를 감지하고 문을 열었을 때는 이미 복도가 까만 연기로 자욱한 상황이었다. 학생들과 교수들이 검은 그을음을 잔뜩 뒤집어쓰고 탈출하느라 문과대 건물은 아수라장이 됐다.

연기를 피해 중앙 로비 쪽 계단을 향해 뛰고 있는데 복도 끝에서 이미 방화 셔터가 내려오고 있었다. 믿기지 않는 광경이었다. 꼼짝없이 갇히게 된 것이다. 이미 까만 연기를 몇 모금 들이마신 나는 제정신이 아니었다.

긴박했던 상황이 몇 시간처럼 길게 느껴졌다. 어느새 소방차가 왔고 재빨리 불길을 진압하면서 구조대가 건물로 들어왔다. 소방관의 손을 잡고 나를 포함해 갇혀 있던 몇 명의 학생들은 가까스로 건물을 빠져나왔다. 응급실엔 먼저 도착한 이들이 치료를 받고 있었고 그을음에 거뭇거뭇해진 얼굴로 침대에 누워 있는 사람들 중엔 우리 과 교수들도 있었다. 나도 맞은편 침대에 누워 응급조치를 받았다.

문제는 방화 셔터였다. 대구 지하철 참사 때도 문제가 됐던 통곡의 벽이 바로 방화 셔터였다. 불이 나기 전까지 그 존재를 알고 있던 사람은 거의 없었다. 방화 셔터는 불길과 연기가 퍼지는 것을 차단하기 위한 소방 설비인데, 그 옆에는 셔터가 내려와도 사람이 빠져나갈 수 있는 비상 탈출문이 있었다. 문제는 그 비상 탈출문이 있다는 것을 아무도 몰랐다는 데 있었다. 그걸 알았다면 방화 셔터가 내려올 때 당황하지 않고 비상 탈출문으로 쉽게 빠져나왔을 것이다.

사고 후 며칠 뒤 학교 측에서 경위를 설명하는 입장을 냈다. "당황한 학생들과 교수들이 우왕좌왕하는 바람에 혼란을 겪었다"는 시설관리과 측의 설명은 사안을 왜곡하고 있었다. 누구도 비상 탈출문의 존재 자체를 모르고 있었고, 비상 탈출문 앞에 무단 적치물들을 방치한 학교 측의 책임이 가볍다 할 수 없는 상황이었다. 당국의 궁색한 변명은 당시 혼란을 겪어야 했던 사람들을 자극했다. 학교의 입장글 안에는 교직원들이 구조를 위해 "빠루(노루발못뽑이)로 셔터를 들어올리고", "방화 셔터 스위치로 셔터를 올렸다"는 표현이 나오는데 그것은 교직원들 역시 비상 탈출문의 존재를 아예 몰랐거나 전혀 활용하지 못했다는 사실을 말해 주는 것이었다. 책임 소재를 은근슬쩍 떠넘기기 위한 입장문에는 당국의 무지 또한 고스란히 담겨 있었다.

우리는 바로 문과대 건물 옆에다 당국의 사과를 요구하는 플래카드를 크게 내걸었다. 그러자 곧 시설관리과에서 연락이 왔고 담당자와의 면담이 성사됐다. 시설관리과는 그 자리에서 공개 사과를 약속하면서 플래카드를 떼어 달라고 요청했다. 얼마 뒤 복도에는 관계 부처의 사과문이 게시됐고 그제야 우리는 플래카드를 철거했다. 그때는 그 누구도 학칙을 들먹이며 게시물을 철거하는 경우는 없었다.

8

대학 생활에서의 낭만을 제대로 만끽할 수 있었던 곳은 단연 농활이었다. 입대하기 전에는 충주로, 제대한 후에는 무주로 농활을 갔다. 2004년 봄 농활은 충주의 대향산 마을에서 일문과와 3박 4일을 함께했다. 마지막 날 밤, 마을 잔치를 마치고 옆 동네, 7~8킬로미터 정도 떨어진 국문과 마을로 가겠다고 나선 게 자정께였다. 마음에 두고 있던 여학생이 있었기 때문이었다. 그녀를 만나기 위해 캄캄한 시골 산길을 헤치며 하염없이 빗길을 달렸다. 봄비치고는 꽤 굵은 빗줄기에다 뛰다가 걷다가를 반복하다 보니 흠뻑 젖은 채 국문과 마을에 도착한 것은 한 시를 훌쩍 넘겨서였다.

희미한 가로등 아래 나를 기다리고 있던 그녀가 보였다. 우리는 얼른 마을 어귀에 있던 비닐하우스로 몸을 피했다. 그녀의 손에는 다 녹아 버린 죠스바 두 봉지가, 내 손엔 소주 두 병이 들려 있었다. 모판으로 가득 찬 비닐하우스 가운데 통로에는 두 줄로 블록이 놓여 있었다. 우리는 서로를 마주 보고 블록에 걸터앉았다. 안주는 죠스바 국물뿐이었지만 이런저런 얘기를 하다 보니 어느새 각자 소주 한 병을 다 비우게 됐다. 그리고 내가 그녀 옆에 가 앉았다. 빗길을 달려오면서 쌓인 피로가 무겁게 쏟아져 내리기 시작했다. 빗방울이 비닐 때리는 요란한 소리에도 눈꺼풀은 스르르 내려왔다. 그녀는 내 어깨에 기대 잠들었고 나도 어느새 턱을 괸 채 스르르 눈을 감았다.

그사이 마을은 발칵 뒤집혀 있었다. 동이 틀 무렵, 우리를 발견한 것은 간밤에 내린 비 때문에 비닐하우스를 둘러보러 새벽같이 나온 마을 주민이었다. 곧이어 국문과 사람들이 우르르 몰려왔다. 그때까지도 우리 둘은 세상모르고 잠에 취해 있었다. 요즘도 빗방울이 우산 때리는 소리가 귓가를 적실 때면 그때가 생각난다.

9

2004년 가을, 충주로 가는 마지막 버스가 이미 출발했다는 얘기를 들었을 때 우리는 발길을 돌려야 했다. 운동장에서 낮에 출발하는 선발대 버스를 놓치고 여유를 부리다 고속버스터미널로 갔는데 터미널에서도 충주행 막차가 끊긴 것이다. 다운이, 충한이와 대합실에서 머리를 짜내다 우리는 또 엉뚱한 결론에 이르렀다. 우선 우리는 청주로 가는 심야 고속버스를 잡아탔다. 상대적으로 큰 도시였던 청주로 가는 버스는 늦게까지 있었다. 같은 충청권 도시니 멀지 않을 거라고 생각했다. 걸어가면 좀 오래 걸리고 뛰어가면 금방 갈 수 있을 거라는 막연한 생각뿐이었다.

청주 터미널에 도착한 시각은 이미 자정이 훌쩍 넘어서였다. 충주와 청주를 잇는 국도변까지 걷는 데만 한 시간이 걸렸다. 청주라는 도시는 생각보다 훨씬 컸다. 공장 담벼락 하나를 지나는 데만 30분 이상이 걸렸다. 10월의 새벽은 쌀쌀했다. 청주 외곽의 편의점에서 꼬깃꼬깃한 천 원짜리 지폐 몇 장을 꺼내 컵라면을 하나씩 먹고 났더니 막막한 마음뿐이었다. 애초에 이곳으로 오지 말았어야 했다. 너무 들뜬 마음에 터미널에서 발길을 돌리지 못하고 미련한 선택을 하고 만 것이다. 하지만 이미 엎질러진 물이었다. 내가 선배였으니 앞장서 지나가는 차에 손을 흔들었다. 그 늦은 새벽 시간에 건장한 남자 세 명을 태워 줄 운전자는 많지 않았다. 대부분이 우릴 지나쳐 갔다. 그러길 한참이 지나서야 운 좋게 몇 대의 차를 얻어 타고 증평까지는 간신히 갈 수 있었다.

증평에 도착한 시각은 새벽 네 시. 이제는 오가는 차도 몇 대 없었다. 아직 충주까지는 지금까지 온 거리의 두 배를 더 가야 했다. 갈 길은 까마득했고 우리는 많이 지쳐 있었다. 그러다 동틀 무렵에야 운 좋게 향산리를 지나가는 차를 잡아탔다. 충주 시내까지만이라도 갈 수 있으면 좋겠다고 생각하던 차에 직행 트럭을 잡았으니 운수 대통한 것이다. 우리 셋은 짐칸에 서서 머리를 휘날리며 새벽 공기를 마셨다. 마을에 도착한 시각은 서울에서 아침 첫차를 타고 왔어도 충주에 닿았을 무렵이었다. 우리는 물론 의기양양했지만 마을에서 우리를 제정신 취급하는 사람은 아무도 없었다.

10

2007년 초, 내가 전역을 하고 다운이, 충한이도 얼마 지나지 않아 전역을 했다. 새로운 농활지, 무주에서 예비역으로 다시 뭉치게 된 건 3년 만이었다. 하루 일과를 마치고 마을회관에서 쉬고 있는데 후배들 사이에서 '뒷산' 얘기가 나왔다. 여기 뒷산은 보통 동네 야산이 아니었다. 공기가 맑은 이곳에선 산봉우리가 손에 잡힐 듯 가깝게 느껴졌지만 사실 뒷산은 산새가 험한 백두대간 자락이었다. 그런데 또 엉뚱하게 얘기의 가닥이 야간 산행으로 잡혔다. 예비역 특유의 객기 때문이었다. 솔직히 말리고 싶었다.

"영수 형, 할 일도 없는데 뒷산이나 한 바퀴 돌고 옵시다. 좀 일어나 봐요. 뭐야, 자는 척하는 거 아냐?"

단순하게도 나는 그 말에 벌떡 일어났다. 날은 이미 어두웠고 바깥 공기는 쌀쌀했다.

"뭐해? 갈 채비 안하고. 야간 철책 순찰 나갈 때 생각이 나는구먼. 5분 대기조들 차봤지?"

후배들의 도발에 선배답게 처신하지 못하고 맞불을 놨다. 하지만 사실 누군가 말려 주길 바랐다. 그러면 못 이기는 척 대충 접고 싶었다. 다들 하루 종일 일하고 난 뒤라 피곤한 기색이 역력했지만 아무도 제동을 거는 사람이 없었다. 예비역들의 무모한 신경전 때문에 애꿎은 용식이와 현식이는 물과 삶은 감자를 주섬주섬 배낭에 담고 있었다.

처음엔 가볍게 임도를 한 바퀴 돌 생각이었다. 임도를 따라 걷던 중 충한이가 가파른 절벽을 무섭게 치고 올라갔다. 호기 넘치는 충한이는 심지어 반바지 차림이었다. 그 뒤를 다운이가 쫓아 올라갔다. 임도를 따라 걷는 산림욕도 충분히 재밌었는데 너무 무리하는 것 같아 걱정이 됐다. 내가 망설이는 사이 녀석들은 이미 저 멀리 높은 곳에서 어서 따라오라고 소리를 치고 있었다. 계속 머뭇거리면서 체면을 구길 순 없었다. 용식이, 현식이를 올려 보내고 나도 뒤따라 절벽을 타기 시작했다. 산짐승이나 다닐 법한 좁은 덤불을 헤치고 한참을 기어올라 능선에 닿았다. 등에 땀이 흥건했다. 그날은 달빛조차 없었다. 조그만 손전등은 오는 길에 나가 버렸고, 컵라면 사발에 꽂아 온 양초는 바람 부는 능선에 이르자 아무런 소용이 없었다. 거기서라도 되돌아왔으면 좋았으련만 미련하게도 우리는 능선을 따라 걷기 시작했다. 맨 앞에서 라이터로 불꽃을 튀길 때마다 번쩍이는 순간순간의 잔상으로 칠흑 같은 어둠을 헤쳐 나갔다. 어쩌나 어두웠던지 불꽃이 일 때마다 번개가 치는 것처럼 사방이 번쩍였다. 오르락내리락을 거듭해 마을에서 나온 지 서너 시간 만에 정상에 도착했다. 돌탑에 세워진 표지석은 '덕유 삼봉산 1,254미터'임을 알려 주고 있었다.

　문제는 그때부터였다. 도저히 더 이상 움직일 수가 없었다. 물은 오래전에 동이 났고 다들 허기진 상황이었지만 감자도 오는 길에 다 먹어 치운 터였다. 정상 부근은 시끄러울 정도로 바람이 많이 불었다. 춥고 배고픈데 거짓말처럼 졸음까지 밀려왔다. 정상에서 얼마 떨어지지 않은 등산로에 자리를 잡고 누웠다. 뒤쪽에 바위가 있어 그나마 바람이 좀 덜한 곳이었다. 추웠지만 서로 바짝 붙어 몸을 누이자마자 곯아떨어졌다. 그러기를 한 시간 남짓, 반바지 차림으로는 도저히 잠들 수 없었던 충한이가 우릴 흔들어 깨웠다. 그런데 용식이가 이상했다. 몸을 제대로 움직이지 못했다. 낮은 기온에 몸이 굳은 건지 말도 제대로 못했다. 저체온증이 염려되는 상황이었다. 지금 상황에서 할 수 있는 것은 몸을 계속 움직여 체온을 유지하는 것밖에 없었다. 마침 하나 챙겨 온 휴대폰마저 배터리가 나갔다는 말에 정신이 번쩍 들었다. 입가에 웃음이 가시고 적막한 바람소리가 싸늘하게 느껴졌다.

능선을 따라 왔던 길을 되돌아가야 하는데 바람이 너무 세차게 느껴져 멀리 가지 못하고 그만 골짜기로 들어섰다. 골짜기는 고요할 정도로 바람이 잠잠했지만 초반부터 경사가 가팔랐다. 급경사에 미끄러지고 넘어지며 옷이 찢어졌다. 그제야 우리는 등산로에서 멀어지고 있음을 실감할 수 있었다. 계곡엔 대체로 큰 바위가 많았고 몸을 이끌고 앞으로 나아가는 게 버거울 정도로 덤불과 쓰러진 나무 잔해가 가득했다. 우리는 그 모든 지형지물을 손으로 만지고 발끝으로 더듬고 허공에 손짓 발짓을 해가며 산길을 미끄러졌다. 내려가는 길은 올라올 때보다 몇 배는 더뎠다. 선두를 계속 교체해 가며 내려왔는데 그나마 뒤에 설 때가 수월했다. 깜깜한 어둠 속에서 앞 사람의 발자국 소리, 숨소리를 따라가면 얼추 쫓아갈 수 있었다. 그 와중에 설상가상으로 선두에서 불꽃을 일으키던 라이터 부싯돌이 튕겨져 나갔다. 이제는 정말 눈을 꼭 감고 내려가는 거나 다름없었다.

다시 내가 선두에 서게 되었다. 그런데 갑자기 땅이 푹 꺼지는 게 아닌가. 비명 소리와 함께 정적이 흘렀다. 몇 미터나 떨어졌는지 가늠할 수도 없었다. 왼쪽 발목이 바위틈 사이에 끼면서 복숭아뼈 주위의 살점들이 떨어져 나갔다. 다행히 쩔뚝거리며 걸을 수는 있었다. 다들 긴장해서 더 조심스럽게, 더 천천히 움직였다. 그렇게 패주하는 무리처럼 계곡을 헤매길 서너 시간째, 드디어 기적처럼 여명이 밝아 오기 시작했다. 산을 내려오며 혼이 쏙 빠져 버린 우리는 시간이 지나면 아침이 온다는 사실조차 잊고 있었다. 살면서 날이 밝아 오는 게 그때처럼 반가웠던 적은 없었다. 희미한 아침 햇살에 지난밤의 흔적과 상처도 서서히 그 모습을 드러냈다. 모두 사람 몰골이 아니었다. 특히 반바지를 입고 나섰던 충한이는 만신창이가 되어 있었다. 마을에서 마지막 가로등을 등지고 난 뒤부터 날이 밝아 올 때까지 내내 어두웠던 그날의 산행은 시각적으로는 하나도 기억에 남는 게 없다. 바람소리, 발자국소리, 숨소리, 비명 소리, 바위와 흙, 나뭇가지의 감촉, 그리고 여명이 밝아 오는 소리로만 기억될 뿐이다.

11

우리의 농활에서 좌충우돌 체험기가 전부는 아니다. 계절마다 찾아오는 농활을 손꼽아 기다리게 되는 것은 그것이 우리에게 주는 해방감 때문이기도 했다. 서울에서의 복잡한 일들을 접어 두고 친구들과 버스에 오르는 그때부터 가슴이 뻥 뚫리는 기분이었다. 마을 입구에서부터 소똥 냄새가 구수하게 올라오고 아궁이에서 지핀 장작불 냄새는 몽롱하기까지 했다. 서울에서 나고 자라 대부분의 시간을 강의실이나 도서관, 학원에서 보내야 했던 우리에게, 마트에만 가면 고기, 쌀, 각종 채소를 손쉽게 구할 수 있는 우리에게 농촌 체험은 생경하면서도 도시에서는 맛볼 수 없는 푸근함을 안겨 주었다. 논에서는 벼가 자라고, 밭에서는 각종 채소와 과일이 익어 가고, 축사에서는 소, 닭, 돼지가 커가는 평범한 농촌 풍경에 고향이라는 말을 실감할 수 있었다. 해 넘어가는 들녘에서 서쪽 하늘을 바라보며 고즈넉한 풍경에 빠져 있노라면 마음이 고요해졌다. 서울에서는 아무리 여유를 부려 봐도 흉내 낼 수 없는 한가로움이었다.

밭에서 한껏 여유를 부리던 희성이의 별명은 허수아비였다. 모두가 분주하게 밭일을 할 때 희성이는 꾸벅꾸벅 졸기를 반복했다. 호미를 쥐고 고랑에 앉아 졸고 있는 걸 깨워 삽을 쥐어 주면 녀석은 몇 삽 뜨지도 않고 다시 졸음에 빠져들었다. 이랑에 삽을 내리 꼽고는 그걸 쥐고 비틀비틀 조는 모습에 모두가 혀를 내둘렀다. 희성이의 농땡이를 만회하기 위해 선배들은 더 부지런히 손을 놀렸다. 밀짚모자를 눌러쓰고 능숙하게 농기계를 다루던 다운이는 영락없는 일당백 농사꾼이었다.

홍건하게 땀이 밴 윗옷을 벗어 재끼고 마을회관 앞 수돗가에서 등목을 하면 차가운 물줄기에 등골이 오싹했다. 지하수가 어찌나 시원하던지 볕은 쨍쨍한데 물은 얼음물처럼 차가웠다. 지하수는 시원하기도 했지만 물맛도 그만이었다. 샤워하다 말고 호스에서 나오는 물을 벌컥벌컥 들이킬 정도로 믿을 만했다.

참으로 희한한 일이었다. 열심히 몸을 굴리고 흠뻑 땀에 젖을수록 밥맛도 술맛도 좋았다. 체질이 농활이었나 보다. 트랙터가 닿지 않는 곳에 두 발을 걷어붙이고 들어가 온종일 모내기를 하고 나면 제대로 허리를 펴는 것조차 힘겨웠지만, 밥숟가락 위에 얹어진 밥알 한 알 한 알이 새롭게 보이는 신기한 체험 그것이 농활이었다. 뙤약볕에 살도 좀 타야 하고 안 하던 일 하다 보면 여기저기 쑤시지 않는 데가 없었지만 막걸리 한 사발에 속 깊은 얘기를 나누다 보면 어느새 사랑도 우정도 낭만도 차곡차곡 쌓여 있었다.

4 장

두산이 바꿔 놓은 것들

자본주의는 어디서나 통한다.

박용성

견고했던 모든 것들이 대기 속으로 사라져 버린다.

칼 마르크스

1

2007년 말 총학생회 선거에 사회복지학과 후배 주민이가 출마했다. 고만고만한 공약들 가운데 당시 주민이네 선본이 내세운 총장 직선제 공약은 단연 눈에 띄는 것이었다. 당시만 해도 중앙대학교의 총장 선출 방식은 '직선제'라 불렸지만 사실은 다층적으로 제한적인 간선제였다. 국내 어느 대학에서나 마찬가지였겠지만 중앙대에서도 학생들이 총장 선출에 개입할 여지는 없었고, 교수들의 투표 역시 어디까지나 후보군을 형성하는 역할에 그쳤으며, 결국 최종 선택은 이사회의 몫이었다. 그럼에도 여기까지 온 것만 해도 1980년대 후반 대학 민주화 운동의 중요한 성과였다. 학생은 제외됐지만 제한적으로나마 구성원들의 의사가 반영될 수 있었고, 따라서 최소한의 민주적 통제가 가능한 제도였다. 또한 선출직 총장은 재단으로부터 어느 정도 자율성과 독립성을 보장받을 수 있었다.

주민이가 공약한 총장 직선제는 총장 선출 과정을 학생들에게도 개방해야 한다는 것이었다. 그 전례를 찾아보는 것조차 쉽지 않은 총장 직선제 공약이 다소 낯설게 느껴지기도 했지만 우리는 대학 사회의 민주주의가 나아가야 할 방향에 대한 근본적인 물음을 던졌다는 데서 그 의미를 찾았다. 실천 가능한 공약들도 중요하지만, 큰 문제를 던지는 공약 역시 중요하다고 믿었다. 근대 대학의 창시자인 훔볼트의 말처럼 대학이 "교수와 학생으로 이루어진 자유롭고 평등한 학문 공동체"라면 마땅히 총장 선출에서도 일정 정도 학생들의 발언권이 보장되어야 할 일이었다.

2

20년 전에는 대학의 화두가 민주화였지만 이제는 경쟁력이다.

2007년, 총장 선출 방식을 간선제로 바꾸면서 고려대 관계자가 한 말[1]

학생 사회 일각에서 총장 직선제라는 화두가 던져진 뒤 불과 반년이 지나지 않아 중앙대는 총장 임명제를 실시하는 대학이 됐다. 2008년 5월, 두산그룹이 학교법인 중앙대학교를 인수하면서 그 첫 번째 조건으로 내건 것이 총장 임명제였다. 박용성 이사장이 내건 명분은 경쟁력 있는 대학 개혁과 추진력이었다. "대학 발전 계획과 개혁을 시행하기 위해서는 무엇보다 추진력 있는 총장이 필요하다는 교내 여론을 수렴해 총장 선출 방식을 기존의 직선제가 아닌, 법인 정관에 명시된 대로 임명제로 전환하겠다"는 것이었다.[2] 소위 민주 정부 10년이 지나고 CEO 대통령이 집권하면서 민주주의가 밥 먹여 주었느냐는 시대의 질문은 대학을 빗겨 가지 않았다. 직선제라는 허울뿐인 민주주의가 대학을 어떻게 만들었는지에 대한 조롱이었다. 대학에서 민주주의는 분열만 야기하고, 과도한 주인 의식만을 양산하는 비효율적이고 무능력한 제도로 선언되었다.

법인이 임명하는 추진력 있는 총장이 필요하다는 교내 여론이 어디에서 나왔는지 출처는 분명하지 않았다. 총학생회 이승선 비대위원장은 총장 임명제의 도입은 오랜 시간 대학 사회가 축적해 온 민주화의 성과를 스스로 허무는 처사라는 성명을 냈고, 교수협의회 강내희 회장은 "박용성 이사장의 '이사장 주인론'과 '기업식 운영론'은 대학의 민주주의와 이념, 그리고 학문의 고유성과 자율성을 부정하고 유린하는 위험천만한 주장"이라고 성토했다.[3] 아직 대학 사회는 비판의 목소리가 살아 있었고, 총장 임명제를 반대하는 여론은 힘을 얻고 있었다.

3

운영진과 이사회가 대학을 성과에 따라 생산하고, 등급을 매기고, 기준 단위에 따라 사고파는 상품으로 변질시키려 한다.

소스타인 베블런[4]

두산이 재단을 인수한 이후 얼마 지나지 않아 선상에서의 보합제와 비슷한 연봉제 시행 소식이 들려왔다. 선원들이 기여 비율에 따라 제각각 성과급을 받는 것처럼 교수들도 S, A, B, C등급으로 평가 받고 그에 따라 성과급을 받게 하겠다는 것이었다.[5]

연봉제 도입 소식에 교수 사회는 반발했다. 문과대 교수들은 성명을 내고 "성과급형 연봉제가 대학의 중장기 발전이나 교육기관으로서 대학의 특성, 지식인이자 교육자라는 교수의 특수성을 무시한 채 교수를 일반 기업의 사원 다루듯 인사관리의 대상으로만 인식하고 있다"고 비판했다. 교수 사회의 반대에도 성과급형 연봉제는 예정대로 시행됐고, 급기야 최상위 S등급을 받는 교수들의 명단이 중앙인 커뮤니티에 공개되었다. 교수들에게 등급과 가격표가 매겨지고, 그것이 언론에까지 공개되면서 여론 재판이 시작되었다. 죄목은 '철밥통'이었다.[6]

재단의 방침에 쓴소리를 하던 교수들은 하나둘 고립돼 갔다. 급기야 박용성 이사장은 두산중공업 창원 공장에서 열린 전체 교수회의 자리에서 '누구든지 두산의 대학 개혁에 발목을 잡겠다고 나서면 그 손목을 자르고 가겠다'라고 말해 교수들을 공개적으로 겁박하기까지 했다.[7] 교수가 하나의 독립된 연구 기관으로서 신분을 보장받는 것도 이제 다 옛말이 되어 버렸고, 재단과 교수의 관계는 선주와 선원 같은 주종 관계가 됐다. 성과급제의 시행 목적도 사실 "더 잡으면 더 번다"는 간단한 셈법에 입각해 있다는 점에서 어획량을 최고 덕목으로 하는 선상과 다르지 않았다.

"더 잡으면 더 번다"라는 기업의 지도 이념이 "의에 죽고 참에 살자"는 교훈을 압도하는 이곳을 '대학'이라 말할 수 있는 것일까? 대학이 창출해 내는 가치를 정량적으로밖에 파악하지 못하는 기업의 관점에서 정의니 민주주의니 하는 것들, 금고에 저장할 수 없고 그물에 걸리지 않는 것들은 온통 무가치한 것으로 평가받게 되었다. '자본주의는 어디서나 통한다'는 박용성 이사장의 지론답게 두산의 대학 개혁은 캠퍼스에 어군 탐지기를 설치하고 투망 시스템을 장착하는 것으로 귀결됐다. 생선을 찍어 내는 공장, 쌍끌이 어선에서처럼 이제 대학은 논문과 학위를 찍어 내는 공장이 되었으며, 쌍끌이 어선이 공판장에서 비싸게 팔리는 고기에 몰두하듯이 이제 대학에서도 시장에서 잘 팔리는 응용 학문만이 대접받게 됐다.

4

총장 임명제의 시행으로 민주주의의 상징이 훼손됐다면, 일상의 민주주의
가 무너진 곳은 중앙대 커뮤니티, '중앙인'이었다. 두산은 중앙대 인수 초기
학생들과의 소통을 다짐하며 중앙인 커뮤니티(cauin.com)라는 웹 게시판을
만들었다. 박용성 이사장이 직접 게시판을 모니터링한다는 말에 학생들의
관심도 뜨거웠다. 하루에 수십 건의 글들이 올라왔고 시간이 지나면서 중
앙인은 중앙대의 명실상부한 인터넷 소통의 장으로 자리매김하게 됐다.

물론 반발이 전혀 없던 것은 아니었다. 두산을 찬양하는 내용으로 도
배된 중앙인 커뮤니티의 여론 조작 가능성을 제기하며 몇몇 공대생들이
모여 카우인넷(cauin.net)을 만들었다. 하지만 학교 홈페이지와 연동되지 않
는 구조인데다 재단이 학생들의 개인 정보를 틀어쥐고 있으면서 게시판
운영에 기본적인 정보조차 제공하지 않는 상황에서 카우인넷의 활성화는
불가능한 일이었다. 결국 카우인넷은 대안 여론의 장을 형성하겠다는 당
초 목표를 달성하지 못하고 폐쇄되었다.

대부분의 대학에서 인터넷 커뮤니티는 학생들에 의해 자생적으로
만들어져 관리되었다. 교수와 학생이 공동관리위원회를 꾸려 운영하는 것
도 예외적일 만큼 학생들의 커뮤니티는 학생들이 스스로 관리하는 것이
절대적인 추세였다. 문제는 학생들의 민주주의 공론장을 사내 게시판 정
도로 여기는 두산의 시각이었다. 두산그룹 홍보국 출신 인사가 중앙대 홍

보 실장으로 지명됐고 그에게 게시판 통제의 전권이 위임됐다. 이에 따라 두산 재단과 대학 본부를 성토하는 목소리는 철저히 배제됐고 게시판은 두산그룹에 대한 기대와 박용성 회장을 칭송하는 글로 도배됐다. 공론장이 폐쇄되고 두산의 홍보 게시판이 그 자리를 대신한 것이다. 두산은 게시판 신탁통치의 이유로 "학생들 스스로 관리할 역량의 부족"을 들었다. 준비가 안 된 학생들이 게시판을 관리하면 혼란을 빚을 거라는 이야기였다.

물론 게시판 이용이 폭증하면서 그만큼 관리의 필요성이 커진 것도 사실이었다. 게시판에 게재된 내용 가운데 명백히 유해한 것들은 신속하게 차단할 필요도 있었다. 그렇다고 게시자의 인권과 표현의 자유를 희생시킬 수는 없는 노릇이었다. 만약 어떤 게시물에 대해 관리자가 임시로 비공개 처리를 했다 하더라도, 사후에는 게시판 관리위원회를 통해 해당 게시물의 유해성 여부를 재검토하고 비공개 조치를 해제할 것인가, 게시물을 영구 삭제할 것인가를 결정해야 한다. 또 문제가 되는 게시물을 게재한 자를 징계하기 위해서는 문제의 소지가 있는 부분을 적시하고 당사자에게 소명의 기회를 제공하는 게 당연하고 상식적인 처사였다.

그러나 두산의 검열 방침은 언제나 상식 위에 군림했다. 게시물은 영구 삭제되었고, 해당 글을 게시한 사람에 대해서도 아이디를 영구 박탈하는 조치가 이루어졌다. 사후적으로 어떤 이유로 아이디가 박탈됐는지 언제까지 박탈될 것인지에 대한 통보 역시 전혀 없었다. 어느 날 하루아침에 아이디가 사라지는 방식이라 소명의 기회는 애초에 기대조차 할 수 없었다. 게다가 이 모든 조치와 그에 수반되는 가치 평가는 사실상 홍보실장 단 한 사람에 의해 이루어졌다. 그렇게 두산 재단을 비판하던 학생 수십 명이 아이디를 영구 박탈당했다. 아이디 박탈의 부당함을 항변하기 위해 친구의 아이디를 빌려 글을 올리면 친구의 아이디도 박탈되는 수난을 겪어야 했다.

2010년 7월, 두산중공업 직원에 의한 학생 사찰을 규탄하는 기자회견 자리에서 홍보실장은 "중앙대에 두산중공업 소속 직원이 파견 나와 있는 것은 학교 경비를 줄여 학생들에게 이득이 되도록 하기 위한 것"이라고 했다. 교비로 인건비가 지급돼야 할 인원을 줄여 줬으니 이 또한 두산의 배려라는 것이었다. 하지만 얼마 후 학교법인의 업무를 전담하는 직원의 경우 인건비는 반드시 학교법인이 부담해야 하는데, 이를 불법적으로 학생 부담으로 돌린 대학들 명단에 중앙대가 포함되어 있다는 기사가 보도되었다.[8]

게시판이 안정되면 학생들과 함께 관리하는 방향으로 가겠다던 홍보실의 약속은 여전히 지켜지지 않고 있으며, 학과 구조 조정과 관련해 반대의 목소리를 냈던 학생들의 삭제된 아이디 역시 회복되지 못하고 있다. 퇴학 처분과 비슷한 시기에 단행된 '독문과 영수'라는 아이디에 대한 박탈 처분도 이듬해 퇴학 처분이 법원으로부터 무효화된 이후에도 해제되지 않은 채 지금까지 계속되고 있다.

5

'중대 애들은 뽑아 놓으니 숫자는 좀 알더라'라고 평가받는 게 내 목표다.

박용성, 2008년 『월간조선』과의 인터뷰 중에서[9]

국내 대학 어디도 돈이 중요하다는 걸 가르치는 곳이 없습니다. 심지어 경제학과마저 그렇습니다. 그러니 자꾸 기업가와 부자를 적대시하는 풍조가 생기는 겁니다. 대학이 학생들에게 제대로 가르쳐줘야 합니다. 우선 1학년 필수 교양으로 기업가 정신 과목을 개설하고 창업 관련 교과목도 대폭 늘릴 계획입니다. 대학원에도 창업 트랙을 개설하고요. 21세기 지식 기반 사회는 경영학과 이공계가 이끌고 인문학은 뒷받침하면서 만들어지는 겁니다. 인문학 열풍이 불고 있지만 인문학이 중심인 건 아니죠.

유기풍 서강대 총장, 2013년 『한국일보』와의 인터뷰 중에서[10]

박용성 이사장의 의지로 교양 필수 수업에 회계학이 도입됐다. 이제 인문대 학생들도, 예술대 학생들도 회계학 수업을 듣지 않으면 졸업을 할 수 없게 된 것이다. 날이 갈수록 높아만 가는 청년 실업률 앞에 학생들의 불안감을 교묘히 파고든 박용성 이사장의 생각은 적중했다. 학생들에게 '회계와 사회'는 취업 시장에서 돋보이는 중앙대만의 특화된 무기처럼 받아들여졌다. '두비어천가' 일색의 중앙인 커뮤니티에서도 회계학 수업의 교양 필수 지정은 두산의 획기적인 대학 개혁의 상징으로 포장됐고, 재단이 손수 마련해 준 보양식을 감사히 받아들여야 한다는 여론이 지배적이었다. 회계와 사회 기말 고사를 대비한 특강 일정을 알리는 안내문까지 건물 구석구석에 나붙었다. 물론 '회계와 사회' 시간에 배우는 내용에는 자본주의사회를 살아가는 대학생이라면 알아 둘 만한 '교양'적인 요소도 있었다. 2012년도 2학기 '회계와 사회' 시험 문제는 다음과 같았다.

(주)한국전자 사장님은 공인회계사의 감사를 받았다. 사장님이 개인적으로 회사를 운영함으로써 회사에 막대한 손해를 끼쳤다는 공인회계사의 지적을

받고 화를 내면서 내가 만든 회사인데 내 맘대로 하면 된다고 했다. 이중에서 옳은 것은?

정답: ④ 주식회사의 주인은 주주이기 때문에 사장이라 하더라도 자기 맘대로 할 수 없다.

아마도 출제자는 우회적으로 재단을 풍자하고자 했는지도 모르겠다. 하지만 현실은 오답에 더 가까웠다. "② 자기가 만든 회사이기 때문에 아무런 문제가 되지 않는다." 강의실에서는 교과서를 가르쳤지만 강의실 밖에서 우리는 또 다른 현실을 배워야 했다. 국가 신용도를 떨어뜨리고 국민 경제에 악영향을 끼치고 주주들에게 막대한 손실을 입힌 두산가의 용감한 형제들에게는 법적으로 사회적으로나 사실상 그 어떤 제재도 가해지지 않았다. 박용만 회장은 회사 설명회를 하며 대학을 돌아다니고 있었고, 박용성 이사장은 올림픽 선수단 단장으로 버젓이 스타디움에 입장했다.

지금의 교양과목도 필요 없다고 본다. 현재 대학 교양과목은 구청 문화센터 수준이다. 이런 걸 대학이 가르칠 필요가 없다.[11]

박용성 이사장의 지시에 따라 기존의 교양과목들도 혁신적으로 바뀌었다. '회계와 사회'가 교양 필수 과목으로 지정된 것 외에도 두산은 실용적인 교양 교육을 강화하기 위해 교양학부 내에 '교양교육연구소'를 설치해 교안을 일원화하는 등 기존 교양 커리큘럼의 '문제점'을 바로잡았다. 간혹 두산이 만든 파워포인트 교안에 제시된 교양 과제는 너무 실용적인 나머지 학생들을 깜짝 놀라게 하기도 했다.

[조별 실습 과제] 두산그룹의 브랜드 이미지를 고취시키기 위한 창의적 아이디어를 바탕으로 제안서를 작성하라.

두산은 실용적이게도 중앙대에서 꿩도 먹고, 알도 먹었다.

5장

독문과에 생긴 일

□ 문제 교수 현황

0 양○○(○○과, ○○세)

- '94 민교협 통일분과위원장으로 대정부 비난 활동 및 각종 시국 선언 적극 참가, 교내 급진 성향 교수 모임을 결성 지지 세력 구축

0 서○○(○○과, ○○세)

- 급진 성향의 대표적인 사학자로 각종 대정부 비난 활동 활발

0 심○○(○○과, ○○세)

- 대외 활동은 별무하나 학교 운영에 막강한 영향력을 행사, 과거 삼성 봉명 재단 탈퇴시 학생 동원 등 문제 인물이나 현 정○○ 총장이 ○○ 압력으로 교무처장에 보임

0 이○○(○○과, ○○세)

- 급진 성향 진보 성향으로 『한겨레』와 『말』 등에 대정부 비난 칼럼을 기고

2000년에 공개된, 성균관대 교수 사찰 문건 중에서[1]

1

2007년 8월, 심형래 감독의 〈디 워〉가 개봉됐다. 개봉 16일 만에 7백만 관객을 동원한 〈디 워〉는 한 달 뒤 미국 개봉 일정까지 잡히면서 한국의 컴퓨터 그래픽 기술이 미국 시장에서 과연 얼마나 통할 수 있을 것인가를 두고 국민적 관심과 기대를 불러일으켰다. 그런 상황에 찬물을 끼얹은 사람이 있었으니 그가 바로 진중권 교수였다. 진 교수는 "기본 플롯과 스토리에 문제가 많고, 애국주의, 시장주의, 컴퓨터 그래픽, 인생극장 등의 코드만 있지, 영화에 대한 철학이나 내용은 없다"며 독설을 퍼부었다. 한국 사회의 축소판과도 같은 영화 〈디 워〉에 대해 문화 비평가로서 당연한 평가를 한 것이었지만 그의 신랄한 비판은 애국주의 열풍에 휩싸인 네티즌 사이에서 큰 논란을 불러일으켰다. 어떤 네티즌은 "진 교수가 시장주의 관점에서 바라보지 못하고 있다"고 비판하기도 했다. 하지만 네티즌들의 접속 폭주로 학과 홈페이지가 다운될 때까지만 해도 나와는 크게 상관없는 일인 줄 알았다.

그런데 〈디 워〉 논쟁이 잠잠해지면서 재미있는 일들이 벌어지기 시작했다. 진 교수의 팬들이 학과 사무실로 선물을 보내오기 시작했는데, 진 교수가 그 처분을 조교실에 맡긴 것이었다. 진 교수를 만나겠다고 노발대

발 찾아오는 어르신들이나 전화상으로 대뜸 욕부터 하며 따지고 드는 사람들을 상대해야 하는 조교들의 노고에 못지않은 선물들이었고, 나는 당시 조교였던 혜정이가 나눠 주는 선물의 수혜자 가운데 한 명이 되었다. 그 다음 해에 동민이가 조교가 되고 노트북이 청룡탕에 빠진 뒤로는 더욱더 내 몫이 많아졌다. 먹을거리, 학용품, 양말, 로션 등 동민이와 과사무실에서 선물 포장을 뜯는 일은 하나의 낙이었다.

진중권 교수는 내가 중앙대에 입학한 2003년에 독어독문과 겸임 교수로 임용돼 강의를 시작했다. 그의 강의는 기존의 한국 대학에서는 찾아볼 수 없는 최신 미디어 미학을 소개했다는 점에서 독보적인 위상을 차지하고 있었다. 매 학기 그의 강의는 앉을 자리가 없을 만큼 인기가 많았다. 독문과가 아닌 학생들이 더 많았고, 청강을 하는 학생들도 있었다. 심지어는 대학을 졸업한 뒤 진 교수의 강의를 듣고 싶어 학사 편입을 해온 사람이 있을 정도였다. 요즘처럼 강의 시수가 줄어 강의실이 콩나물시루가 되는 게 아니었다. 모두가 그 강의를 정말로 듣고 싶어 온 학생들이었다. 그의 강의는 독문과를 넘어 중앙대로서도 소중한 자산이었다.

그런데 두산 재단이 학교를 인수한 뒤 2009년 여름방학이 끝나 갈 무렵, 진중권 교수가 더 이상 우리 학교에서 강의를 하지 못하게 될 수도 있다는 이야기가 흘러나왔다. 촛불 정국에서 이명박 정부에 대해 날선 비판을 해온 데다 두산 재단과 박범훈 총장에 대해서도 거침없이 독설을 쏟아 온 행보 때문이었다.[2] 그는 이미 한국예술종합대학교와 카이스트에서 강의를 박탈당한 상태였다. 그리고 얼마 지나지 않아 우려는 현실이 됐다. 교무처는 교육과학부(이하 '교과부')의 겸임 교수 임용 요건 강화 지침에 따라 "소속 기관이 명확하지 않은" 진 교수의 재임용이 불가능하다고 설명했다.

하지만 진 교수는 2003년 첫 임용 이후, 두 차례 계약을 연장해 7년간 강의해 온 교수였고, 소속 기관 운운은 이미 사문화된 규정에 불과했다. 대학 본부가 교과부의 단순 지침을 강제 규정인 양 호도하면서 진 교수를 해임 조치한 것은 원칙과 명분 없는 임용 기준을 스스로 증명해 보인 셈이었다.[3] 등록금 책정, 로스쿨 배정 등과 같은 경제적 손익 앞에선 '사학의 자율'을 부르짖으면서도, 진정 '대학의 자율'이 요청되는 시기에 정작 그 자율성은 쉽게 내동댕이쳐졌다.

대학 본부가 그렇게 원칙을 강조하던 같은 시기, 이재오 전 한나라당 최고위원은 학교로부터 초빙교수직에 이어 명예박사 학위까지 수여받았다. 스타 강사 진 교수가 쫓겨나고, 강의 한 시간 할 리 만무한 이재오 '교수'에게 연구소 하나가 입주해도 모자라지 않을 넓은 교수실이 주어졌다. 그의 '스위트룸'은 손잡이에 먼지가 쌓일 정도로 왕래하는 사람이 없었지만 '초빙교수 이재오'라는 팻말만은 하릴없이 빛났다. 진 교수 해임은 교수 사회 길들이기의 신호탄에 불과했다.

2

학생들은 반발했다. 독문과 학생회는 대학 본부가 "학생들의 소중한 수업권을 담보로 무책임한 처사를 벌이고 있"으며, 이는 "양질의 강의를 수강할 학생의 수업권을 침해한 행위"라며 강력히 규탄했다. 당장 진 교수가 담당할 2학기 '문화 비평론' 강의가 폐강 위기에 처하게 됐다. 독문과 학생회는 방학 중 임시 학생총회를 소집해 정치적 이유로 진 교수의 재임용을 거부하고 학생들의 수업권을 침해한 대학 본부의 결정을 비판하는 기자회견을 열었다. 플래카드를 내걸고, 대자보를 붙이고, 무엇보다 과 친구들에게 전화를 돌려 상황을 알리고 총회 참석을 독려하는 것이 중요했다. 공중전화 부스에 몇 시간씩 매달려 전화를 돌리고 나면 빈 전화카드가 몇 장씩 쌓여 있었다.

"뉴스에서 소식 들었지? 정말 어이없지 않냐? 아니, 강의 잘하고 있는 교수를 왜 건드냐고?"

"원래 교수를 그렇게 막 자를 수 있어요? 진중권 교수가 실력이 없으면 문화 비평론 강의는 누가 하냐고요?"

"그래, 일단 힘을 모아 보자. 꼭 막을 수 있을 거야."

방학 중이었지만 반응은 뜨거웠다. 진 교수의 강의를 아직 접해 보지 못한 후배들도 그를 잘 알고 있었다. 진 교수는 개강 총회나 종강 총회 뒤풀이 자리에서 사회 현안을 두고 학생들과 토론을 벌이곤 했다. 한번은 인터넷 실명제에 대해 호프집에서 즉석 토론이 벌어졌는데, 실명제에 찬성했던 학생들도 얼마 지나지 않아 진 교수의 논리에 두 손을 들었다. 학생들과의 격의 없는 술자리에서도 정곡을 찌르는 날카로운 입담, 학생들은 진 교수를 그렇게 기억했다.

생각보다 많은 기자들이 몰렸다. 기자회견이라는 것 자체가 우리에게 낯설고 생소한 것이었고 '보도 자료'라고 돌린 것도 많이 어설펐지만 대학, 기업, 정권의 삼각동맹이 대한민국 최고의 풍자가, 진중권 교수의 입에 재갈을 물리려는 시도는 세간의 관심을 끌기에 충분했다.

"도대체 누구를 위한 교수 임용입니까? 다양한 생각이 공존할 수 있는 대학 문화를 원합니다. 반드시 임용 불가 입장이 철회되고 앞으로도 중앙대 교정에서 진중권 교수님을 계속 볼 수 있었으면 좋겠습니다."

기자회견을 마친 학생들은 항의 서한을 전달하기 위해 총장실로 향했다. 총학생회장 지열이 형을 필두로 일부 학생들이 따라 들어가 총장실 구석구석에 레드카드를 붙였다. 액자, 텔레비전, 소파, 그리고 책상까지 손이 닿는 대로 붙인 레드카드는 당연히 퇴장을 의미하는 것이었다. 중앙대에서 보따리를 싸야 할 사람은 진 교수가 아니라 학생들의 수업권은 안중에도 없이 멀쩡히 강의 잘하는 교수를 내쫓고 권력만을 탐하는 폴리페서 총장 자신이었다. 한나라당 초청 강연에서 판소리를 시키려 불러온 여제자를 두고 "이렇게 생긴 토종이 애도 잘 낳고 살림도 잘한다"며 "감칠맛 난다"라고 망언을 했을 때부터 그는 이미 총장이 아니었다. 현직 총장으로 이명박 대선 후보 캠프에 참여해 총장직 사퇴 압력을 받았던 그는, 결국 2011년 청와대 교육문화수석으로 임명되면서 임기를 다하지 못하고 총장직을 사임했다.

3

"8월 17일(월) 총장실 무단 침입으로 인해 학칙 제15조 4호에 의거, 징계 처리할 예정이오니 사실 여부 확인을 위해 8월 20일(화) 12시까지 학생지원팀으로 오시기 바랍니다."

얼마 후 레드카드는 고스란히 학생들에게 되돌아왔다. 총학생회장이었던 지열이 형과 나를 포함해 일곱 명의 학생들에게 휴대전화 문자로 소환 통보 메시지가 날라 왔다. 총장실을 무단 침입했다는 이유로 징계위원회가 보낸 것이었다. 일전에 단과대 학생회장들과의 면담 자리에서 할 말이 있으면 언제든지 찾아와 건의하라고 했던 건 총장 자신이었지만, 학생들이 방문하겠다고 예고한 집무 시간에 왜 총장실을 비웠는지에 대한 해명은 단 한마디도 들을 수 없었다.

재밌는 점은 그날 기자회견에 참여하지도 않았고, 한동안 학교에 나오지도 않았던 휴학생들에게도 소환 통보 문자가 전송됐다는 것이다. 그 친구들로서는 정말 어처구니없는 일이었다. 사정을 알아보니 학생처 직원들이 현장에서 직접 채증하거나 언론 기사에서 확보한 사진을 가지고 독문과 조교들을 불러다 학적부 사진과 대조하는 과정에서 비슷하게 생긴 학생을 오인해 벌어진 해프닝이었다. 얼굴이 비슷하게 생겼다는 이유로 학생들에게 무차별 소환 통보를 단행한 것이었다. 수사기관도 아니고 교육기관이 평화롭게 진행된 학생들의 기자회견 현장을 직원들을 동원해 징계 목적으로 채증한 것도 모자라, 학부생들의 선배 격인 조교들을 불러다 놓고 취조나 다름없는 일을 벌이다니! 그야말로 유례를 찾아볼 수 없는 일이었다.

4

2학기가 시작되었고, 진중권 교수 재임용을 위한 싸움은 어느새 학생 징계를 철회시키기 위한 싸움으로 전환되었다. 본부 측의 일방적 징계권 행사 앞에 진중권 교수 재임용이라는 당초 목표가 밀려난 것이다. 개강 후 우리는 이번 사태의 부당성을 알리기 위해 서명운동을 준비하고, 며칠 밤을 새서 만든 1백여 장 가까운 현수막으로 교정을 까맣게 도배했다.

"우리의 수업권을 보장해 줘요. 중권이 형을 괴롭히지 마세요."

부당하게 수업권을 침해당한 상황에서 부당한 징계까지 당할 수 없다는 일념으로 모두가 총력전을 벌였다. 그리고 2차 기자회견을 진행했다. 기자회견에 참여한 학생들은 학교 측의 무차별적인 사진 채증과 징계 시도에 대한 항의로 마스크를 썼다. 항의도 항의지만 한편으로는 두려운 마음도 있었다. 그만큼 사진 채증과 싹쓸이 소환으로 이어진 징계위원회는 학생들에게 트라우마로 남았다. 이런 상황에서도 학생처 직원들은 또다시 학생들에게 카메라를 들이밀어 마찰을 빚었다.

퇴학까지 당하고 난 지금에 와서 돌이켜 보면 정말 아무것도 아닌 일이었지만 그때는 징계를 받는다는 것이 그렇게 두려울 수 없었다. 한편으로는 억울하기도 했고, 진 교수의 재임용이 사실상 물 건너갔다고 생각하니 심한 무력감이 밀려왔다. 기자회견 내내 주체할 수 없이 눈물을 쏟다가 마이크를 전해 받고도 울먹이며 말을 제대로 잇지 못했다. 눈물 콧물 범벅이 된 얼굴을 가리느라 한동안 마스크도 벗지 못할 정도였다.

우리는 총장실 항의 방문에 참여했던 학생들이 징계 위기로 내몰렸다는 소식을 접한 진 교수가 학생들에게 보낸 편지를 읽는 것을 끝으로 기자회견을 마무리했다.

현재 제가 가장 걱정하는 것은 저 때문에 학생들이 다치는 것입니다. 다른 것은 몰라도 그것만은 제가 용납할 수가 없습니다. 제 입장에서는 학생들의 희생을 토대로 중앙대학교에서 강의를 계속 맡을 수가 없습니다. 마음속에서 나를 선생으로 생각해 준 학생들의 인정이 내게는 제일 감사하고 또 중요합

니다. …… 학생 여러분, 사랑합니다. 고맙습니다. 그리고 한 사람의 기성세
대로서 고작 이런 사회 속에 살게 해서 미안합니다. 언젠가 다시 뵙지요.

진중권 올림

5

기자회견이 마무리된 이후 우리는 징계를 상징하는 형틀인 칼을 부수는
퍼포먼스를 할 예정이었다. 하지만 퉁퉁 부은 얼굴로 도저히 앞에 나서서
뭔가를 할 기분이 아니었다. 이러지도 저러지도 못하고 주춤거리던 내 등
을 토닥이며 함께 칼을 써준 친구는 신방과 동익이었다. 갓 전역해 새벽에
는 신문 배달을 하고 낮에는 대책위의 일원으로 참여해 힘을 보태 준 친구
였다.

"총장님 징계는 사양하겠습니다."

나란히 앉아 있던 동익이와 나는 벌떡 일어나 쓰고 있던 칼을 벗어 두
동강 냈다. 징계위원회에 대한 항의 표시였다. 그리고 우리는 학생처장과
의 면담을 위해 학생지원처로 향했다. 대학 본부로서도 무리한 학생 징계
시도로 인해 안팎의 여론이 좋지 않은 상황에서 애초에 표적도 아니었던
학생들을 군이 징계할 필요가 없었다. 결국 학생들이 박범훈 총장에게 유
감을 표하는 걸로 일을 마무리하자는 대학 본부의 중재로 총장과의 면담이
성사됐다. 그러나 우리의 유감 표명은 서로에게 궁색한 절충안일 뿐이었다.

"그래도 학생들이 찾아와 반성한다고 하니 다행이야. 그런 일이 다
신 벌어져선 안 되지."

"저희 행동이 지나쳤습니다. 그 점 사과드리고요, 하지만 학교에서도 진 교수 사태와 같은 일을 벌여서는 안 되죠. 학생들 피해가 막심합니다."

"자네들 지금 사과하러 온 것 맞나?"

"예, 그건 그거대로 사과드리고요. 이런 일이 또 생기면 학생들은 다시 총장실로 찾아올 겁니다. 저희 입장은 변한 게 없습니다."

다 차려 놓은 밥상에 숟가락만 들면 되는 줄 알았던 총장이 당황하며 불편한 심기를 드러냈다.

"자, 자, 그러니까 총장님, 학생들 얘기는……."

함께 배석해 있던 학생처장이 나서 대화 아닌 대화를 서둘러 정리했다. 최종 단계에서 얘기가 어긋나면 제일 피곤할 사람이 학생처장이었기 때문이다.

총장한테 사과한다는 게 영 찜찜했지만, 그래도 우리의 입장을 전달하고 총장실을 나왔다는 데 의미를 두고 싶었다. 옆방 부총장실에서 벽에 귀를 대고 대화를 엿듣고 있었던 '강성' 동익이도 어깨를 두들기며 격려해 줬다.

6

파울 클레가 그린 〈새로운 천사〉(Angelus Novus)라고 불리는 그림이 하나 있다. 이 그림의 천사는 마치 그가 응시하고 있는 어떤 것으로부터 금방이라도 멀어지려고 하는 것처럼 보이도록 묘사됐다. 그 천사는 눈을 크게 뜨고 있고, 그의 입은 열려 있으며, 또 그의 날개는 펼쳐져 있다. 역사의 천사도 바로 이렇게 보일 것임에 틀림없다. 우리들 앞에서 일련의 사건들이 그 모습을 드러내고 있는 바로 그곳에서 그는 잔해 위에 또 잔해를 쉼 없이 쌓이게 하고 또 이 잔해를 우리들 발 앞에 내팽개치는 단 하나의 파국을 바라본다. 천사는 머물러 있고 싶어 하고, 죽은 자들을 불러 일깨우고 또 산산이 부서진 것을 모아서는 이를 다시 결합시키고 싶어 한다. 그러나 천국으로부터는 폭풍이 불어오고 있고, 또 그 폭풍은 그의 날개를 꼼짝달싹 못하게 할 정도로 세차게 불어오기 때문에 천사는 그의 날개를 더 이상 접을 수도 없다. 이 폭풍은, 그가 등을 돌리고 있는 미래 쪽을 향하여 그를 떠밀고 있으며, 반면 그의 앞에 쌓이는 잔해의 더미는 하늘까지 치솟고 있다. 우리가 진보라고 일컫는 것은 바로 이런 폭풍을 두고 하는 말이다.

발터 벤야민, 『역사철학테제』 중에서

결국 학생 징계 시도는 철회됐지만 우리는 진중권 교수를 마지막 공개 강의를 끝으로 떠나보내야 했다. 그날 강의실은 몰려든 학생들과 기자들로 장사진을 이루었다. 방송용 카메라도 곳곳에 눈에 띄었다. 묘한 표정으로 입장한 진중권 교수는 멋쩍은 표정으로 강의를 시작했다. 마지막 수업의 주제는 "화가의 자화상"이었다. 진 교수는 여러 화가의 자화상들을 소개하며 화가들의 자의식이 성장해 가는 과정을 설명했다. 그리고 그는 벤야민을 빌어 파울 클레의 〈새로운 천사〉의 모습과 우리 시대를 살아가는 지식인의 모습을 비교하면서 정치권력과 자본의 힘 앞에서 무기력한 지식인의 현실과 학교를 떠나야만 하는 자신의 무기력함을 이야기했다.

우리가, 사실 지식인이 뭘 할 수 있습니까? 글 쓰고, 책 쓰고, 발언하고. 정치인들은 권력을 갖고 있거든요. 예를 들어서, 이런 겁니다. 나는 발언을 하잖아요, 그러면 반론이 들어와야 되잖아요. 그런데 나는 발언을 하는데, 존재를 쳐요. 이게 권력입니다. 이게 현실이고. …… 말하자면 이는 아주 무기력한 근대 지식인의 초상일지도 모르는 거죠.

토론이 없는 사회, '반론' 대신 '반격'을 가하는 세상. 토론과 대화가 핵심이 되어야 할 대학에서 학생의 발언에 무차별적인 징계로 응수하는 두산 재단의 모습이 겹쳐져 무척이나 씁쓸했다.

진중권 교수의 재임용을 두고 벌어진 일련의 사태로 교수 사회는 이전보다 더 경직돼 갔다. 진 교수는 대학 본부와 재단의 방침에 맞서 반대의 목소리를 내면 어떤 대가를 치를 수 있는지를 보여 주는 확실한 예증이었다.

두산은 학생 사회에 대한 경고도 잊지 않았다. 징계 철회 입장을 발표한 다음날 사실상 사문화되어 있던 학칙의 시행규칙을 중앙인 커뮤니티 게시판에 공고하면서 학생들의 표현의 자유에 대한 긴급조치를 단행했다.

〈학생 홍보 게시물에 관한 시행규칙〉
교내에 부착될 모든 홍보 게시물은 반드시 학생지원처나 해당 단과대학에 소정의 절차를 거쳐 허가를 받은 후 부착해야 하고 허가를 받지 않고 무단으로 게시될 경우 총무처장이 즉시 철거할 수 있다. 무단 게시물은 사안에 따라 게시자의 책임을 엄중히 물을 것이다.

"허가받지 않으면 처벌!" 표현의 자유에 대한 사전 검열. 사문화된 학칙은 두산 재단에서 화려한 부활을 알렸다.

7

진중권 교수를 떠나보낸 슬픔이 채 아물기도 전에 독문과에는 또 한 건의 비보가 날아들었다. HK(인문한국지원사업)에 지원했던 독일연구소가 학계 전문 가 집단 심사에서 압도적 1위를 차지하고도 대상자 선정 과정에서 탈락하 게 된 것이다. 이는 유례가 없는 일이었다. 지난여름 노무현 전 대통령 서거 정국 때 독문과 교수 전원이 시국 선언에 동참한 것이나 진중권 교수의 부 당 해임에 강력히 반발한 것에 대한 정치적 보복이라고밖에 볼 수 없었다.

학생들도 가만히 있을 수만은 없었다. 교수들이 마땅히 누려야 할 자 유로운 연구 환경은 학생들의 수업권과 직결되는 문제이기도 했다. 독문 과 학생회는 "교과부가 자의적 판단으로 학계 전문가 집단의 최종 심사 결 과를 뒤집은 것은 학문의 영역에 대한 정권의 가치 조정적 개입이다"라는 내용을 성명을 발표했다. 소위 연구 중심 대학을 부르짖던 총장과 대학 본 부가 굳게 입을 다물고 있는 사이 학생들은 교내 유인물 배포를 시작으로 교과부 앞에서 집회를 열고 항의 서한을 전달했고, 헌법 소원 및 인권위 진 정 등 온갖 방법을 동원해 정권의 학자 길들이기를 규탄했다. 겨울비를 맞 아 가며 기자 한 명 찾아오지 않는 초라한 기자회견을 이어 간 힘없는 학 생들의 외침에 대한 반향은 끝내 없었다.

그로부터 반년이 지난 뒤, 교무처장은 당시 박범훈 총장도 HK 관계 자들과 같이 식사를 하며 독일연구소를 위해 노력했다며 학생들의 비판을 피해망상에 불과한 것으로 매도했다. 하지만 우리는 독일연구소가 교과부 를 상대로 행정소송을 준비할 때 박범훈 총장이 나서서 이를 만류했다는 소식을 이미 접한 터였다. 2008년 2월, 로스쿨 정원 배정 문제에 대해 "정치적 편향으로 이뤄진 자의적이고 작위적인 결정"이라며, 머리를 싸매고 교과부 앞에서 시위할 때와는 전혀 다른 모습이었다.

그로부터 얼마 지나지 않아 언론에 한국연구재단 관련 뉴스가 크게 보도되었다.[4] 정부의 연구지원금을 총괄하는 한국연구재단의 인문사회연구본부 단장들이 김문조 본부장의 전횡과 독선에 반발해 모두 사퇴했다는 내용이었다. 그리고 지난해 중앙대 독일연구소가 전문가 심사에서 1위를 하고도 최종 심사에서 탈락한 일 역시 이번 사태와 무관치 않다는 이야기도 흘러나왔다. 당시 인문사회 계열 단장들의 반발을 샀던 김문조 본부장은 대통령 직속 국가브랜드위원회 위원이었고, 한국연구재단의 박찬모 이사장은 17대 대통령 선거에서 한나라당 중앙선대위 공동위원장을 지낸 인물이었다. 학계에서는 이번 사건이 연구재단의 이사장, 사무총장, 본부장을 이명박 대통령의 사람들로 채운 '낙하산 인사'와 연구 과제 선정에서의 정치적 편향성과 관련되어 있다는 지적이 흘러나왔다. 일선의 단장들마저 "연구재단이 마치 조폭 집단처럼 느껴질 정도였다"[5]며 편향된 한국연구재단을 일갈하고 등을 돌리는 상황이었다.

8

그 이후 독일연구소가 한국연구재단을 상대로 벌인 법정 싸움은 결국 패소하고 말았다. 형식 요건 심사 단계에서 소송을 제기한 독일연구소의 당사자능력이 인정되지 않았기 때문이다. 소송은 총장이 제기해야만 성립될 수 있었다. 총장은 그 사실을 잘 알고 있었음에도 불구하고 보란 듯이 이를 외면했다.

인문학이 죽어 간다는 위기의식을 안고 출발한 HK가 정부 부처의 막대한 예산을 끌어다 쓰면서도 스스로 정치적 중립을 지키지 못하고 결국엔 인문학에 목줄을 채우는 결과를 낳았으니 안타까운 일이었다. 어쩌면 권력을 견제해야 하는 인문학이 그 권력으로부터 샘솟는 재원으로 연구의 성과와 폭을 넓혀 간다는 발상 자체가 난센스였는지도 모르겠다. 비록 독일연구소가 HK 연구소에 선정되지는 못했지만 양심적이고 실력 있는 교수들은 나름대로 자신들의 진면목을 그대로 보여 주었다. 부질없기는 했지만, 전문가 평가에서 그들은 어쨌든 1등이었고, 그들이 지키려 했던 양심 덕에 최종 심사에서는 탈락하고 만 것이었다. 한바탕 소동은 인문학이 무엇을 위한 인문학이며 무엇을 위한 HK인가라는 무거운 물음을 던져 주며 그렇게 막을 내렸다.

교수가 잘려 나가고 연구소에 목줄이 채워지면서 과 분위기도 점점 어두워져 갔다. 이것저것 뒤치다꺼리를 하던 나도 너무 지쳐 버렸다. 헌법재판소 앞에서의 기자회견을 끝으로 한동안 학생회실에 발길을 끊었다. "이제 영원히 짱박힐 거야! 앞으로 나 찾지 말라 그래, 절대로!" 인사동에서 승건이, 혜인이와 뒤풀이를 하며 투덜거릴 때까지만 해도 이제는 고생 끝이라 생각했다. 다음 학기에 벌어질 기막힌 일들은 상상도 못한 채 말이다.

6 장

더
이
상
의
자
치
는
없
다

중앙대 다니는 동안 행복했어요. 비록 당시 재단이 튼튼하지는
않았지만 자치활동을 보장해 주려는 교수님들과 교직원들의 문화가
있었어요. 그땐 싸울 수 있는 자유가 있었죠. 자치활동이 뿌리내리는 데
기여했다는 사실도 뿌듯했고, …… 그게 저라는 사람에게
날개를 달아 줬어요. 민주주의를 학습하게 해준 공간이었고,
덕분에 지금 『한겨레』를 당당하게 다니고 있습니다.

허재현(2004년 중앙대 문과대 부학생회장)[1]

책을 만들면서 줄곧 구조와 그 속의 개인들, 우리 자신에 대해서
생각해 보았습니다. 이해 당사자인 학내 구성원은 배제된 채
진행되는 학교 행정, 분노할 줄 모르는 사람들을 키워 내는 대학,
절차적 민주주의마저 퇴행시키고 있는 현 정부.
그럼에도 사람들이 할 수 있는 것, 절대 바뀌지 않을 것만 같은
구조를 바꿔 내기 위한 움직임을 이야기하고 싶었습니다. ……
이 책이 당신에게 좀 더 불편하게 다가가기를 바라며, 우리의 생각과
느낌들이 당신에게 온전하게 전달되기를 바라며 58호 시작합니다.

노지영, 『중앙문화』 58호, 편집장 인사말 중에서

1

내게 중요한 것은 표현의 자유입니다. 우리가 증오하는 사람들에게도 표현의 자유가 허락되어야 합니다. 이것은 당연한 이치입니다. 우리가 진실로 정직하다면 반대편의 주장까지도 수긍할 수 있어야 합니다.

노엄 촘스키, 『누가 무엇으로 세상을 지배하는가?』 중에서

중앙인 커뮤니티에서 시작된 학내 언론에 대한 탄압은 재단에 비판적인 입장을 견지해 오던 교지 『중앙문화』에 대한 탄압으로 이어졌다. 2009년 여름, 『중앙문화』를 학생지원처 산하 언론매체부 소속으로 옮긴다고 했을 때부터 이미 예고된 일이었을까? 발단은 그랬다. 2009년 11월, 중앙대의 일방적 학과 구조 조정을 풍자하는 만평과 두산이 중앙대에 들어온 뒤 진행된 대학의 기업화를 비판하는 글이 실린 『중앙문화』 58호가 학교에 배포되었다. 그러자 학교는 당일 늦은 밤, 교지 편집위원들과는 아무런 상의도 없이 시설과 직원들을 동원해 교정을 한 바퀴 돌며 교지를 전량 회수해 갔다. 교지를 실은 용달차가 음침한 지하 주차장으로 사라졌다. 괴물이 스스로를 돌아볼 수 있는 마지막 거울마저 깨버린 것이다. 그렇게 우리들의 고

민을 담은 교지는 포장도 뜯기지 못한 채 수백 킬로그램의 폐휴지로 거듭나야 했다.

이에 맞서, 『중앙문화』를 비롯한 6개 학내 언론사는 공동 성명서를 발표하고 학교 본부의 언론 탄압을 규탄했다. 중앙대 온라인 게시판에도 수많은 댓글이 달리며, 학교 측의 언론 탄압에 대한 비판 글과 교지 편집위원들에 대한 응원 글들이 올라오기 시작했다. 교지 편집위원들과 학교 본부 사이의 갈등은 이제 그들만의 문제가 아니었다.

2010년 1월, 새해 벽두부터 '교지대 자율 납부' 소식이 들려왔고, 뒤이어 교지 예산을 전액 삭감한다는 충격적 소식이 전해졌다. 이는 사실상 교지의 폐간을 의미하는 것이었다. 더욱 충격적인 것은 "예산 삭감의 이유가 논조 때문임을 부인하지 않는다"고 말한 안국신 부총장의 노골적인 태도에 있었다. "발행인이 총장인데 총장을 조롱하고 논조가 학내 비판적인 것은 문제가 된다. 총장을 발행인에서 면하기 위해 교비 지원 중단을 결정했다." 표면적으로는 총장을 들먹였지만 결국엔 두산 재단의 의중이었다.

2

찬바람이 쌩쌩 부는 2월 초, 시린 손을 호호 불며 본관 앞으로 내려갔다. 두산의 노골적인 언론 탄압에 분노하는 많은 학생들이 모였다. 언론 장례식 퍼포먼스를 위해 준비한 관 짝 하나가 처마 밑에 덩그러니 놓여 있었다. "새로운 재단이 들어와 쌓여 있는 교지를 보고 '비효율'이라 생각했다"던 안국신 부총장의 발언을 의식한 듯 학생들의 손에는 "교지의 주인은 두산이 아니라 1만3천 학우들입니다"라는 피켓이 들려 있었다. 장례식의 상주가 '언론 자유'라고 쓰인 영정 사진을 들고 앞장섰고, 그 뒤로 관 짝을 짊어진 후배들이 줄지어 꽁꽁 얼어 버린 청룡탕을 한 바퀴 돌았다. 번쩍 들려 실려 가는 까만 관 짝이 섬뜩했다.

"우리는 학생이지 기업의 직원이 아니다."

상장을 팔뚝에 차고 있던 우상길 선배는 침통한 표정이었다. 행사가 마무리되고 학생들은 총장실로 향했다. 그러나 2층으로 올라가는 계단에는 이미 기업의 직원들이 나와 스크럼을 짜고 있었다. 때마침 교직원들 사이를 비집고 2층에서 내려온 박범훈 총장은 "촌스럽게 바보짓을 하고 있다"며 학생들에게 삿대질을 하고 갔다. 학생들은 총장의 난데없는 언행에 어안이 벙벙했다.

"교지 회수를 지시한 건 나다."

총대를 메고 나선 건 언론매체부장이었다. 단독 범행이니 총장이나 재단을 들먹이지 말라며 용맹스럽게 육탄 방어를 하겠다고 나선 장면은 비장하기까지 했다.

"고려대 학생이 왜 우리 학교 본관에 들어와 소란을 피우냐. 하고 싶은 말 있으면 고려대 가서 해라."

교지 강제 회수와 예산 전액 삭감을 규탄하기 위해 본관에서 열린 항의 집회에는 다른 학교의 교지 편집위원회 학생들도 함께 참여했고, 그중엔 세간에 '고대녀'로 알려진 김지윤 씨도 있었다. 그녀의 발언을 가로막고 그 내용에 대해서는 한마디 대꾸도 못한 채, 외부인은 나가라고 언성을 높인 사람 역시 언론매체부장이었다.

"그 무엇보다 자유로워야 할 언론이 바로 대학의 언론입니다."

"교지의 독립성이 보장될 수 있도록 나서 주셔야 할 지도교수님이 왜 학생들을 가로막으십니까?"

"여기는 중앙대다! 다른 학교 학생들은 나가라!"

그의 허망한 외침이 녹음기처럼 반복되었다.

3

새터를 폐지하는 것은 신입생 간, 또는 선후배 간의 결합을 이끌어 낼 가장 큰 친목의 장을 없애는 것이다. 새터는 축제와 더불어 학생들이 주최하는 가장 큰 규모의 행사이다. 학생들 스스로 만들어 가는 문화에 담긴 의미와 열정을 무시하고 새터를 폐지하는 것은 학생 자치활동에 대한 심각한 위협이다.

『중앙문화』 2010년 무제호 중에서

2010년, 모두의 예상을 뒤엎고 운동권 성향의 '강한 총학생회 선본'이 당선됐다. 커뮤니티의 여론에 따르면 압도적인 재단의 승리가 분명해 보였으니 중앙인 커뮤니티의 홍보실장도 최선을 다한 셈이었다. 하지만 그들이 만든 '여론'과 달리 '강한 총학 선본'은 여유 있게 52대 총학생회 깃발을 거머쥐었다. 중앙인 커뮤니티 게시판에는 일방적인 마녀 사냥의 흔적만이 민망한 기록으로 남았다.

학생처, 홍보실 관계부처의 '불찰'로 운동권 총학이 출범한 이후 두산은 새터부터 발목을 잡기 시작했다. 학부제를 한다면 학부로 가고, 회계하라고 하면 숫자만 열심히 들이파는, 고분고분한 자원을 원하는 두산 재단에게 학생들이 한데 뭉쳐 어울리는 일이 달가울 리 없었다. 노골적인 새터 방해에도 총학생회는 2월 17일부터 21일까지 독자적인 새터를 진행하기로 했다. 그러나 대학 본부는 같은 달 17일부터 23일까지 신입생 영어 말하기 평가 시험 일정을 배치해 학생 사회와 각을 세웠다.

'학사 및 학과에 대한 소개 부족', '비용 부담', '음주 문제와 안전 문제' 등 학교가 제시한 새터 폐지의 근거들도 하나같이 궁색하기 짝이 없었다. '학사 및 학과에 대한 소개 부족'은 학생처와 홍보실의 준비 부족을 자인하는 일일 뿐이었고, 새터에 참여한 선배와 교수들을 통해 더욱 내실 있는 소개도 가능했다. 또 새터 비용은 예전부터 일부를 학생들에게 걷고 일부는 학교에서 지원하는 방식이었다. 교비를 아끼기 위한 두산의 눈물 나는 노력은 고마운 일이지만, 그것은 재단 사무처 직원들의 용돈을 교비에서 지급하는 불법을 조금만 줄여도 얼마든지 충당할 수 있는 규모였다. 매년 수십억 원에 달하는 전형료가 재단의 호주머니로 들어가는 마당에, 그 돈을 내고 입학한 학생들의 새터 비용을 학교가 부담하는 것은 어찌 보면 당연한 일이었다.

학교 측에서는 전에 없이 사고의 위험성을 강조했다. "새롭게 내규를 작성해 음주 문제를 예방하는 데 힘을 기울이겠다"는 학생들의 다짐 또한 일축했다. 박범훈 총장은 학생들과의 면담에서 전세 버스의 사고 가능성을 거론했다. 안전 문제라면 당연히 꼼꼼히 따져야겠지만 버스 전복의 위험이 새터 폐지의 근거가 될 수는 없었다.

새터 진행 불가 방침을 세운 이후 학생회에서 반발이 일자 본부에서는 '안성 교정에서의 1박 2일안', '3월의 단과대 MT안'을 제시했다. 기간을 줄이거나 단과대별로 행사를 쪼개 새터의 위상을 떨어뜨리겠다는 의도에서였다. 본부가 던진 선택지는 사실상 새터 폐지였다. 안성 교정은 숙박 시설 등 충분한 설비를 갖추지 못한 상태였고, 굳이 한가한 2월을 두고 개강 이후 분주한 3월에 행사를 치를 이유는 없었다. 더구나 MT는 과별로 3월에 가기 때문에 단과대별 MT를 따로 진행할 필요는 없었다. 본부와 학생회 측이 합의점을 찾지 못한 상황에서 총장은 신입생 학부모들에게 편지를 보내 새터가 '공부하는 대학'을 만드는 데 장애물인 것처럼 묘사하고 사고의 위험성만을 지적해 그들의 불안과 우려를 조장했다. 일부 단과대에서는 학생회장들에게 '3월 MT안'을 받아들일 경우 비용 전액은 대줄 테니 개강 후 단과대별로 MT를 가라고 회유했다. 물론 총학생회가 계획하고 있는 독자적인 새터에 참가할 경우 징계를 면할 수 없다는 협박도 잊지 않았다.

　이런 상황에서 총대를 메고 나선 것은 자연대 학생회였다. 자연대 학생회는 본부의 새터 불허 조치에도 불구하고 독자적인 새터 진행 방침을 세웠다. 재단과 본부의 전방위적 압박으로 전체 새터가 물거품이 된 마당에 자연대 학생회가 원안대로 새터를 진행하겠다고 선언한 것은 사실상의 기싸움이었다. 모든 단과대가 본부의 안을 수용한 상황에서 자연대 학생회의 원안 고수는 아무런 실익도 없이 부담만을 떠안은 꼴이었다. 그럼에도 불구하고 학교의 부당한 새터 개입에 맞선다는 명분을 쥐고 있던 터라 학생 사회는 자연대 학생회의 새터를 숨죽여 지켜봐야 했다. 자연대 학생회는 본부의 비용 지원 없이 참가비를 더 걷어 학생회 자체적으로 행사를 진행했다. 그 과정에서 학교는 신입생 명단 공개를 거부하고 전날 밤까지 조교들을 동원해 행사가 취소됐음을 허위로 공지하는 등 행사를 방해하려고 안간힘을 썼다. 학생들의 개인 정보를 틀어쥐고 학생회를 쥐락펴락하는 수법은 학생들의 자생적 커뮤니티 카우인넷을 고사시킬 때와 같았고, 열악한 노동조건에 놓인 학과 조교들을 학부생 괴롭히는 데 동원하는 수법은 진중권 교수 임용 탈락 사태 때와도 같았다. 집요한 방해 공작에 신입생 60여 명 정도가 결국 새터에 참여하지 못했고, 예상하지 못했던 결원으로 인해 자연대 학생회는 숙소와 차량 대여 등에서 치르지 않았어도 될 2백만 원의 손실을 떠안아야 했다. 이뿐만이 아니었다. 학생들은 무사히 새터를 마치고 돌아왔지만 자연대 학생회장은 결국 징계위원회에 회부됐다. 믿음직한 대학 본부는 이번에도 약속을 지켰다.

결국 본부의 의도대로 전체 새터는 폐지되었고, 본부로부터 비용을 지원받기 위해서는 각 단과대별로 전부 다른 날 다른 장소에서 행사를 치러야 했다. 전체 단과대 화합의 장이었던 새터의 역할은 축소됐고, 학과 구조 조정, 교지 예산 삭감, 학생 자치권 문제 등 학내 문제들은 공론화될 힘을 잃게 됐다.[2]

그 자리를 비집고 들어온 재단의 오리엔테이션 행사는 새내기들에게 '취업 준비생으로서의 대학생'을 환기시키기 바빴다. 더 이상 우리는 학교에 몸담고 참여하는 공동체 구성원으로서의 '우리'가 아니라 너에게 밀리면 내가 잡아먹히는 끔찍한 정글 안의 '개체'일 뿐이었다.

4

전통적인 시민교육은 학생들이 급우들과 학급·팀·학교를 운영하는 것과 마찬가지로, 동료 시민들과 더불어 나라를 통치할 수 있도록 가르쳤다. 반면 [오늘날 유행하고 있는 봉사 학습은 시민권에 대해 근본적으로 다른 것을 가르친다. 시민권은 더 이상 통치를 위한 집단 행위에 관한 것이 아니다. 학생들은, 투표하는 대중이 한때 정부에 대해 요구했던 공공서비스, 주로 정부가 방치했거나 제공할 준비가 되어 있지 않은 서비스들을 생산하도록 요구받는다. 봉사 학습이 주권 행사 훈련을 대체해 온 것이다. …… 이 프로그램들이 의도한 주요 수혜 대상은 서비스를 받는 사람들이 아니라 학생들 자신일 수 있다. 봉사 학습의 경험은 개인적인 만족감과 '자긍심'을 북돋울 것이기 때문이다.

매튜 A. 크렌슨·벤저민 긴스버그, 『다운사이징 데모크라시』 중에서[3]

학생들의 자율적인 새터 행사가 재단의 의도대로 막을 내린 이후 다음 타깃은 바로 농활로 옮겨졌다. 농활은 예전만은 못하지만 아직도 학생회 단위에서 치르는 단일 행사 중 가장 큰 규모로 연간 수천 명의 학생들이 참가하는 학생회의 독자적인 사업이었다.

　학교가 농활의 대안으로 제시한 것은 국토 대장정과 팜 스테이였다. 두 행사 모두 두산 재단 이후에 시작된 두산의 행사였다. 2009년부터 시작된 국토 대장정은 매회 다른 구간을 정해 돌면서 개교 백주년이 되는 2018년까지 전국을 완주하는 것을 목표로 하고 있었다. 비록 서울 캠퍼스 총학생회의 제안으로 시작된 모양새이긴 했지만 사실상 학교와 각종 협찬사의 지원으로 기획되고 이루어지는 행사였다. 7월 말, 8월 초가 되면 거의 비슷한 시기에 국토 대장정과 여름 농활 기간이 겹치게 되는데, 같은 학교 학생들이 참여하는 행사지만 한쪽에는 두산의 깃발을 필두로 한 각종 협찬사의 깃발들이 나부끼고, 다른 한쪽에서는 의혈기와 각 학생회 깃발들이

즐비한 진풍경이 펼쳐졌다.

두 행사의 차이는 사실 그 결과에서 가장 극명히 드러났다. 국토 대장정과 팜 스테이는 그 흔적이 공식적인 기록으로 인증되었다. 국토 대장정에 참가하고 나면 총장 명의의 완주증, 유명 브랜드에서 나온 1백만 원 상당의 각종 장비, 봉사 활동 확인증을 받을 수 있었고, 두산의 농활이라 할 수 있는 팜 스테이 액티브 참가자에게는 봉사 학점이 주어졌다. 하지만 농활 참가자에게 돌아오는 건 각자가 배우고 느낀 것 말고는 아무것도 없었다. 두산의 행사에 참가한 경험은 이력서에 쓸 수 있는 한 줄의 공인 스펙이 됐지만 농활은 그런 면에선 아무런 보탬이 되지 않았다. 그래도 농활에 참여한 친구들 가운데 누구 하나 우리의 낭만과 추억에 확인 도장이 없는 것에 불만을 갖지 않았다.

5

가난한 학생들, 취업난에 허덕이는 학생들이 스스로에게 조금이라도 더 보탬이 되는 행사를 선호하는 것은 자연스러운 일이었다. 그런 행사에서 재단이 이것저것 챙겨 주는 것 또한 감사한 일이었다. 하지만 그 행사에 누구나 참가할 수 있는 건 아니었다. 형식적으로만 보면 신체검사를 통과한 중앙대학교 학생이면 누구나 국토 대장정에 참가할 수 있었으나 2010년 제2회 국토 대장정 행사에 참가 신청서를 제출한 총학생회장과 총학생회 집행부는 신체검사도 받지 못하고 모두 퇴짜를 맞았다. "회장님이 오시는 자리에 운동권 학생들이 참여하는 건 결례"라는 이유 때문이었다.

박용성 이사장은 불청객들이 배제된 그해 국토 대장정의 마지막 날에 나타나 학생들을 격려해 주며 갈비탕을 제공했다. 그 갈비탕을 먹었던 학생 중 한 명이 다음 총학생회장이 됐고, 그 다음해에도 국토 대장정 참가자 중에서 총학생회장이 나왔다. 여기서 끝이 아니다. 박용성 이사장의 갈비탕을 먹고 학생회장이 된 친구는 졸업 후 바로 두산에 취업했다. '국토 대장정-총학생회-두산 입사'라는 암묵적인 공식이 만들어진 것이다. 사실상 국토 대장정은 재단이 총학생회를 길들이고, 학생 자치활동에 영향력을 행사할 수 있는 주요 통로로 기능했다. 실제로, 2009년 국토 대장정이 시작된 이래로, 학생처는 발 벗고 나서서 학생들을 모집했고, 그 학생들 사이에서 학생회장 후보가 나왔으며, 국토 대장정이라는 인연으로 맺어진 사조직은 이후 총학생회 선거에서도 막강한 힘을 발휘했다.

6

농활의 예산이 삭감되고, 학교가 주도하는 봉사 활동 형태의 팜 스테이와 국토 대장정이 학생들의 자치활동을 대체하며 대학 사회에 뿌리는 내리는 과정은 결코 가벼이 여길 수 있는 일이 아니었다. 그것은 학생회 자치활동의 장이 어느덧 개인적 만족과 자긍심에 도취된 소시민들의 사교의 장이 되어 버렸음을 의미하는 일이었다.

2010년 5월, 봄 농활을 다녀오는 버스에서 퇴학 처분을 통보받게 된 나는 결국 그해 여름 농활에 참가하지 못했다. 전역 이후 한 번도 거르지 않았던 농활 대신 내가 선택한 것은 퇴학 처분에 항의하는 삼보 일배, 두산의 국토 대장정을 뒤쫓는 투쟁이었다. 세 걸음 걷고 한 번 절을 하면서 성큼성큼 걸어 나가는 박용성 사단을 당해 낼 길은 없었다. 두산의 깃발은 우리를 매몰차게 스쳐 지나갔고 우리는 묵묵히 우리의 길을 갔다.

두 행사가 끝나고 며칠 후 평소 친하게 지내던 후배를 학교에서 마주쳤다. "형! 나 이사장 옆에서 밥도 같이 먹고 악수도 했다. 갈비탕 4만 원짜리!" 우리와 다른 길을 가는 이들은 그렇게 하나둘 늘어 갔다.

7장

지금 대학은 구조 조정 중

뭐, 땅따먹기도 아니고 힘센 과가 약한 과를 잡아먹는 형국인데,

사실 이 개편안이 나왔을 때는 여름방학 중이었기에 저희는 구체적인

행동을 취할 수가 없었어요. 9월, 새 학기가 개강하고 저희도

비상대책위원회를 꾸렸죠. 그 뒤 안 해 본 거 없이 거의 다 해봤어요.

구조 조정 반대 릴레이 108배, 피케팅, 학문 처형식, 교정 곳곳에

종이학 모양의 '학'(學) 매달기, 총장님 면담 신청, 학술부총장실 항의

방문, 심지어 교과부도 찾아갔는데 …… 학교 측은 언제나 '너희는

피교육자이기 때문에 논의의 주체가 될 수 없다'는 주장으로만

일관했어요.

2012년 동국대 부총학생 회장 인터뷰 중에서[1]

문예창작학, 윤리문화학, 사회학 등은

낮은 취업률로 학교 발전을 더디게 한 죄,

학생 주제에 민주주의를 운운한 죄 등으로 참수형에 처한다.

2011년 12월 7일, 동국대 '학과 구조 조정 철폐를 위한 학문 처형식 및 삭발식'에서 낭독된 처형문 중에서[2]

1

기업인은 손해 보는 장사를 하지 않는다. …… 기업의 목적은 이윤의 사회 환
원이라는 편견을 버려라.

박용성, 제30회 최고경영자회의에서[3]

박용성 이사장이 "역사상 가장 큰 규모의 구조 조정"을 선언한 이후 본부
위원회의 1차 구조 조정안이 2010년을 이틀 앞두고 발표됐다. 경영대 신
입생을 1천2백 명까지 확대하고 나머지 단과대 인원을 대폭 줄이거나 폐
지하는 것을 골자로 하는 방안이었다. 두 달 전 본부위원회가 오보라고 반
박한 『한국일보』의 보도는 크게 빗나가지 않았다.[4] 결국 박용성 이사장이
줄기차게 역설해 온 대로 돈 안 되는 기초 학문 장사를 접고 잘 팔리는 경
영대 쪽으로 입학 정원을 몰아주는 구조 조정의 윤곽이 드러난 것이다. 놀
랄 일도 아니었다. 지난 학기 진중권 교수를 재임용에서 탈락시키고, 독일
연구소가 HK에서 무기력하게 탈락하는 과정을 통해 두산과 본부는 인문
학을 육성할 의지가 없음을 유감없이 보여 줬다. 교지를 강제 수거하고 학
생들의 새터 행사를 가로막으면서 불통과 독주의 메시지도 분명히 했다.

보수 언론들은 하나같이 박용성 이사장이 제시한 구조 조정안을 과감한 대학 개혁의 모델인 것처럼 치켜세웠고 그것에 반대하는 집단은 시대에 적응하지 못하고 표류하는 무능한 낙오자들로 묘사했다.[5] 그렇게 우리는 시작도 하기 전에 낙오자가 됐다.

정말 이런 식의 구조 조정이 우리 사회 대학들이 나아가야 할 방향일까? 더 많은 사람들이 경영학을 전공하면 보다 풍요로운 사회가 되는 것일까? 수많은 청년 실업자를 양산한 무능한 기초 학문들이 퇴장해 주면 청년들도 차츰 취직 걱정을 덜 수 있는 것일까? 미래에 대한 불안으로 잔뜩 겁에 질린 학생들에게 두산은 더욱 노골적인 톤으로 변화를 강제했다.

본부가 내세운 초기 구조 조정안은 기존의 18개 단과대, 77개 과를 10개 단과대, 40개 과·부로 줄이겠다는 것이었다. 박범훈 총장이 밝힌 구조 조정의 이유는 대학의 학과가 너무 백화점식으로 세분화되어 있어 미래지향적 학문 간 통섭이 쉽지 않다는 것이었다. 하지만 정작 그 백화점 한편에 '국악' 매장을 차려놓고 장사를 해왔던 것은 당시 국악대 학장이었던 박범훈 총장 자신이기도 했다. 그의 철학대로라면 기존의 음악대학 외에 국악 대학은 애초에 생기지 말았어야 했다.

학문 간 통섭을 방해하는 기존의 학과를 통합하기 위해 진행된 구조 조정 과정에서 제시된, 학과 평가 기준 역시 문제였다. 구조 조정을 코앞에 두고 유일하게 공개된 학과 평가 지표는 '취업률'이었다. 개혁의 목표였던 '학문 간 통섭'의 자리는 어느새 사라지고 없었다. 대학으로서 추구해야 할 발전 방향이나 목적의식은 간데없고 단지 지금 시장에서 환영받는 영역과 그렇지 못한 영역을 나누어 그 편중을 가속화하기 위한 구조 조정만 있을 뿐이었다. 상아탑을 시장 논리에 따라 재편하는 것은 사실상 대학의 기능과 본질을 부정하는 대학 포기 선언이나 다름없었다.

2

우리에게는 오늘날 필요한 기술 인력을 키워 내야 할 사명이 있습니다

조지 메이슨 대학 총장

일자리와 기술이 강조되는 바로 이런 상황일수록 기술에만 능한 것을 넘어서
는 인재를 길러 내야 할 필요성이 다른 어느 때보다도 더욱 커지고 있습니다.
…… 대학의 핵심 사명은 인간적인 사회가 필요로 하는, 스스로를 성찰하고,
총명하며, 비판적인 사고를 하고, 책임감 있는 시민을 길러 내는 것이어야 합
니다.

교양학부 교수들이 총장에게 보내는 서한 중에서[6]

국가에서 대학에 재정을 지원해 주고 재단에 여러 세제 혜택을 주는 것은
대학이 시장 스스로는 할 수 없는 역할, 즉 다양한 학문의 고른 발전을 통
해 우리 사회의 균형 있는 성장을 도모하는 공적인 기능을 담당하기 때문
이다. 균형 있는 성장은 물질적 발전과 그것에 대한 비판이 공존하는 역설
적인 조화 속에서 가능하다. 사회가 효율성의 논리를 강조할수록, 대학은
그 같은 효율성의 논리가 사회에 초래한 문제들을 진지하게 성찰할 수 있
는 인재를 양성할 필요가 있다.

하지만 박용성 이사장에게 대학은 그런 공간이 아니었다. 그에게 대학 '경영'은 그 무엇보다 수지맞는 이윤의 원천이었다. 여러모로 대학은 장사를 하기에 훨씬 더 좋은 여건을 갖추고 있었다. 대학을 통해서라면 쉽게 병원 장사나 제약 산업에 뛰어들 수도 있고, 두산에 필요한 신입사원을 맞춤형 인재로 가져다 쓸 수도 있으며, "두산그룹의 이미지 고취를 위한 창의적 아이디어를 바탕으로 작성된 제안서"를 공짜로 얻을 수도 있다. 게다가 일 년에 두 번, 때가 되면 어김없이 수백억 현찰이 들어온다. 가난한 학생들은 국가에서 돈까지 빌려 등록금을 납부하니, 이보다 더 확실한 채권은 없다.

이뿐만이 아니다. 학교법인을 인수하면 여러 가지 재정 지원과 세제상의 혜택도 누릴 수 있다. 교육에 기여하는 좋은 기업이라는 이미지도 만들 수 있고 '과도한 주인 의식'으로 돈을 빼돌리거나 비자금을 조성하는 데 학교만큼 감시가 느슨한 곳도 없다. 어디 이뿐인가? 경기 불황으로 놀고 있는 건설 장비를 쉼 없이 돌릴 수 있는 2백만 제곱미터의 건축 부지도 손에 넣지 않았는가? 하남이니 검단이니 지자체들은 법을 바꿔서라도 캠퍼스 부지를 헐값에 주겠다고 서로들 야단이니 뉴타운은 미분양이 속출해도 온갖 특혜로 점철된 캠퍼스 건설 사업은 절대 망하지 않는다. 두산그룹 입장에서 더 이상 바랄 게 있을까?

설령 대학 경영을 통해 손해를 본다 해도, 이를 보전할 마지막 보루 역시 존재했다. 그 자신이 그랬던 것처럼, 누군가에게 대학을 팔고 나가면 그뿐이다. 전 재단이 그간 투자한 금액에 이자까지 챙겨 갔던 것처럼 말이다. 그렇게 중앙대는 재단이 바뀔 때마다 점점 더 대학과는 거리가 먼 기업이 되어 갈 것이었다.

3

박용성 이사장 체제에서 구성원들의 목소리가 반영되는 것은 불가능한 일이었다. 사실상 두산의 의중을 관철시키기 위한 본부위원회는 각 학문, 계열 대표로 구성된 계열위원회와의 첫 회의가 열린 2009년 12월 29일, 본부의 구조 조정안이 구성원들과 합의된 단일안인 것처럼 보도 자료를 냈다. 학문 단위 구조 조정 태스크포스팀 본부위원회, 계열위원회가 합의를 통해 하나의 단일안을 도출하기로 했던 계획은 본부위원회의 구조 조정안 일방 발표로 시작부터 삐거덕거리는 형국이었다. 이는 본부가 처음부터 학문 단위 구조 조정안을 구성원들과 협의할 의지가 전혀 없음을 천명하는 것이기도 했다.

교수들의 의견을 반영하는 계열위원회까지 소외되는 상황에서 학생들의 의견이 반영될 리 만무했다. 사실상 구조 조정 과정에 학생들의 참여는 전혀 이뤄지지 못했다. 이메일을 통해 학생들의 의견을 수렴한다는 황당한 공지가 있었을 뿐이었다. 그것은 총학생회로 대표되는 학생들의 대의 체계를 흔들어 보고자 하는 얄팍한 술수에 불과했다. 학생 개개인의 의견이 어떻게, 얼마나 반영될지도 모르는 상황에서 이메일을 통해 의견을 수렴하겠다는 것은 일종의 명분 쌓기에 불과한 것이었고, 학생들을 기만하는 것이기도 했다. 학생들이 요구한 토론회는 묵살됐으며 본부 측의 계획을 일방적으로 홍보하기 위한 설명회만 진행됐다.

중앙대를 인수하자마자 기업 사냥꾼 매킨지에 대학 컨설팅을 의뢰했던 두산은 이번에는 기업 M&A를 전문적으로 도맡아 하는 경영컨설팅 업체 '액센츄어'에 구조 조정의 기초자료가 될 학과 평가를 의뢰했다. 이런 상황에서 취업률 외의 다른 지표는 무의미했다. 기업의, 기업에 의한, 기업을 위한, 대학 '구조 조정'이었다. 기업이 이윤이라는 단 하나의 목표를 추구하는 것처럼 대학도 시장에서의 '쓸모'라는 하나의 지표 아래 더 이상 손해 보는 장사를 하지 않겠다는 입장을 분명히 한 것이다.

학문, 학과의 특성이 반영되지 않은 기계적인 평가 잣대로 기존의 학문 단위가 재편되었고, 다시 학부제라는 이름으로 통폐합되었다. 학부제는 이미 10여 년 전에 시행된 바 있으나 여러 가지 부작용을 이유로 용도 폐기된, 실패한 학제였다. 학부제는 두산이 육성하고자 했던 공학, 경영학 등 실용 학문에서는 학문 간 연계성을 높여 준다는 점에서 여전히 유효한 학제였지만, 기초 학문 분야에서의 학부제란 학과에 부여된 또 하나의 징벌적 평가 시스템일 뿐이었다.

4

2010년 3월 4일, 본부위원회와 계열위원회의 구조 조정안에 대한 마지막 회의를 끝으로 학문 단위 구조 조정 태스크포스팀은 해체됐다. 모든 요식 행위가 마무리되고 회장님의 의지가 추진력 있게 관철될 일만 남게 된 것이다. 철저히 상명 하달식으로 강제되는 기업식 구조 조정 앞에 이제 갈등은 피할 수 없는 것이 됐다.

학기 초에 총학생회와 농성 계획을 조율하고 있던 중에 일문과가 먼저 농성에 나설 뜻을 내비쳤다. 총학생회와의 협의가 마무리되지 못했지만 통폐합이 예정되어 있던 어문계열은 함께 움직여야 했다. 일문과가 당

장 내일 천막을 치겠다고 하니 유럽문화학부로 묶이게 될 독문과, 불문과
도 같이 나서기로 했다.

"내일 천막 친다는데, 형이 도와줘야지. 진짜 걱정이네."

"오빠 뭐야! 빨리 와. 어떻게 해야 할지 모르겠어."

잔뜩 근심에 쌓여 있던 광재와 학생회장 호정이가 도움을 요청한 건
천막 농성에 들어가기로 급작스럽게 결정한 직후였다. 나 역시 근심스러
웠지만 내심 기다리며 마음의 준비를 하고 있던 차였다. 피할 수 없는 큰
싸움이 목전에 왔음을 직감하고 있었다. 얼마 안 있으면 교무위원회가 열
리고 곧이어 개최되는 이사회에서 도장을 찍고 나면 모든 게 끝이다. 무엇
이든 해야 할 시기였다.

반발한다고 뭔가를 바꿀 수 있을까? 교수 한 명 지키지 못했던 우리
가 단단히 맘먹고 추진하는 두산의 마스터플랜을 저지할 수 있을까? 결과
를 쉽게 바꿀 수 없다는 것을 알 만한 사람들은 다 알고 있었다. 그렇다고
구조 조정안을 고개 숙이고 받아들일 수도 없는 노릇이었다. 이사장이 주
무르는 체스판의 졸이 되기도, 위험천만한 체스 놀이를 두고 볼 수만도 없
었다. 주섬주섬 옷가지를 주워 담아 집을 나섰다.

"넌 또 어딜 그렇게 바리바리 싸들고 나가니?"

"어머니, 당분간 집에 못 들어 올 것 같아요. 자주 연락할게요."

첫차를 타고 학교에 도착했다. 교정은 아직도 깜깜한 밤이었다. 여행
가방을 질질 끌고 청룡탕을 돌아 본관 앞에 다다르니 과별로 약속했던 친
구들이 나와 천막 칠 준비를 하고 있었다. 후다닥 엉성한 천막을 완성하고
날이 밝았다. 학교 관계자들이 주위에 몰려들어 부산스럽게 무전을 주고
받는 걸 보니 예상치 못한 상황에 본부도 적잖이 당황한 눈치였다. 농성 초

기에 바로 천막을 철거하려 들지는 않을까 걱정했지만 오전 내내 주위를 서성이던 직원들도 점심 무렵 모두 물러갔다.

그때부터가 시작이었다. 천막을 거점으로 구조 조정 반대의 여론을 만들어 내야 했다. 교수들은 교수들대로 회의를 했고 학생회에서는 집회, 토론회 등 다양한 프로그램을 준비하기 시작했다. 처음에는 농성장을 물리적으로 유지하는 일조차 버겁게 느껴졌다. 유난히 쌀쌀했던 그해 봄, 세찬 바람에 천막이 휘어지고 날아가고 수북이 쌓인 눈에 무너지고를 반복했다. 마치 독문과, 불문과, 일문과 우리 세 학과의 모습을 보는 것 같았다.

농성장을 정비하는 일이 급했다. 내가 잘할 수 있는 일이기도 했다. 학우들이 더 많이 찾아올 수 있도록 농성장을 꾸미기 시작했다. 튼튼한 대형 천막 세 동을 주문해 학과별로 분리된 공간을 마련하고 스티로폼과 장판을 깔았다. 2.5톤 덤프트럭 한가득 모래를 주문해 모래주머니 수백 개를 만들어 천막을 빼곡히 둘러치니 농성장은 바람에도 끄떡없는 형체를 갖추기 시작했다.

농성장이 나름 아늑해지니 낮에는 사람들이 북적거리며 활기를 띠었다. 하지만 대부분의 사람들이 집으로 돌아가고 난 농성장의 밤은 쓸쓸했다. 적막한 농성장에 고독과 우울이 파도처럼 밀려왔다. 까만 아스팔트는 차가운 밤바다처럼 느껴졌다. 온몸이 얼음장처럼 굳어 버리는 노상의 추위보다 우리만 남아 싸우게 됐다는 고립감이 농성을 더 힘들게 했다.

대학 본부의 장기적인 계획은 상시적인 구조 조정의 틀에서 장사가 안 되는 학과들을 분리하고, 순차적으로 통폐합하는 것이었다. 이를 위해 본부의 입장에서는 학과들 간의 연대를 막아야 했고, 그것은 일부 구조 조정 대상 학과에 그 시기를 유예하는 형태로 나타났다. 유예기간 내에 본부가 제시한 기준들을 충족시키는 성과를 내면 구조 조정을 철회시켜 주겠다는 제안에 해당 학과들은 부랴부랴 성과를 내기 위한 전투태세에 들어갔다. 더 이상 본부와 날을 세워야 할 이유는 없었다. 차가운 농성장 바닥에서 맛봐야 했던 고립감은 본부의 의도대로 우리가 피해 갈 수 없는 시련이었다. 이런저런 생각으로 머릿속이 복잡해지는 밤이 되면 농성장 바닥으로 몸이 꺼져 들어가는 기분이었다. 그러다가도 낮에 다시 사람들이 잔뜩 몰려와 와자지껄 떠들고 놀다 보면 피곤이 싹 가셨다. 낮과 밤을 주기로 조울증을 앓고 있었는지도 모르겠다.

5

해가 중천에 뜨고 한낮에 기온이 좀 올라가면 본관 앞길을 막고 플래카드 천을 바닥에 펼쳤다. 플래카드를 하나씩 써내려 갈 때마다 본관 일대가 페인트 자국으로 조금씩 얼룩덜룩해져 갔다. 우리의 미술 시간은 요란했다.

"2008 MAD COW, 2010 MAD CAU!"

"두산의 불량품 학부제를 리콜하라!"

본부 직원들은 성지와도 같은 본관 일대가 '불경스러운' 문구로 뒤덮이고 지저분해지는 광경을 근심스러운 표정으로 내려다봤다.

혼자서 거의 도맡아 하던 페인트 작업을 돕겠다고 나선 후배가 은혜였다. 은혜는 예술대에서 미술을 전공하다가 올해 우리 과로 전과해 온 친구였는데, 역시 미술 전공자답게 시원시원한 붓놀림이 지켜보는 사람을 흐뭇하게 했다. 실력도 실력이지만 냄새도 심하고 손도 지저분해지는 작업을 자발적으로 나서 도와주려 한 마음이 너무 고마웠다. 붓질을 하다 말고 배달 온 자장면을 플래카드 위에 앉아 먹었던 그 순간이 농성 기간 중 가장 한가롭고, 평화로운 때였던 것 같다.

"밤에는 너무 춥잖아. 내가 직원들한테 말해 놓을 테니까 내 방에 들어가서 자."

박범훈 총장이 퇴근길에 불쑥 천막에 들렀다. 소맷자락이라도 붙잡고 하소연하고 싶었지만, 총장을 붙잡고 이야기해 봐야 아무런 의미가 없다는 것을 우리도, 총장도 잘 알고 있었다.

계열위원회와 총학생회, 독문·일문·불문 3개 학과 교수들과 학생들이 참여하는 회의에서 본관 점거에 대한 이야기가 한 번 거론된 적이 있었다. 대부분의 교수들은 '절대 불가론'이었고, 끝까지 천막을 지키는 것이 옳다는 생각이었다. 하지만 사실 옳고 그름을 떠나 우리에겐 그럴 만한 역량이 없었다. 본관 점거는 내가 보기에도 불가능했다. 나의 전력 때문인지 몇몇 교수들은 내가 혹시라도 돌발적인 행동을 하지는 않을까 신신당부를 했다. 그런 상황에서 박 총장이 던지고 간 얘기는 머리를 복잡하게 했다. 그 순간 누군가의 말이 내 뒤통수를 쳤다.

"우리가 뭐 감칠맛 나는 학생들이라고 그런 호의를 베풀겠어."

6

"나는 눈이 작아 농성장이 안 보인다."

수천 명의 노동자들이 모여 시위를 벌일 때도, 그 가운데 한 명이 제

몸에 불을 붙여 온몸으로 항거했을 때에도 눈 하나 꿈쩍하지 않은 회장님이었으니 학생들이 벌이는 조촐한 시위가 눈에 띌 리 만무했다. 난데없는 조롱에 힘이 빠지기도 했지만 박용성 이사장의 눈에 띄기 위한 노력을 게을리할 수는 없었다. 뭐든지 크게 만들어 잘 보이게 해야겠다고 생각했다.

청룡탕 주위를 둥그렇게 둘러싸고 있는 나뭇가지에 수백 개의 천 조각을 매단 것은 그 때문이었다. 원래 의도는 예쁘게 꾸미는 것이었는데, 천 색깔을 잘못 고른 듯했다. 의혈기의 테두리에 전통적으로 쓰는 검정색과 빨강색 천을 별 생각 없이 고른 것이 실수였다. 검정색과 빨강색 띠로 뒤덮인 청룡탕 일대는 하루아침에 무당집 같은 분위기가 됐다.

그래도 누구 눈에든 잘 보이게 한다는 애초의 의도를 생각하면 그럭저럭 괜찮아 보이기도 했다. 학생처에서 바로 연락이 왔다. 현수막과 천 조각을 당장 철거하지 않으면 외부 업체를 통해 철거를 집행하고 비용 2백만 원을 청구하겠다는 통보였다. 학교가 금전적 비용을 제시하며 학생들을 압박해 온 것은 처음이었다. 게다가 그냥 '철거 비용'도 아니고 '2백만 원'이라는 구체적 금액을 제시해 올 줄은 생각도 못하고 있었다.

우리에게는 처음이었지만, 그것은 사실 두산의 오랜 관행이기도 했다. 박용성 이사장은 두산중공업 회장 재직 시절, 노조의 합법적 쟁의행위에 대해서까지 거액의 손해배상을 청구하는 것을 일삼아 정당한 노조 활동을 탄압해 왔다. 박용성 이사장은 그 파렴치한 기술을 교육 현장에서도 재현하고자 했던 것이다.

배짱 두둑하게 버티기에는 2백만 원이라는 돈이 너무 크게 느껴졌다. 설마 돈을 내놓으라고 하겠느냐며 크게 신경 쓰지 말라고들 했지만 머릿속에서 '2백'이라는 숫자는 쉽게 지워지지 않았다. 부랴부랴 업체를 수

소문해 이동식 크레인을 불렀다. 설치할 때에는 찰흙을 묶어 던져 맨손으로 할 수 있었지만 철거를 하는 데에는 크레인이 필요했다. 후배들과 함께 두세 시간 정도 쉬지 않고 작업해 천 조각을 모두 떼어 냈다.

"크레인 일 10년 넘게 했지만, 이런 건 또 처음 해보네요." 일일이 천 조각 위치에 맞춰 크레인을 조정해 준 기사에게 약속한 반나절 임대료 20만 원에 수고비 5만 원을 더해 25만 원을 지불했다. 이래저래 따져 봐도 학교 측이 제시한 2백만 원은 너무 큰돈이었다.

농성 기간 중 본부 측과 몇 차례 접촉이 있긴 했지만 서로 머리를 맞대고 소통하기 위한 자리는 아니었다. 단지 확정된 구조 조정안을 거듭 통보하기 위한 형식적 만남일 뿐이었다. 농성 막바지, 학교는 설득보다는 학생들과 교수들을 따로 불러 회유하는 일에만 골몰했다. 재단의 구조 조정 의지가 확고한 상황에서 본부로서도 더 이상 분쟁을 조정해 볼 여지는 없었다.

앞으로 우리에게 주어진 시간 동안 남은 고비는 크게 두 번이었다. 첫 번째는 3월 말에 있을 교무위원회였고, 두 번째는 4월 초 구조 조정안을 최종 확정하게 될 재단 이사회였다. 재단 이사회로 공이 넘어가면 더 이상 손써 볼 수 없는 상황이 된다. 아주 낮은 가능성이라도 희망을 걸어 볼 수 있는 곳는 교무위원회였다. 비대위에서는 3월 23일에 열리게 될 교무위원회를 앞두고 22일에 '중앙대 학문 단위 일방적 재조정 반대 공동대책위원회' 출범식을 통해 최대한 여론을 모아 보자는 방향으로 계획을 잡았다.

7

내가 준비해야 할 것은 퍼포먼스였다. 엉뚱한 생각은 내 머릿속에서 나왔다. 본관 입구에 벽을 쌓자는 제안에 걱정하는 목소리가 많았다. '불통의 벽'이라는 상징성은 좋은데, 그걸 꼭 콘크리트로 실제 벽을 쌓아야겠냐는 것이었다. 교수들이 우려를 표시하며 따로 결론을 내리지 않고 회의는 마무리됐다. 결국 하지 말라는 얘기였다.

"오빠, 내가 책임질 테니까 한 번 해봐요."

총학생회장 지혜가 천막 회의를 마치고 나오는 길에 오케이 사인을 줬다. 총학생회장이 하라면 하는 거다. 엄마를 졸라 장난감을 샀던 어릴 적처럼 기분이 좋았다.

남는 천막 하나를 본관 입구에 쳤다. 청룡탕에 붙어 일렬로 늘어선 과별 천막과 떨어져 맞은편 본관 입구에 바짝 붙어 홀로 쳐진 천막은 언뜻 보기에도 어색해 보였다. 지게차 한 삽 분량의 블록과 시멘트 몇 포대를 건재상에 주문했다.

"학생들 데모하는데 뭔 브로끄(블록)며 세멘(시멘트)을 다 쓴다요?"

"아 예, 어디 좀 쓸 데가 있어서요. 출발할 때 연락 주세요."

모래를 주문할 때 처음 거래를 트고 몇 번 배달을 왔던 터여서 블록을 실은 트럭은 본관 앞까지 자연스럽게 들어와 보란 듯이 경적을 울렸다. 트럭이 학교 안으로 들어오면 안 되는 상황이었다. 출발할 때 연락해 달라는 말을 전해 듣지 못한 모양이었다. 서둘러 트럭을 학교 밖으로 빼 중문 쪽으로 보냈다. 다행히 트럭의 등장을 눈여겨 본 사람은 없어 보였다. 본부에서 눈치채지 못하게 중문 일대 주택가와 맞닿은 담벼락 밑에 자재를 쌓아 놨다. 날이 어두워지고 본관 바로 옆에 있는 개구멍으로 블록을 한 장씩 들여왔다. 입고 있던 외투에 말아 조심스럽게 들여온 블록을 천막 안에 차곡차곡 쌓았다. 빨간 고무 대야와 시멘트, 겹겹이 쌓인 블록으로 천막 안이 비좁았다. 건축 기술자 준석이가 도착하고 천막 근처에서 바람잡이를 해줄 진용이 형과 몇몇 친구들이 하나둘 나타나면서 모든 준비가 끝났다.

"너도 참 병이다. 꼭 이렇게까지 해야 직성이 풀리니?"

"아, 참 그러지 말고 잘 좀 봐줘요. 수상한 사람들 기웃거리면 바로 말해 주고요. 그 사람들 자주 온단 말이에요."

"오긴 누가 온다고 그래. 금요일 밤에 다들 노느라 정신없을 텐데."

진용이 형과 친구들이 천막 근처에서 기타를 치고 노래를 부르면서 판을 벌이기로 했다. 물론 망을 봐주는 게 목적이었다. 그동안 천막 안에서 준석이랑 같이 작업을 해야 했다. 시멘트를 버무리고 블록을 한 장 한 장 쌓아야 하는데 첫 장을 어디에다 놓아야 할지 망설여졌다. '본관에서 내려오는 계단, 마지막 칸에다 놓아야 할까, 아니면 마지막 칸과 바로 맞닿은 아스팔트에 놓아야 할까……' 그 짧은 시간에도 나는 이걸 나중에 돈으로 물게 되면 얼마짜리가 될지 걱정하고 있었다. 그때 준석이가 계단 마지막 칸, 대리석 위에다 블록을 쌓기 시작했다. 녀석의 거침없는 한수로 그렇게 본관 '증축' 작업이 시작됐다. 시멘트를 쏟아부을 때마다 천막 안이 시멘트 분진으로 자욱했다. 연거푸 재채기가 나왔다. 밖에서는 기타 반주에 맞춰 흥얼거리는 노랫소리가 끊이지 않았고 초조함 때문이었는지 준석이와 나는 쉬지도 않고 작업을 계속했다. 담벼락 높이가 우리 키를 훌쩍 넘어서고 블록이 몇 개 안 남았을 때쯤, 바깥이 갑자기 조용해졌다. 진용이 형이 천막을 툭툭 치며 나지막한 목소리로 나를 불렀다. '누가 왔나? 혹시라도 눈치를 챈 것일까?

천막 밖으로 나갔더니 뜻밖에도 안국신 부총장과 학생처장이 와있었다. 수상쩍은 표정으로 다가오는 폼이 뭔가 들통이 난 것 같았다. 말을 더듬으며 기어들어 가는 목소리로 인사를 했다. 이제 영락없이 일이 꼬였다고만 생각했는데 다행히도 부총장과 학생처장은 적잖이 취한 모습이었다.

"아니, 이 천막은 뭐지? 아까 전까지만 해도 없던 건데……."

천막 안을 들여다보려는 걸 막아섰다.

"지금 여학생들이 안에서 자고 있는데요."

맨 정신이었다면 눈치를 채고도 남을 어색한 변명이었다.

"이거 주말 중에 치우라고 해. 본관 앞에 지저분하게 이게 뭐야!"

"네에."

학생처장의 지시에 그 어느 때보다 고분고분하게 대답했다. 주말이 지나고 시멘트가 단단히 굳어지면 알아서 치울 천막이었다. 둘은 왔던 길을 비틀거리며 되돌아 내려갔다. 부대장의 불시 순찰에 수하도 제대로 못했을 때처럼 식은땀이 흘렀다.

그렇게 고비를 넘기고 수시로 상황을 체크하러 오는 직원들의 감시를 피해 '불통의 벽'을 완성했다. 금요일, 토요일, 일요일. 사흘 밤을 보낸 콘크리트 구조물은 하얗게 바짝 말라 가로 5미터, 세로 2미터 가량의 견고한 벽체가 됐다. 공대위 출범식을 몇 시간 앞두고 천막을 걷어 냈다. 이내 직원들이 몰려왔다.

"학생들이 이상한 걸 만들었습니다. 본관 앞에 …… 벽을 세웠습니다."

당황스러워 하는 목소리가 무전기 전파를 탔다. 몰려든 사람들 가운데 낯익은 학생처 직원들도 보였다. 두드려도 보고 밀어도 봤지만 이미 굳은 뒤라 그들도 어쩔 도리가 없었다.

8

점심시간. '중앙대 학문 단위 일방적 재조정 반대 공동대책위원회' 출범식 행사가 본관 앞에서 진행됐다. 독문과, 불문과, 일문과를 중심으로 많은 교수들과 학생들이 자리에 함께했다. 몇 년씩 학교로부터 우수학문단위상을 받았던 과들에서 강도 높은 성토가 시작됐다. 학교 말만 믿고 자녀를 입학시켜 놨더니 과가 통폐합되게 된 학부모의 발언도 이어졌다.

총학생회와 '민주화를 위한 전국교수협의회'(이하 '민교협')에서 성명서를 낭독하고 '불통의 벽'을 허무는 퍼포먼스로 집회가 마무리될 때였다. 콘크리트 구조물은 우려했던 것과는 달리 훨씬 더 견고해 쉽게 부서지지 않았다. "쿵! 쿵! 쿵!" 해머로 타격할 때마다 벽체는 크고 둔탁한 소리로 공명하며 본관을 울렸고, 운집한 학생들의 환호가 이어졌다. 그러던 중 행사장 한편에서 소란이 일었다. 학생들이 돌아가며 불통의 벽을 부수고 있는데, 학생처 직원들이 그 장면을 카메라에 담다가 마찰이 생긴 것이었다. 당시 직원들과 실랑이를 벌인 건 총학생회 교육국장이었던 주식이였다. 그 과정에서 주식이의 멱살을 잡은 건 학생처 계장이었다. 하지만 그 사건으로 징계위원회에 회부된 것은 주식이었고, 결국 '퇴학'이라는 철퇴가 내려졌다.

손 하나 까딱하지 않았던 주식이가 교직원 폭행이라는 이유로 퇴학을 당하게 되다니! 어처구니없는 일이었다. 둘 사이에는 잠시 언쟁이 있었을 뿐이었다. 폭력이 있었다면 극도로 흥분한 학생처 계장이 멱살을 잡는 과정에서 주식이의 아래턱을 가격한 것이 전부였는데, 오히려 다음날 훈장처럼 목발에 깁스를 하고 나타난 사람은 학생처 계장이었다. 다음날 쩔뚝거리며 천막 앞으로 다가오는 그의 모습에 머리가 멍해졌다.

주식이가 징계위원회에 회부되고 당시 학생처 직원들 외에 주식이의 폭행을 증언한 유일한 목격자 둘은 학교로부터 장학금을 받으며 학교 홍보대사로 활동하고 있던 대학원생이었다는 게 밝혀졌다. 대체 왜 그 시간에 대학원생들이 거기에 있었을까? 다툼을 말리기 위해 뒤에서 그 계장을 잡아당기던 사람들은 도대체 누구였을까? 여러 가지 의문을 떨칠 수 없었다.

"우리는 끝까지 두산에 맞서 도덕적 우위를 지켜야 한다."

교수들이 그렇게 강조했던 도덕적 우위는 교직원들과의 마찰로 인해 그것이 사실이든 아니든 간에 일정 부분 손상을 입게 됐다. 모든 것은 물음표로 남았지만 온갖 비난은 학생들이 뒤집어써야 했다. 이날 커뮤니티 게시판에는 본관 앞 실랑이를 둘러싼 학생처 직원들의 글과 이를 증언하는 대학원생의 글이 신속하게 올라왔다.

한바탕 소동이 일었던 출범식 다음날, 학문 단위 재조정안이 교무위원회를 통과했다. 10개 단과대 40개 학과·부로 전환하기로 했던 처음 계획은 10개 단과대 46개 학과·부로 최종 결정됐다. 일부 단과대에서 학부제가 철회되거나 폐과가 보류되면서 당초 계획과 달리 6개 학과·부가 소생하게 된 것이다. 투쟁에 나선 학과들은 원안대로 통폐합이 가결됐고, 소란을 일으키지 않고 재단의 처분을 조용히 기다렸던 학과들은 일부 기사회생했다.[7] 이를 통해 두산이 던진 메시지는 분명했다. 일각에서는 괜히 나섰다가 화를 더 키웠다는 자성이 일었다. 정확히 두산이 의도한 대로였다.

9

본부의 공세보다 더 힘들었던 것은 스스로 무너져 내리는 우리의 모습이었다. 투쟁이 지속될수록 고립감은 커져 갔고 구조 조정안이 통과된 교무위원회 이후로 패배감은 극에 달했다. 처음 농성에 돌입할 때 가졌던 자신감은 크게 위축됐고 두산의 전방위적 압박으로 교수들도 하나둘 등을 돌렸다. 교수들 간에도 본부에 대한 대응을 두고 언쟁이 잦아졌고 결국 기업식 구조 조정에 맞서 보고자 했던 하나의 뜻은 점점 허물어져 갔다. 주식이가 징계위원회에 회부되면서 학생 사회도 크게 흔들렸다. 이래저래 동력이 바닥난 것이다.

그런 상황을 잘 알고 있던 본부는 의기양양하게 천막의 철거 예정일을 통보해 왔다. 그러면서도 물밑에서는 끊임없이 자진 철거를 종용했다. '교내 게시물 관리 원칙', '시위 방식에 대한 대학 본부의 입장' 등 뜬금없는 공고문이 본관에 나붙기 시작했다. 이제라도 접고 철수하면 후환을 덜어 주겠다는 것이었다. 한편으로는 금전적인 압박도 이어졌다.

"이거 아스콘 포장하는 데 몇백 깨질 텐데 큰일이야. 대리석 계단도 망쳐 났네……."

미술 시간 도화지처럼 사용했던 아스팔트와 찰흙판처럼 썼던 대리석 계단에 대한 걱정은 나를 두고 하는 얘기였다. 공대위 출범식에서 나와 언쟁을 벌였던 학생처 주임은 마치 사채업자처럼 찾아와서는 시비를 걸었다.

철거 예정일이 다가올수록 농성을 지속하자는 목소리는 힘을 잃었다. 주말을 목전에 두고 내부에서 내린 결론은 허무했다.

"농성장을 자진 철거하지 않는다. 철거가 들어오면 저항하되 적당한 선에서 마무리한다."

지난 보름을 이어 온 투쟁의 최종 지침은 일종의 자기기만이었다. 수십 명의 학생들이 배우가 되어 본관 앞에서 교직원들과 천막을 두고 집체극을 벌여야 했다. 정말 오르고 싶지 않은 무대였다. 이를 두고 그 어느 때보다도 거침없는 설전이 벌어졌다. 무기력한 지침에 모두 자존심이 상할 대로 상해 있었다. 차라리 농성장을 우리 스스로 철거하자는 얘기도 나왔으나 그렇다고 아무런 성과도 없이 우리 손으로 농성장을 허물 수는 없는 일이었다. 결국 그 어떤 결론도 내릴 수 없었다.

일요일 한낮에 총무처 교직원들과 방호원들이 연장을 들고 나타났다. 우리는 나머지 천막들을 다 포기하고 불문과 천막 하나를 둘러싸고 있었다. 어쩔 수 없이 우리 역량에 맞는 선택을 해야 했다. 교직원들과 맞닥뜨리게 되니 긴장을 해서였을까? 천막을 움켜쥐고 있던 손에 힘이 잔뜩 들어갔다. 빈틈을 파고 들어온 사내들의 절단기에 천막 기둥이 뚝뚝 소리를 내며 힘없이 끊어졌다. 교직원들과 다시 마찰을 일으켜서는 안 된다는 생각 때문에 달리 강하게 저항할 수 없었다. 내일 또 누군가 온몸에 붕대를 감고 나타날지 모를 일이었다. 그렇게 보름 넘게 이어 온 우리의 농성도 속절없이 뚝뚝 끊어져 버렸다.

사내들은 손을 툭툭 털고 돌아갔고, 우리는 끊어진 철제 기둥을 붙잡고 눈시울을 붉히며 한동안 멍하니 서있었다. 반쯤 주저앉은 천막이 을씨년스럽게 기울어 있었다. 무너진 천막 잔해를 두고도 신경전이 이어졌다. 결국 우리 손으로 정리를 하기로 했다. 우리 손으로 시작한 거, 우리 손으로 끝내자는 얘기였다. 어차피 끝이라면 어떻게 하든지 큰 의미는 없어 보였다. 일단 밥을 먹으러 내려갔다. 소주를 벌컥벌컥 마시고 다시 올라와 농성장 정리를 시작했다. 몇몇 직원들은 계속 주위를 돌며 돈 얘기를 꺼냈다. 자존심이 너무 상했다. 이제 다 끝났다는 식의 비아냥거림을 참고 또 참아야 했다.

무너진 천막 사이로 집에서 들고 나온 여행 가방이 보였다. 밀린 빨래도 해야 하고, 집에서 좀 쉬고 싶기도 했다. 엉엉 울면서 농성장 집기들을 트럭에 실었다. 지난겨울 교지를 싹쓸이해 갔던 그 트럭에 무너진 천막 잔해를 주워 담았다. 시설과의 트럭은 그때처럼 음산한 지하 주차장으로 사라져 버렸다. 허탈감이 밀려왔다.

8장

동시다발 고공시위

학생은 상품이 아니다. 선생은 도구가 아니다.
대학은 공장이 아니다.

위스콘신 주립대 학생들의 위스콘신 경제 회담 반대 시위 현장에서[1]

그 꿈 이룰 수 없어도

그 싸움 이길 수 없어도

그 슬픔 견딜 수 없다 해도

길은 험하고 험해도

이게 나의 가는 길이오

잡을 수 없는 별일지라도

힘껏 팔을 뻗으리라.

뮤지컬 〈맨 오브 라만차〉에서 돈키호테가 부르는 노래 "이룰 수 없는 꿈" 중에서

1

천막이 무너지고 이틀 뒤, 학생처에서 연락이 왔다. 밀린 빨래가 다 마르기도 전이었다. 징계위원회에 출석하라는 통보였다. '불법' 천막 농성 기간 중 본관 주변에 페인트 자국을 남기는 등 시설물을 훼손했고, 교직원들과 마찰을 빚었다는 이유에서였다. 징계위원회 날짜는 4월 8일, 구조 조정 최종안을 통과시키기 위한 이사회가 열리는 날이기도 했다. 오전에 이사회가 열리고 오후에 징계위원회가 열린다고 했다. 두산 재단의 박용성 이사장을 비롯한 여러 이사들이 학교를 방문해 구조 조정을 마무리 짓고, 대학 본부는 재단에 반기를 들었던 학생들을 일망타진하겠다는 계획이었다. 그 학생이 총학생회장과 나였다. 두산이 기획한 디데이, 4월 8일이 너무나 가혹하게 느껴졌다.

이사회와 징계위원회가 같은 날 열린다는 소식에 머리가 복잡했다. 징계위원회에 들어가고 싶진 않았지만 출석하지 않는다고 특별히 다른 수가 있는 것도 아니었다. 아니, 문제는 징계위원회가 아니라 이사회였다. 농성장 철거 이후 무기력하게 와해된 지금의 분위기대로라면 정작 가장 중요한 이사회 날을 가장 조용하게 보내게 될 판이었다. 4월 8일부로 비판의 싹을 뽑아 버리고 학생들의 반발이 가라앉길 기대하는 재단과 본부를 그냥 지켜보고 있을 수만은 없었다. 모종의 결단, 분위기를 반전시킬 대책이 필요했다.

　며칠의 고민에도 쉽게 결론을 내리지 못하고 있다가 이사회를 불과 일주일 앞두고 학생회장들을 만나고 다니기 시작했다. 다 같이 모인 자리에서 얘기를 꺼내기가 부담스러워 한 명씩 만나면서 기존과는 다른 방식의 시위를 제안했다. 나로서는 고심 끝에 조심스럽게 꺼낸 이야기였지만 모두에게 고공 시위는 받아들이기 어려운 제안이었다. 예상대로 대부분이 반대였다. 너무 위험하기도 하고 자칫 여론의 역풍을 맞게 될 수도 있다는 이유에서였다. 이사회 당일 최대한 학생들을 모아 본관 앞에서 항의하고, 유감스럽지만 징계위원회에도 출석해 항변하는 것이 최선이라고들 했다.

　하지만 내 생각은 달랐다. 폭행을 당했던 주식이가 오히려 폭행을 이유로 징계위원회에 회부되는 것을 보면서 이성을 잃은 본부 측의 일방적 징계권 발동에 굳이 출석해 일일이 상대할 이유는 없다고 생각했다. 총장실 레드카드 사건 때처럼 본부가 의도한 징계 프레임에 휘말려 정작 애초에 의도했던 목적은 달성하지 못한 과오를 다시 되풀이하고 싶지 않았다. 무엇보다 중요한 것은 이사회였다. 오후에 소집된 징계위원회도 결국 조용히 치러야 할 이사회의 소품일 뿐이었다. 징계위원회는 출석해도 그만, 안 해도 그만이지만 평화롭게 진행될 이사회만큼은 반드시 막아야 했다.

　상황은 여의치 않았다. 천막 농성 기간 중에는 두산이 이사회를 학교 본관에서 열지 않고 외부, 어디 호텔 같은 곳에서 하지는 않을까 걱정한 적도 있었다. 그때는 농성의 기세가 본관을 에워싸고도 남을 시기였다. 하지만 이사회를 불과 며칠 앞둔 시점의 분위기는 확연히 달랐다. 이사회를 본관이 아니라 본관 앞마당에서 한다 해도 누구 하나 '두산의 손님들'을 제대로 맞이할 수 없을 정도로 분위기는 차갑게 얼어붙어 있었다.

학생들을 모아 항의하는 건 사실상 불가능해 보였다. 학생들을 모으려면 교수들의 협조가 관건인데 이미 재단의 회유와 압력 속에 기업식 구조 조정에 맞서 보고자 했던 세 학과 교수들도 뿔뿔이 흩어진 상황이었다. 총학생회장 지혜와 교육국장 주식이에 대한 잇단 소환 통보로 총학생회 역시 그로기 상태였다. 모두 농성의 후유증과 패배감에서 헤어 나오지 못하고 있었다.

이사회를 앞둔 마지막 주말, 후배들과 상여를 만들기로 했다. 이사회가 밀어붙이는 구조 조정안이 대학의 공공성과 민주주의를 죽게 한다는 의미에서였다. 매번 이용하던 건재상에서 각목과 합판 그리고 몇 가지 재료를 구입했다.

"학생들, 지금까지 가져간 거 다 합치면 집 한 채 짓고도 남았겠어. 많이 팔아 줘서 고마워."

더는 건재상에 고마운 학생들이고 싶지 않았다.

2

합판은 머리에 이고 각목은 어깨에 메고 후배들과 학교 쪽으로 올라가는데 정문 옆 약학 R&D 센터 신축 공사장 안으로 분해된 타워크레인 조각들이 몇 대의 큰 트럭에 실려 줄지어 들어가고 있었다. 타워크레인 점거. 그때까지만 해도 고공 시위 장소로 염두에 두고 있던 곳은 병원 별관 신축 공사장의 타워크레인이었다. 그런데 이사회를 불과 며칠 앞두고 더 좋은 입지에 크레인이 들어선 것이다. 학생회장들의 반대로 난관에 부딪쳤던 크레인 점거 계획이 다시 머릿속에서 집을 짓기 시작했다.

　　병원 별관 신축 공사장은 교정과 떨어져 있고, 공사장 구조가 낯설었다. 게다가 타워크레인의 팔, 즉 메인 지브(가로 철골) 부분이 가파르게 세워져 있어 보는 것만으로도 아찔했다. 그에 비하면 약학 R&D 센터 신축 현장의 타워크레인은 일단 교정 안에 우뚝 서있는 '두산'이라는 상징성도 뚜렷했고, 위에 올라서면 교정 곳곳이 내려다보여 심리적으로도 편안할 것 같았다. 또 타워크레인의 팔 부분이 지면과 평행한 형태였기 때문에 플래카드를 내걸기도 한결 쉬워 보였다. 하지만 아무리 이런저런 물리적 여건이 좋아진다 하더라도 학생회장들을 설득하지 못하면 모든 게 허사였다. 최소한 세 학과 학생회라도 찬성을 해줘야 실행이 가능할 텐데 거듭된 설득에도 그들의 마음을 좀처럼 돌릴 수 없었다. 하지만 나 역시 두산의 디데이를 우리의 디데이로 바꿔야 한다는 생각을 돌릴 수 없었다. 그러던 중 더 좋은 입지에 타워크레인이 들어선 건 어쨌든 반가운 일이었다.

　　일요일 저녁, 재현이, 석이, 창인이와 사다리를 들고 노들길로 나섰다. 사다리는 농성 기간 중 여기저기 높은 곳에 플래카드와 선전물을 설치하기 위해 구입한 것이었다. 고공 시위의 또 다른 타깃은 한강대교였는데, 아치에 설치된 시위 방지용 롤판 위쪽으로 사다리를 대고 올라갈 수 있는지를 확인해 보기 위해 가는 길이었다. 6미터 길이의 사다리를 아치에 대봤지만 턱없이 모자랐다. 맨몸으로 아치에 올라가려고 해봤지만 역시 롤판 때문에 올라갈 수가 없었다. 발을 디디면 미끄러지고, 또 디디면 미끄러지고, 롤판은 빈틈없이 제 역할을 다했다. 어쩔 수 없이 석고로 롤판의 본만 떠 철수했다. 롤판의 구조에 맞게 나무를 덧댄 신발을 들고 다음날 다시 한강대교를 찾았다. 매일같이 등·하굣길에 버스를 타고 오가며 봤던 완만한 아치가 그렇게 높은 구조물이었다는 걸 그 위에 서고 나서야 깨달았다. 높이에 대한 공포에 자연스레 허리가 굽어지고 자세가 낮춰졌다. 한 명이 플래카드를 조금씩 풀어 가며 편도 4차선을 가로지르는 좁다란 H빔을 건너가야 하는데, 바람이 많이 불고 날도 어두워져 도저히 예행연습까지는 할 수 없었다. 날이 밝아도 좁다란 H빔을 건너는 과정은 너무 위험할 것 같았다. 생각보다 너무 높았다. 우리의 답사는 그렇게 마무리됐다.

3

상여에 달 장식을 마무리하고 피켓도 만들고 이것저것 준비를 하다 보니 어느새 이사회가 하루 앞으로 다가왔다. 그날 밤, 마지막 회의에 들어가기 전 철물점에 가서 두꺼운 밧줄 10미터를 끊어 왔다. 회의가 끝나면 철물점이 문을 닫을 것 같아 미리 다녀오는 길이었다. 밧줄은 공사장 담을 넘어 들어가는 데 필요한 도구였다. 밧줄을 들고 철물점에서 나오는 길, 마을버스 정류장 앞에서 류신 교수와 마주쳤다. 교수이기 전에 선배로서 누구보다 편하게 느꼈던 류신 교수였지만 그때만큼은 아무런 이야기도 할 수 없었다.

　　회의는 밤늦게까지 이어졌지만 결론을 내리지 못했다. 불문과 학생회장 재현이, 문과대 부학생회장 석이가 힘을 실어 줬지만 독문과 학생회장 호정이, 일문과 학생회장 기태가 끝까지 반대했다. 겉으로는 2대2, 팽팽하게 의견이 맞섰지만 전화상으로 반대 입장을 전해 온 총학생회와 문과대 실천단의 의견을 더하면 전체 의견은 행동안 '부결'이었다. '내일 이사회에서 구조 조정안이 이렇게 부결되면 얼마나 좋을까?' 끝까지 노력하면 설득할 수 있을 거라 생각했는데 마라톤 회의의 결과는 냉정했다. 머릿속이 하얘졌다.

"아쉽겠지만 형이 접어야 돼. 크레인은 너무 위험해. 여긴 삼봉산이 아니잖아. 무턱대고 올라갔다간 절대 수습 안 될 거야."

옆에서 내내 회의를 지켜보던 다운이가 말했다.

"맥주나 한잔하러 내려갑시다."

한 잔? 아니 기절할 때까지 마시고 싶었다. 그냥 그렇게 뻗어 버리고 싶었다. 하지만 도저히 발걸음이 떨어지질 않았다. 그저 말없이 멍하니 의자에 앉아 있었다.

"오빠, 절대 엉뚱한 생각하지 마. 아주 끝이야, 끝!"

시위를 만류하던 무리가 차가운 경고를 던지고 우르르 빠져나간 학생회실엔 정적이 흘렀다.

만장일치로 찬성을 해도 쉽지 않은 상황에 내부에서조차 반대와 우려의 목소리가 더 컸으니 이제 어쩔 도리가 없었다. 우리에겐 더 이상 명분이 없었다. 재현이, 석이, 창인이 며칠 동안 같이 시위를 고민해 온 친구들끼리 모여 앉았지만 무거운 침묵만 이어졌다. 모두 낙담한 기색이 역력했다. 한마디도 꺼내지 못하고 옥상으로 올라갔다. 담배를 끊은 지난 5년 동안 가장 참기 힘든 순간이었다. 멀찌감치 램프를 깜박거리던 타워크레인이 더 멀게 느껴졌다.

달그락달그락. 옥상 반대편에서 누군가 작업을 하고 있는 모습이 희미하게 보였다. 다가가 보니 은혜였다. 자정이 다 되어 가는 시간, 아르바이트를 마치고 잠시 학교에 들른 은혜가 붓질을 하고 있었다.

'기업식 구조 조정 반대', '이사회 의결 무효', '학생 징계 시도 분쇄'.

타워크레인에 내걸기 위해 가로 50미터, 세로 2미터에 달하는 플래카드를 제작하던 중이었다. 하지만 이제 다 필요 없게 됐다.

시계 바늘이 어느덧 자정을 가리키고 혼란 속에 4월 8일이 찾아왔다. 이제 불과 열 시간 뒤면 이사회가 시작된다. 차라리 시간이 멈춰 버렸으면 했다. 지금의 번민이 계속되더라도 굴욕의 시간만큼은 피하고 싶었다. 자꾸 머릿속에 이사회와 징계위원회가 그려졌다. 아무 일도 없다는 듯 구조 조정안이 통과되고 학생들이 줄줄이 단죄되는 장면을 생각하면 도저히 견딜 수 없었다.

우리의 거점인 농성장이 붕괴되고 본부는 초강경 모드로 우리를 압박해 왔다. 플래카드를 내걸면 뒤돌아서기가 무섭게 철거됐다. 이사회가 내일인데 이를 비판하는 대자보 한 장 찾아볼 수 없을 정도로 학교는 깨끗했다. 본부의 지침은 학생들에게 그 어떤 형태의 몸부림도 허용하지 않았다. 질식해 버릴 것만 같았다.

4

"오빠가 어떤 결정을 하든 응원할게요. 대장 파이팅!"

은혜가 집에 가는 길에 문자 메시지를 보내왔다. 극도로 예민해진 탓인지, 후배의 응원에 나도 모르게 울컥 눈물이 났다. 침묵할 것인가? 저항할 것인가? 이제는 어떤 결정이든 내려야 했다. 침묵한 채 조용히 끌려가 평화롭게 사그라질 것인가? 아니면 한 번 악이라도 써보고 두드려 맞을 것인가?

모두의 생각을 옭아매고, 나를 선뜻 움직일 수 없게 만드는 힘은 다름 아닌 여론이었다. 모두가 두려워했던 '여론의 역풍'. 나의 무의식조차 지배했던 그 힘을 인정한다면 앞으로는 아무것도 할 수 없게 된다. 과연 그 여론이 존중할 만한 가치가 있는 것인가? 과연 그 여론이 온전한 실체가 있는 것인가? 여론이라고 해봐야 '중앙인 커뮤니티', 두산의 관제 여론이 전부 아니었던가.

중앙인 커뮤니티의 여론을 넘어서야 했다. 두산의 철옹성 안에서 호소하는 것은 더 이상 의미가 없는 일이었다. 중앙대의 여론? 아니, 두산이 만든 중앙인 커뮤니티의 여론 안에 갇혀 있을 수는 없었다. 알려야 한다. 중앙대에서 지금 벌어지고 있는 일들을 알려야 한다. 두산의 기관지가 아니라 한국 사회의 언론 앞에 서는 걸 두려워할 이유가 없다. 역풍을 맞더라도, 한국 사회라는 더 큰 여론 안에서 맞고 싶었다. 재단을 찬양하는 본부 측의 일방적인 홍보 수단으로 전락한 커뮤니티 속의 마녀사냥과 손가락질은 이제 사양한다. 저들이 뭐라 해도 갈 길은 간다. 나는 점차 머릿속에서 내 자신을 설득해 나갔다.

그동안 악착같이 두산 재단을 상대해 오면서 개인적으로 적지 않은 비용을 치러야 했던 지난 1년이었다. 하지만 후회는 없었다. 앞으로 얼마간 개인적 소모를 더 감내해야 한다고 해도 주저 없이 나설 것이다. 그러나 바로 지금 나 스스로를 방어하지 않는다면 나는 끝도 없이 무너지게 될 것 같았다. 지난날의 기억들마저 후회스러워질 것 같았다. 결코 오늘을 조용히 보내서는 안 된다. 이사회에다 징계위까지 같은 날 열어 주다니, 그렇게 나를 막다른 길로 몰아준 건 어쩌면 기회일지도 모른다. 나는 마음을 굳혔다. 어차피 징계를 피하기 힘든 상황에서 내가 더 잃을 게 있을까? 그래, 두 번 오지 않을 기회다. 기회……. 끊임없이 되뇌며 자기 최면을 걸었다.

막상 마음을 굳히고 나니 시간이 촉박했다. 학생회실로 내려가 석이, 창인이와 상의를 했다. 두 명 다 구조 조정 해당 학과가 아니었기 때문에 내 판단을 기다리는 입장이었다. 당사자가 아님에도 함께하겠다고 나서 준 고마운 후배들이었다. 하긴 언제 국문과, 철학과 차례가 될지 모를 일이었다. 창인이는 변함없는 입장이었지만, 석이는 갈등하는 것처럼 보였다. 징계에 대한 부담 때문이었다. 한동안 얘기를 나눈 끝에 결국 석이도 마음을 굳혔다.

"석이, 네가 끈을 허리에 묶고 건너고, 그럼 그때 뒤에서 살살 풀어 줘야 해."

'한강대교 시위'를 검색해 나온 사진들을 보며 최종 점검을 했다.

"정말 조심해서 건너야 해. 혹시 사고라도 생기면 그냥 다 끝이야 끝. 절대 다치면 안 된다."

'대학은 기업이 아니다', '중앙대 기업식 구조 조정 반대'.

한강대교 아치에 올라 내걸 플래카드가 다 말랐다. 검은색 천을 들어 내자 글자에 붙어 있던 은분 가루가 뿌옇게 흩날렸다. 양쪽 하단에 생수병을 매다는 것으로 준비를 마쳤다.

타워크레인으로 가져갈 플래카드는 시간이 더 필요했다. 획 하나, 글자 하나가 사람 키만 했으니 다 완성하는 데 많은 시간과 공을 들여야 했다. 마무리 작업은 성원이에게 부탁해 놓고 다시 학생회실로 내려와 "타워크레인에 오르며"라는 제목으로 입장문을 끄적였다. 구조 조정이 통과되는 순간에도 크레인 위에서 항의하겠다는 것, 플래카드 한 장 내걸 공간이 없어 한강대교 아치 위로, 공사장 타워크레인 꼭대기로 올라가야 하는 암울한 현실이 개선되기를 희망한다는 것. 명료한 내용이었다.

시간이 촉박해서 네 시가 지나 살짝 덜 마른 플래카드를 옥상에서 걷어 내려왔다.

"형, 이거 정말 꼭 이렇게까지 해야 돼?"

"야, 이 망할 놈아. 뭐가? 이런 게 뭔데? 그럼 농성 시작할 때 왜 도와 달라고 했어!"

복도에서 같이 끈 작업을 하던 광재가 안쓰러운 마음에 한마디 꺼낸 걸 신경질적으로 받아치고 말았다. 이제와 김 빼는 소리는 듣고 싶지 않다. 플래카드를 차곡차곡 개 봤지만 부피가 상당했다. 배낭엔 반도 채 들어가지 않아 플래카드 뭉치를 등에 짊어진 채로 어깨부터 허리까지 끈으로 칭칭 감기 시작했다. 반쯤 미라가 된 내 모습이 유리문에 비쳤다. 긴장을 풀어 주려는 듯 우스꽝스러운 꼴이었다.

그때 급히 학생회실 문을 열고 총학생회장 지혜가 들어왔다. 시위를 강행한다는 소식에 나를 만류하기 위해 집행부들과 함께 찾아온 것이었다. 전후 사정이야 어떻든 간에 격렬한 시위의 역풍을 상당 부분 총학생회가 짊어져야 하기 때문에 지혜의 입장을 충분히 이해할 수 있었다. 작년 문과대 학생회장 시절부터 항상 뜻을 같이하고 힘을 보태 주던 지혜였지만 이번만큼은 선뜻 동의해 주지 않았다. 더는 잃을 것도 없으니 일단 저질러 보자는 내 입장과 임기를 한참 남겨 두고 있던 총학생회의 입장 차이는 당연한 것이었다.

5

"야! 피 안 통해. 기왕 가는 거 맘 편하게 보내 줘."

지혜로서는 내키지 않았지만 더는 막아서지 않았다.

"우리가 뭐 도둑질하러 가는 것도 아니고 당당하게 한 번 해보자. 석이 빔 타고 넘어갈 때 절대 조심하고."

파이퍼 홀 2층 발코니를 통해 공사장 울타리를 넘었다. 어찌나 가슴이 떨리고 두근거리던지 심장박동 소리가 온몸을 울렸다. 캄캄한 공사장은 미로처럼 복잡했다. 타워크레인이 지면과 맞닿은 곳은 생각했던 것과는 달리 더 깊숙한 지하 쪽이었다. 지하로 내려가는 계단을 찾아 여기저기를 헤매는데 멀리서 불빛이 번쩍였다. 설마, 발각된 걸까? 숨을 죽이고 한참을 엎드려 있었다. 자꾸 뒤에서 누가 쫓아오는 것 같아 잔뜩 긴장이 됐다. 강관 비계를 타고 몇 층을 내려가 타워크레인 입구에 닿았다. 쫓기는 기분으로 황급히 사다리를 오르기 시작했다. 그렇게 십여 분을 부지런히 올라가 해치를 열고 상판에 올라섰다. 온몸이 땀에 흠뻑 젖었다. 아직은 어둠이 가시지 않아 플래카드를 내걸 수 없었다. 해치가 열리지 않게 나무를 괴어 놓고 세찬 바람을 피해 조종실로 들어갔다. 고요한 조종석에 앉아 이곳저곳 전화를 돌렸다.

"어, 누나 나야. 타워크레인 꼭대기야."

잠이 덜 깬 목소리로 정미 누나가 전화를 받았다. 정미 누나와의 인연은 진중권 교수의 재임용을 둘러싸고 학교와 마찰이 일던 때부터 시작됐다. 밤늦게까지 일하고 있으면 누나는 학생회실에 먹을거리를 잔뜩 사들고 와서는 주린 배를 채워 줬다. 누나는 H대 경영학과를 졸업하고 우리

과로 학사 편입을 해왔다. 진중권 교수의 수업을 듣기 위해서였다. 그런데 진 교수가 더 이상 강의를 할 수 없게 됐으니 누구보다 실망이 컸고 그래서인지 이것저것 일을 벌이던 나하고는 죽이 잘 맞았다.

"야, 너는 아무리 정신이 없어도 그렇지 물을 안 챙겨 가면 어쩌냐."

"오빠! 설마 …… 아니지?"

"야! 이 화상아! 그래, 속이 시원하냐!"

나는 한마디도 못하고 호정이의 잔소리를 들어야 했다. 호정이는 이른 새벽 전화를 받자마자 사태를 직감하고는 곧장 학교로 달려왔다. 끝까지 반대를 했던 호정이었지만 이미 벌어진 상황 앞에 담담히 나를 감싸 줬다. 제일 든든한 우군, 호정이의 학생회장 임기 중에 이렇게 큰일을 치르게 된 건 나한테는 정말 다행이었다.

"지금 바로 전화기 끄고 이따 점심시간 지나고 켜세요. 전화기 바로 끄고 절대 다시 켜면 안 돼요. 아, 글쎄 제가 엄청 곤란해진다고요. 아, 정말 아들을 못 믿어요?"

전화를 끊고 다시 전화를 했을 땐 이미 전화기가 꺼져 있었다. 꼭두새벽부터 아들한테 영문도 모르는 전화를 받아야 했던 어머니께는 죄송했지만 좀 있다 이상한 사람들한테 전화를 받게 하는 것보다는 훨씬 나았다.

얼마쯤 지났을까? 누군가 위쪽으로 올라오는 계단 소리가 들렸다. 아침 일찍 출근한 타워크레인 기사였다. 상판 입구까지 올라온 기사에게 내려가라고 소리를 질렀다. 하지만 기사는 계속 올라와 해치를 밀쳤다. 여차여차해서 이렇게 됐다. 이사회가 끝나는 점심시간까지 있을 것이다. 차근차근 설명해 줬지만 기사는 전혀 상황을 파악하지 못하고 계속 해치를 열려 했다. 기사 입장에서는 그저 황당할 따름이었을 것이다. 고래고래 악을 써 겨우 기사를 내려 보냈다.

　플래카드를 내걸기 위해서는 천 뭉치를 들고 타워크레인의 팔 끄트 머리까지 가야 했다. 타워크레인의 기다란 팔 전체를 이용해야 50미터 가량의 플래카드를 계획대로 내걸 수 있었다. 팔 끄트머리로 가는 길은 바닥이 좁은 철망으로 되어 있어 허공에 발을 내딛는 듯한 공포감이 밀려왔다. 밑을 내려다봤더니 순간 머리가 아찔했다. 한 발 한 발 조심스럽게 내딛는 와중에 다시 안전 요원이 올라오는 소리가 들렸다. 왔던 길을 얼른 되돌아가 해치 뚜껑을 밟았다. 안전 요원은 막무가내로 올라오려 했다. 물론 객관적으로 막무가내인 건 나였다. 옆에 있던 철근으로 바닥 철판을 힘껏 내려쳤다. 귀가 깨질 것 같았는지 들썩이던 뚜껑에 힘이 빠졌다.

　"아니, 학교 일을 가지고 공사장에 와서 이러시면 어떡합니까? 저희가 뭐 들어줄 수 있는 걸 요구하셔야지……."

　밀린 임금 달라고 올라왔으면 현장에서 어떻게 처리해 줄 수도 있었겠지만 '기업식 구조 조정 반대', '이사회 의결 무효', '학생 징계 시도 분쇄'는 저들의 소관이 아니었다. 하지만 나로서도 어쩔 도리가 없다. 중앙대학교의 원청은 두산이었으니까, 번지수가 영 틀린 것은 아니다.

　"아저씨, 성함하고 혈액형이라도 좀 알려 주세요. 위에 몇 명 있어요? 혹시 모르는 사고 때문에 그래요."

　"노영수, 최동민 둘 다 A형."

　몇 명이냐는 질문에 난데없이 '최동민'이라는 이름이 튀어나왔다. 혼자 있다고 하면 계속 진입을 시도할 것 같았다. 안전 요원은 무전으로 내용을 전하고 내려갔다.

　각목으로 해치를 받쳐 놓긴 했지만 불안해 자리를 뜰 수가 없었다.

언제 또 사람이 올라올지 몰라 계속 그렇게 자리를 지키고 서있었다. 몇 차례 사람들을 상대하고 나니 가슴이 쿵쾅쿵쾅 뛰었다. 극도로 예민해진 상태였다. 누군가 해치를 지켜 주지 않는 이상 타워크레인의 팔에 올라서서 계획대로 플래카드를 묶는 작업은 불가능해 보였다. 어쩔 수 없이 준비한 내용의 일부만이라도 내걸기로 했다. 그때 마침 손에 쥐고 있던 부분이 '학생 징계 시도 분쇄'. 조금은 아쉬운 선택이었다. '기업식 구조 조정 반대' 아니면 '이사회 의결 무효'가 더 적절한 문구였지만 그것도 다 지나고 나서의 얘기다. 그때는 경황이 없었다.

6

노들길로 빠져나가려는 차량들이 움직이지 못하고 길게 늘어섰다. 아마도 한강대교 시위의 영향인 듯했다. 역시나 창인이한테 전화가 왔다.

"잘 올라갔어? 석이는?"

"아유, 형! 말도 마요. 기자들은 많이 왔는데 경찰들이 더 많이 왔어요. 곧 끌려 내려갈 것 같아요."

"플래카드는 잘 폈지?"

"당연하죠. 형도 별일 없죠?"

"그래, 정말 고생했어. 내려와서 이따 진짜 진하게 한잔하자!"

다행히 기자들도 많이 왔다고 하니 힘이 났다. 누구도 다치지 않고 계획한 대로 일이 풀렸다니 정말 다행이었다.

타워크레인 주위로도 사람들이 몰려들기 시작했다. 공사장 울타리

바깥쪽으로는 후배들이 모여 있었고 공사장 안쪽으로는 재단 관계자들과 보직 교수들이 들어와 있었다. 얼마 후 출동한 경찰차와 소방차 여러 대가 서로 뒤엉켜 공사장은 이내 혼잡한 주차장이 됐다.

불의의 아침 조회에 불려 나와야 했던 일부 교수들에겐 미안한 일이었지만, 개중에 부총장과 학생처장, 교무처장을 보니 미안한 마음은 한결 가셨다. 이따 네 시에 만나기로 했던 인사들도 몇몇 보였다. 징계위원회 가족들이다. 허구한 날 내용증명 한 통 보내 놓고 오라 가라 했던 그들을 발아래로 내려다보니 속이 다 시원했다. 지난 징계위에서 고압적인 태도로 본부의 심기를 거슬리게 한 죄를 추궁했던 징계위원장, 오늘 있을 징계위에서도 빙 둘러앉아 두산에 맞선 죄를 심문할 계획이었겠지만 지금 이 순간만큼은 나의 소집에 일제히 모여 내 설교를 들어야 했다.

"두산의 불량품 학부제를 리콜하라! 구조 조정 저지하고 대학 기업화 막아 내자!"

크게 소리를 내질렀다. 저 멀리서 영정을 앞세워 상여를 들고 본관 앞을 지나던 후배들도 함께 구호를 외쳤다. 교정엔 구호 소리가 크게 울려 퍼졌다.

군에서 유격 훈련 받을 때, 큰 목소리 덕에 가끔씩 재미를 보곤 했다. "악, 악" 우렁차게 소리를 지르고 나면 종종 교관의 칭찬과 함께 코스에서 열외가 되는 기쁨을 누릴 수 있었다. 오늘 저 아래에서 내 목소리를 듣고 있을 교관들도 내 목소리가 커질수록 머릿속에서 "열외!", "열외!", "퇴학", "퇴학"을 수도 없이 외쳤을 것이다. 박용성 이사장과 여러 이사들이 모처럼 학교를 찾아 중요한 사안을 결정짓는 날 벌어진 불경스러운 시위. 씩씩 거리는 사내들의 표정이 발아래로 일그러졌다.

목소리가 마구 갈라질 때쯤 밑에서 누군가가 또 해치를 두드렸다. 문을 안 열어 줄 수가 없었다. 소방 구조대원이 생수를 가져왔기 때문이다. 생수를 받아 허겁지겁 목을 축였다.

"선생님, 원하시는 게 뭐예요?"

원하는 거? 무슨 자살 소동이라도 되는 듯, 구조대원은 매뉴얼대로 말을 걸어왔다. 너무 배가 고파서 김밥이라도 한 줄 올려 달라고 하고 싶었지만 차마 입이 안 떨어졌다. 모든 게 계획대로 됐다. 더 이상 원하는 건 없었다.

"누굴 불러다 줄까요?"

올 사람들도 거의 다 온 것 같았다. 역시 기자들이 많이 온 게 정말 다행이었다. 나는 더 이상 바랄 게 없었다. 이사회가 끝나면 바로 내려갈 것이다. 그거면 됐다.

소방관은 떠나지 않고 해치 밑에서 계속 말을 걸어왔다. 내려가 달라고 했지만 구조를 요하는 자의 곁을 떠날 수 없는 게 수칙이라고 했다. 계속 사다리에 매달려 있는 게 안쓰러워 어쩔 수 없이 문을 열어 줬다. 타워크레인 기둥 중간 중간에 두산 헬멧을 쓴 직원들을 물러가게 하는 것을 조건으로 소방 구조대원을 올라오게 하고 추락 방지 안전장치를 받아 착용했다.

해가 중천에 다다르니 본관에서 몇 대의 검은 세단이 미끄러지듯 교정을 빠져나갔다. 일곱 시간 만에 나도 내려갈 수 있게 됐다. 다리가 풀려 버린 나는 로프에 매달린 채 땅을 밟아야 했다. 수심 가득한 표정의 징계위원회 가족들을 뒤로하고 경찰차 뒷좌석에 올랐다. 마중 나온 식구들에게 미처 "이따 네 시 약속은 지키지 못할 것 같다"는 말도 건네지 못했다. 공사장 입구에서는 총학생회와 세 학과 학생들이 길을 막고 집회를 하고 있었다. 손이라도 흔들어 주고 싶었지만 뒷좌석의 문은 안에서 열리지 않았고 수동 창문은 5센티미터 정도밖에 내려가지 않았다. 눈물을 글썽이는 후배들을 뒤로하고 동작 경찰서로 연행됐다. 경찰서로 가는 길 우측으로 한강대교가 보였다. 지금은 아무 일 없다는 듯 평온해 보였지만 불과 몇 시간 전 후배들이 한바탕 시위를 벌인 곳이다. 이날의 시위를 통틀어 누군가가 "동시다발 고공 시위"라 했다.

7

경찰서에서 석이, 창인이를 볼 수 있지 않을까 생각했지만 그 둘은 한 시간 정도 버티다 안전하게 인근 용산 경찰서로 연행됐다고 했다. 다행이었다. 한강대교 남단 쪽 아치는 동작구 관할이지만 관내에서 여러 건이 터지면 소방차든, 경찰차든 인근에서 지원을 나온다고 했다. 경찰서에서 만나기로 한 약속은 그렇게 어긋나 버렸다.

1층 조사실 마루에 앉아 담당 형사가 시켜 준 볶음밥을 먹고 있는데 진보신당 사람들이 면회를 왔다. 그동안 당적만 갖고 있었지 사실상 전혀 모르고 지냈던 지역 당원들과의 첫 대면이었다. 당원들이 잔뜩 응원을 해 주고 돌아간 뒤 건조물 침입 혐의로 조서를 꾸미고 있는데 멀끔하게 차려 입은 두산건설 간부가 찾아와 나를 조사하고 있던 형사에게 서류를 건네고 갔다. 고소장이었다. 건조물 침입죄보다 법정형이 더 센 업무방해죄로 처벌해 달라는 요청이었다. 순식간에 죄명이 '업무방해'로 바뀌었다.

오후에 풀려나자마자 후배들이 있는 용산서로 달려갔다. 석이, 창인이를 만난 곳은 조사실이 아니라 면회실이었다. 두 명은 정식 입감된 상태였다. 우리는 유리창을 사이에 두고 대화를 시작했다.

"총장이 다녀갔다며 …… 뭐 좀 안 도와줬어?"

"우리가 뭐 감칠맛 나는 제자들이라고."

"사람을 보내 고소장을 주고 가더라고. 더 세게 조지라고."

면회를 마치고 다시 학교로 갔다. 가는 길 내내 기자들의 전화가 빗발쳤다. 이사회는 구조 조정안을 만장일치로 통과시켰지만 언론은 우리의 시위, 대학 기업화의 파열음에 귀를 기울이기 시작했다.

타워크레인 밑에 있던 학생처 팀장이 내 곁으로 다가와 또 돈 얘기를 꺼냈다.

"오늘 공사장에 철근이 왕창 들어오기로 한 날이었다는데, 너희들 시위 때문에 하나도 못 들어오고 취소가 됐거든. 근데 그새 철근 값이 엄청 뛰었다는 거야!"

불행히도 그 말은 빈말이 아니었다. 주말이 지나고 학생처 사무실의 연락을 받고 찾아가 보니 '타워크레인 점거로 인한 손실 내역'이라는 A4 5매 분량의 문건이 나를 기다리고 있었다. 세세한 내역이 담긴 문서의 끄트머리에는 '24,696,222원'이라는 우리 시위의 가격표가 찍혀 있었다.

그로부터 한 달여가 지난 5월 10일, 징계위원회는 퇴학 처분을 통보해 왔다. 안국신 부총장은 전체 교수 메일을 통해 "운동권 학생들은 나가서 놀아야 한다"고 했다. 24,69만6,222원의 손해배상 청구, 그리고 퇴학. 본부와 재단의 혹독한 처분 앞에 업무방해 혐의로 법원으로부터 선고받은 1백만 원의 벌금형은 약소해 보이기까지 했다.

9 장

시간의 감옥

학생은 학교로 돌아가야 한다.

학생이 있어야 할 곳은 학교다.

'퇴학 처분 무효화를 위한 중앙대 삼보 일배 실천단 해단식'에서 박효진(중앙대 철학과 04학번)

오늘도 전경련에 인사하러 갔는데

'왜 대학은 리콜제가 없느냐'고 하더군요.

대학의 인재가 기업으로만 가지는 않습니다만,

기업에서 불량 제품이라는 소리를 안 듣도록

철저하게 교육시켜 줬으면 좋겠다고 해요.

서강대 총장 손병두, 『중앙일보』와의 인터뷰 중에서[1]

1

스펙 쌓기 경쟁에 내몰린 제자들을 볼 때마다 안쓰럽다. 99가지 스펙보다 그
것을 실현할 단 한 번의 결단이 더 필요하다.

안국신 전 총장이 쓴 『일단 저질러 봐』의 추천글[2]

이발기를 들고 한 명씩 머리를 밀면서 기자회견이 시작됐다. 집중적인 플
래시 세례를 받은 건 홍일점, 명숙이었다. 하얀 천 위에 떨어진 명숙이의
긴 머리카락은 이내 주위를 숙연하게 했다.

"한 번 잘려 나간 머리카락이야 금세 자라면 그만이지만 밑동까지
잘린 우리 대학의 민주주의는 언제 회복될 수 있을지 기약이 없다. 그것이
걱정이다."

동민이는 마이크를 내려놓고 땅바닥에 엎드려 먹물이 담긴 그릇에
머리를 담갔다. 먹물로 물든 머리카락이 길게 놓인 화선지 위에 교훈을 써
내려갔다. "의에 죽고 참에 살자." 백남준의 '머리를 위한 참선'을 재연한
것이었다.

우리는 값을 매길 수 없는 글씨 한 점을 돌돌 말아 쥐고, 다른 한 손

엔 열 명의 머리에서 잘려진 머리카락을 쓸어 담은 유리 상자를 들고 본관으로 향했다. 대금을 독촉했던 학생처 직원이 일그러진 표정으로 학생들의 선물을 받아 들었고, 나는 곧이어 열린 징계위원회에 매끈한 머리로 출석했다. 기분 좋게 문을 활짝 열고 들어간 자리, 매끈한 소파에 앉아 나를 기다리고 있던 징계위원들의 표정은 밝지 않았다.

"군은 스스로를 돈키호테라고 생각하나?" 징계위원회 위원장이었던 안국신 부총장이 입을 열었다. "두산이 얼마나 큰 기업인지 알고서나 이러는 건가? 군의 이런 행동이 두산 재단에 얼마나 큰 피해를 주는지 아느냐 말일세. 두산이 얼마나 의욕적으로 투자를 하고 있는데 이런 잡음을 내는 건가? 이번 일로 재단의 투자 의지가 꺾이진 않을까 걱정이네." 내 행동이 얼마나 무모한 것이었는지에 대한 질책과 훈계가 장황하게 이어졌다. 그의 말은 여러 가지로 내 머릿속을 복잡하게 했다. 스승은 제자들에게 결단과 행동을 권했고, 그래서 난 이 자리에 불려 왔다. 행동에 대한 책임은 온전히 제자의 몫이었다. 그리 억울하지는 않았다.

2

"이제 90년 전통의 중앙대학교는 112년 역사 두산의 배를 타고 대망의 항해를 시작합니다."

우리가 넘었던 6미터의 투박한 울타리는 온갖 그럴싸한 문구로 뒤덮였고, 그 위엔 윤형 철조망이 솜사탕처럼 내려앉았다. 타워크레인으로 올라가는 계단 입구에는 잠금장치가 새롭게 설치됐다. 고공 시위의 대가는

켰다. 두산은 징계를 받은 학생들의 중앙인 커뮤니티 아이디를 삭제하는 것은 물론, 퇴학 처분도 모자라 징계자들에 대한 학교 출입 금지 가처분 신청에까지 나섰다. 공중에 개방된, 누구나 자유롭게 오가는 교정에 발을 붙이지 말라니! 하다못해 해고 노동자들도 해고의 효력을 다툴 때까지는 공장 울타리 안의 노동조합 사무실에 출입할 권리가 있다. 그런데 심지어 학생들에게 학생회실 출입을 금지한 것이다. 어찌 보면 이 역시 그리 새삼스러운 일은 아니었다. '시신 퇴거 가처분.' 두산중공업에서도 고 배달호의 시신을 공장 밖으로 내보내라고 유족들을 상대로 가처분 신청을 했던 했던 사람이 바로 박용성 이사장 아닌가?

우리는 학교 밖에서 싸움을 벌어야 했다. 사회적 여론의 환기, 그것은 타워크레인에 오를 때부터 새롭게 설정된 우리의 목표였다. 이런저런 일들이 생길 때마다 언론에 보도 자료를 보내고 이곳저곳에 투고를 하며 박용성 이사장의 기업식 대학 운영에 무너지는 상아탑의 참상을 알리기 위해 노력했다.

학교 출입 금지 가처분 신청 소식을 접하고 우리는 두산그룹 본사가 위치한 두산타워로 향했다. 까만 정장에 귀에는 리시버를 꼽고 한 손에는 무전기를 든 수십 명의 경호원들이 뛰쳐나와 우릴 에워쌌다. 그들은 우리가 준비한 유인물을 시민들에게 배포하는 것조차 막아섰다. 참다못한 주식이가 손에 쥐고 있던 유인물을 공중에 뿌렸다. 하지만 수십 장의 유인물은 땅바닥에 떨어지기도 전에 경호원들의 손에 쥐어졌다.

집시법의 적용을 받지 않기 위해 멀찍이 떨어져 있던 나는 준비해 온 도끼를 등에 고정시키고 분장용 혈액을 흩뿌린 채 도끼에 찍혀 쓰러진 사람처럼 바닥에 엎드렸다. 한 손에 쥔 피켓에는 "대학은 이사장의 놀이터가 아니다"라는 문구가 적혀 있었다. 물론 경호원들은 나 역시 빙 둘러싸고 환영해 주었다. 두산그룹은 그날의 시위를 경찰에 고발했고 나는 퍼포먼스의 대가로 50만 원의 벌금을 선고받았다. 중부 경찰서 조사실에서 훑어본 고발장에서 두산은 그날의 퍼포먼스를 "시민들에게 혐오감을 주는 시위"라 했다.

비슷한 시기 명동성당의 들머리에서도 일인 시위를 병행했다. 박용성, 박용만 두산가의 두 형제가 모두 명동성당 신자였기 때문이다. 이번에도 나는 직접 만든 LED 피켓을 들고 나가 지나가는 사람들의 눈길을 끌었다. 해가 지고 밝게 빛나는 LED 피켓 덕에 일인 시위의 피로감도 좀 덜 수 있었다. "도대체 데모를 하는 건지, 퍼포먼스를 하는 건지……." 주위에선 이런 말들이 터져 나올 정도였다.

3

무엇보다 서둘러야 했던 것은 소송 준비였다. 후배들의 안타까운 소식을 접하고 선뜻 손을 내밀어 준 건 동문 선배들이었다. 열 명 가까운 법조계 선배들이 모여 학교를 상대로 퇴학 처분 무효 확인의 소를 제기하기 위한 동문 변호인단을 꾸렸다. 선배들은 주로 386, 486세대의 운동권 출신으로 학창 시절, 학생회 활동을 해봤기 때문에 누구보다 우리의 심정을 잘 헤아려 줬다. 이메일로 서면 진술을 주고받고 몇 번은 직접 만나기도 하면서 소송 준비는 순조롭게 진행돼 갔다. 법조계 동문들이 직접 발 벗고 나섰다는 것은 단순한 법률적 차원의 조력을 넘어 든든한 지지 선언이었기 때문에 그 의미가 더 컸다.

　　그러나 학교는 이를 가만히 두고 보지 않았다. 안국신 부총장이 동문 변호인단을 접견한 자리에서 "퇴학생들의 소송을 도우면 고시반에 대한 지원을 끊을 것"이라고 협박한 것이다. 상당수가 고시반 출신이기도 했던 선배들로선 난감한 상황이었다. 고시반 후배들을 볼모로 압력을 행사해 올 것이라고는 생각지 못했던 것이다. 학교 측의 회유는 선의로 후배들을 돕겠다고 나선 동문 변호인단마저 돌려세웠다. 퇴학 처분의 부당함에 대한 인식은 같았지만 이를 풀어 가기 위한 해법에도 조금씩 차이가 있었다. 그렇게 동문 변호인단은 끝내 해체되고 말았다. 우리는 결국 '민주사회를 위한 변호사 모임'(이하 '민변')의 하주희 변호사의 도움을 받아 다시 소송을 준비해야 했다. 한껏 열을 올리던 일인 시위의 기세가 한풀 꺾이고 퇴학 처분에 대한 소송 준비에 분주했던 6월이었다.

4

그즈음 개교 92주년 기념, 제2회 국토 대장정의 참가자를 모집한다는 소식이 들려왔다. 그냥 국토 대장정이라면 언젠가는 한 번쯤 도전해 볼 만한 일이라고 생각했지만 이건 두산이 주도하는 프로그램이었다. 두산의 행사에 참여할 수 없는 나로서는 그해 국토 대장정을 대수롭지 않게 생각하고 있었다. 그 당시 학생 징계자들은 법정 싸움을 준비하는 것 말고는 딱히 할 일이 없었다. 그것이 고민이었다. 아무것도 하지 않은 채 재판 결과만을 기다리는 것은 두산이 바라는 바였다. 공은 이제 법원으로 넘어갔다고들 했지만 우리는 법정 싸움 외에 공세의 주도권을 확보해야 했다. 그런 고민을 하던 와중에 국토 대장정 포스터를 보고는 머릿속에 좋은 아이디어가 스쳐 지나갔다.

'그래! 그거야! 두산의 국토 대장정을 뒤쫓는 퇴학생들의 삼보 일배!'

마침 공지된 국토 대장정 코스는 익산에서 부산까지였고, 중간에 창원의 두산중공업 공장을 경유해 견학하는 일정이 포함돼 있었다. 그것은 내게 박용성 이사장의 등장을 예고하는 것으로 보였다. "내 발목을 잡는 놈이 있으면 그놈 손목을 자르고 가겠다. 그래도 잡는다면 내 발목을 자르고라도 가야 할 길을 가겠다."[3] 두산이 재단을 인수한 첫해, 박용성 이사장이 교수들 앞에서 했던 말이 떠올랐다. 그 발언이 있었던 곳 역시 두산중공업 창원 공장 아니었던가. 연단에 선 이사장 앞에서 나래비를 서고 있을 학생들의 모습이 떠올랐다.

삼보 일배를 함께할 사람들을 찾아야 했다. 국토 대장정도 부담스러운데 그것을 삼보 일배로 뒤쫓겠다고 하니 모두 절레절레 고개를 저었다.

"청주에서 충주, 뛰어가면 금방이라며, 형은 암튼 정말 대책이 없어."

충한이가 옆에서 한숨 섞인 핀잔을 줬다. 무려 보름 동안이나 고행을 거듭해야 하는 길. 같이 하겠다고 선뜻 나서는 사람도 없었지만 하고 싶다고 아무나 할 수 있는 일도 아니었다. 체력이 뒷받침되어야 했다. 천막 농성 때 같이 불통의 벽을 만들었던 민호가 이번에도 힘을 보태 주기로 했다. 또 신세를 지게 되다니 너무 고맙고 또 미안한 마음이었다. 하지만 민호는 아직 새내기였고 보름간의 삼보 일배를 둘이서만 감당하기엔 여러모로 무리였다. 옆에서 짐을 들어주고 이러저런 일들을 거들어 줄 민호 외에도, 함께 삼보 일배를 할 사람이 더 필요했다. 혼자서 삼보 일배를 할 수는 없는 노릇이었다. 같이 소송을 준비하고 있던 주식이와 창인이는 애초에 불참 의사를 전해 왔다. 당시 민주노동당 당적을 갖고 있었고 민족주의 운동에 열심이었던 둘은 21세기한국대학생연합이 준비하는 6·15공동선언 10주년 행사를 시작으로 통일 선봉대, 8·15 통일 대축전까지 큼지막한 행사들을 앞두고 있어서 이 일까지 신경 쓸 여력이 없었다.

출발 날짜는 다가오고 사람을 찾지 못해 발을 동동 구르던 상황에서 문득 효진이의 얼굴이 떠올랐다. 효진이는 지난봄 농활 때, 독문과와 철학과가 한 마을에 들어가게 되면서 새로 알게 된 후배였다. 누구보다 반골 기질이 뚜렷했던 효진이라면 선뜻 제안을 받아 줄 수 있을 거라고 생각했다. 역시나 효진이는 흔쾌히 허락했다. 농활의 인연은 질겼다. 사람이 더 있으면 좋았겠지만 그래도 최소한의 규모를 갖춘 원정대가 편성된 건 다행이었다.

5

무릎 보호대를 챙겨 들고 한강변으로 내려갔다. 삼보 일배로 얼마큼의 거리를 갈 수 있을지 가늠해 보기 위해서였다. 흑석 초등학교 앞에서 동작대교 방향으로 삼보 일배를 시작했다. 볕이 쨍쨍한 정오, 화창한 한강변엔 삼삼오오 산책 중인 사람들이 눈에 띄었다. 자전거와 롤러블레이드를 탄 사람들도 더러 지나갔다. 사람들은 의아한 표정으로 나를 주시했다. 하지만 주위 시선을 신경 쓸 겨를이 없었다. 쉬지 않고 삼보 일배를 거듭했지만 생각보다 너무 더뎠다. 1킬로미터를 좀 넘어선 지점, 반포천에 이르러 후들거리던 다리가 이내 풀려 버렸다. 30분 정도가 걸렸다. 하루에 20~30킬로미터씩 걷는 국토 대장정 일행을 삼보 일배로 뒤쫓는 것은 불가능한 일이었다. 조금만 생각해 보면 너무나도 빤한 결과였지만 미련하게도 그걸 온몸으로 부딪혀 보고 나서야 한계를 확인한 것이다. 낙담할 수밖에 없었다. 계획은 그렇게 수포로 돌아가는 듯했다.

그러다 국토 대장정 출발일이 코앞으로 다가온 상황에서 계획을 급히 수정했다. 전 구간을 뒤쫓는 것이 아니라 익산에서 창원까지 260킬로미터 중 100킬로미터 구간을 소화하는 것으로 목표를 변경했다. 하루 단위로 구간을 끊어서 국토 대장정 일행과 하루에 한 번씩 마주치면 충분히 의도한 바를 이룰 수 있다고 생각했다. 굳이 불가능한 전 구간에 미련을 둘 이유가 없었다. 주최 측에서는 한국전쟁 당시 임시 교사가 익산에 세워졌고 전선이 낙동강으로 밀리면서 교사가 다시 부산으로 옮겨졌는데 이를 기념하기 위해 코스를 만들었다고 설명했지만 그것은 학생들에게 두산중공업 창원 공장을 견학시키기 위한 구실에 불과해 보였다. 사정이 그러했으니 구태여 부산까지 쫓아갈 이유도 없었다. 그렇게 해서 우리의 목적지는 창원의 두산중공업 공장으로 정해졌다.

당장에 필요한 건 돈이었다. 출발이 낼모레인데 우리는 무일푼 상태였다. 무릎 보호대가 넉넉히 필요했고 차비에 식비, 숙박비까지 적지 않은 경비가 필요했지만 우리는 말 그대로 빈털터리였다. 불문과 박영근 교수를 찾아갔다. 천막 농성 때부터 학생들을 많이 챙겨 줬던 박영근 교수가 나서서 민교협 교수들에게 후원을 받을 수 있도록 이메일을 발송해 주기로 했다. 그다음 진보신당 동작구 당원협의회의 김종철 위원장에게 연락을 했다. 4월 8일 동작 경찰서 조사실에서의 첫 만남 이후 두 번째였다. 우리의 사정을 전해 들은 김종철 위원장은 전북과 경남 당원들로부터 협조를

구해 숙식을 제공해 주겠다고 약속했다. 그렇게 이곳저곳에서 도움을 받을 수 있게 되고 나니 한결 여유가 생겼다.

7월 24일, 날이 밝았다. 간밤까지만 해도 거의 텅 비어 있던 계좌에 속속 돈이 들어오기 시작했다. 민호는 무릎 보호대를 사러 장한평에 있는 바이크샵으로 갔고, 효진이와 나 그리고 총학생회 학술국장이었던 명호는 출정식을 위해 두산타워로 향했다.

"중앙대 퇴학생들 들어옵니다."

몇 차례 일인 시위를 하면서 부대꼈던 경호원들이 현수막을 들고 서 있던 우리 일행을 건널목에서부터 알아봤다.

'징계권 남용, 교육 파탄, 두산대 규탄 삼보 일배 출정식'.

말이 출정식이지 겨우 세 명에서 기다란 플래카드를 띄엄띄엄 잡고 서있는 모습은 현장에서 우릴 지켜보고 있던 두산의 경호원들마저 민망해 할 정도로 초라하고 단출했다. 그래도 우리는 꿋꿋이 가운데 자리를 번갈아 가며 다시 한 번 힘차게 의지를 다졌다.

민주적 의사 결정 구조 그리고 학문과 학문의 주체인 교수와 학생에 대한 존중 없는 두산 재단의 독단적 구조 조정과 천박한 기업식 대학 운영을 규탄한다!

두산 재단이 들어온 이후 학생들에 대한 무차별적인 징계가 이어졌다. 2천5백만 원 손해배상 청구에 학교 출입 금지 가처분 신청까지 두산은 학생 징계 역사의 신기원을 써 내려가고 있다. 그들이 원하는 대로 우리는 학교 밖으로 밀려났지만 우리는 끝까지 싸울 것이다. 오늘이 그 시작이다.

중앙대로 대표되는 한국 대학 교육의 비정상적인 모습에 우리의 힘찬 날갯짓이 균열을 만들고 그것이 나비효과가 되어 대학 사회에 변화의 폭풍으로 몰아치길 바란다!

6

익산으로 향하는 열차를 타기 위해 용산역으로 가는 길, 무릎 보호대를 사러 갔던 민호가 합류했고 명호가 우릴 배웅해 줬다. 허기를 달래기 위해 대합실 매점에서 집어든 김밥은 꼭꼭 씹을수록 쓴맛이 났다. 무거운 배낭만큼이나 무거운 부담감이 계속 우리를 짓눌렀다. 사람도 부족하고 예산도 빠듯한 상황에서 그나마 출발하게 된 것만도 다행이라고 생각했지만 막상 열차가 서서히 움직이기 시작하자 덜컥 걱정부터 앞섰다. 우리가 과연 잘 해 낼 수 있을까? 같은 시간 학교 체육관에서는 국토 대장정 참가 학생들이 모여 기념 촬영도 하고 들뜬 분위기 속에 16박 17일의 테이프를 끊었다.

익산과 전주에서 우릴 맞이해 준 건 전북도당 고승희 사무처장이었다. 월 5천 원밖에 안 되는 작은 돈이었지만 꼬박꼬박 당비를 내왔던 게 마치 보험처럼 큰 보상으로 돌아오는 것 같았다. 익산과 전주당원들의 환대가 자신감을 북돋아 줬다. 도당의 취재 요청으로 이튿날 전주역 부근에서 KBS와 인터뷰를 했고, 언론의 관심에 우리 일행은 한껏 고무되었다.

그런데 국토 대장정 일행의 행방이 묘연했다. 그들의 자취를 찾기 위해 이틀을 헤맸지만 오리무중이었다. 우리를 피하기 위해 코스를 변경하지는 않았을까, 예정된 것과는 반대로 부산에서 출발하지는 않았을까, 추

측이 난무했다. 예상치 못했던 혼란이었지만 더 이상 시간을 허비할 수는 없었다. 사흘째 되는 날 새벽, 여관에서 나와 컵라면과 삼각 김밥으로 끼니를 때우고 화심 온천으로 향했다. 그렇게 전주에서 진안으로 향하는 국도변 오르막길에서 삼보 일배의 첫걸음을 뗐다.

역시나 맨땅의 헤딩이었다. 생각했던 것보다 더 많은 어려움이 따랐다. 에스코트해 줄 차량이 없는 효진이와 나는 도로변에서 사고의 위험에 노출된 채 삼보 일배를 해야 했고, 민호 역시 세 명의 가방을 질질 끌다시피 하며 버거운 발걸음을 옮겼다. 뙤약볕에 프라이팬처럼 달궈진 아스팔트에서 절을 할 때면 낮게 엎드린 몸으로 복사열이 스며 올라왔고 변덕스런 소나기는 몸을 자꾸 무겁게 만들었다.

조금씩 전진할수록 두 봉우리의 모양이 차츰 변해 가는, 말의 두 귀를 닮은 마이산이 눈에 들어왔다. 해질 무렵이었다. 무려 10킬로미터에 가까운 거리를 몸부림쳐 오며 많이 지친 상황이었다. 안타깝게도 진안엔 우리에게 도움을 줄 당원들도 없었다. 꼬깃꼬깃 얼마 남지 않은 돈으로 허름한 여관방을 잡아 짐을 풀고 밥을 먹으러 읍내로 나섰다. 식당에서 밥을 먹고 일어서는데 바로 옆 테이블에 낯익은 얼굴들이 보였다. 학생처의 두 주임들이었다. 그렇게 발 벗고 나서도 찾지 못했던 사람들을 읍내의 작은 식당에서 맞닥뜨리게 된 것이다. 서로가 적잖이 당황해 하며 어색한 인사를 주고받았다. 얼마간의 침묵이 흐르고 곱창에 맥주나 한잔하지 않겠냐는 제안이 들어왔다. 마다할 이유가 없었다. 공대위 출범식 때 학생처 교직원들과 옥신각신하며 언쟁을 벌였다는 게 퇴학 처분의 이유 중 하나였는데 지금 그 장본인과 마주 앉게 된 것이다. 카메라로 학생들을 채증하고 주식이의 멱살을 잡았던 교직원들을 향해 "간이 배 밖으로 튀어나온 교직원들"

이라고 고함을 쳤던 나였지만, 나 또한 그들에게 사적인 감정은 없었다. 모든 갈등과 불화의 뒤에는 두산 재단의 압력이 있었다는 걸 잘 알고 있었으니 말이다. 지금은 학생처 직원들과 학생들의 사이가 이렇게 되어 버렸지만 두산이 들어오기 전까지만 해도 이 정도는 아니었다. 한 잔, 두 잔 술잔이 오가며 간간이 이야기가 이어졌다. 할 말이 더 많은 건 그들이었다.

"영수야, 두산이 들어오고 나서 교직원들도 많이 힘들어 해. 나도 학생처에서 자리 옮길 거야. 정말 우리도 죽을 맛이다."

지금의 상황이 안타깝고 참 난처하다는 토로가 이어졌다. 서로를 격려해 주며 창원까지 가자고 하면서 술자리는 훈훈하게 마무리됐다. 둘은 편의점에서 이것저것 한 보따리 사들고 나와 우리에게 건네고 숙소가 있는 야영장으로 돌아갔다.

우리는 약국에 들러 파스와 붕대, 식염수를 사가지고 여관으로 돌아왔다. 이곳저곳 쓸리고 물집이 터지고 살갗은 햇볕에 타 화끈거렸다. 그날은 우루과이와의 월드컵 본선 경기가 있는 날이었다. 효진이는 애국가를 들으며 호각도 불기 전에 곯아떨어져 버렸다.

7

다음날, 이른 아침부터 다시 삼보 일배를 시작했다. 첫날 너무 무리한 탓에 몇 걸음 못 떼고 힘없이 고꾸라졌다. '이렇게 끝인가?' 위기감이 엄습했다. 근육통이 너무 심해 온몸에 물파스를 샤워하다시피 들이부었고, 허리에는 붕대를 겹겹이 감아 통증을 견뎌야 했다. "절대 퍼지면 안 된다!" 이를 악물고 꾸부정한 자세로 다시 한걸음씩 내딛었다. 한동안 근육통을 참고 버텼더니 서서히 몸이 풀리기 시작했다. 지친 몸을 이끌고 다시 하루 종일 몸부림쳐야 한다. 그렇게 열흘 넘는 기간을 더 버텨야 한다. 막막했다.

'이게 과연 어떤 의미가 있을까?' 어느 시골 마을의 한적한 도로변, 차바퀴에 깔려 납작하게 찌그러진 뱀의 사체, 삐죽삐죽 찌를 듯이 도로로 튀어나온 넝쿨, 무성하게 우거진 수풀, 하얗게 내리쬐는 햇볕, 간간이 들려오는 새소리, 그 길에서 몸부림치고 있는 우리. 몸이 고달픈 것보다 '우리 셋뿐'이라는 고립감이 마음을 더 지치게 했다. 그 와중에 KBS에서 취재해 간 내용의 방송이 불발됐다는 소식이 들려왔다. 우리는 지금 여기서 무엇을 하고 있는 걸까?

어젯밤 국토 대장정 일행의 위치를 전해 듣게 된 건 그나마 다행스러운 일이었다. 소재를 파악할 수 없어 그간 적잖이 신경이 쓰였던 터다. 부지런히 몸을 굴리면 해가 중천에 뜰 때쯤 도로에서 국토 대장정단과 마주치게 될 것이다. '대학 기업화 반대, 징계권 남용, 두산대 규탄'이라고 쓰인 몸 자보를 드디어 보아 줄 사람이 나타날 것이다.

중천의 해가 뉘엿뉘엿해지고 초조한 마음으로 자꾸 뒤를 돌아보며 삼보 일배를 해나가던 우리 뒤로 마침내 길게 늘어선 행렬이 모습을 드러냈다. 성큼성큼 다가와 우리를 지나쳐 가는 일행 중 더러는 엄지를 들어 보이고, 파이팅을 외치는 이도 있었다. 땀으로 범벅이 된 눈가에 눈물이 핑 돌았다. "수고." 후미를 이끌던 학생처 주임도 나지막한 목소리로 격려해 주었다.

진안을 거쳐 농업위원회가 있는 장수에 이르자 또다시 많은 당원들의 환영을 받았다. 각별한 대접을 받으며 김재호 위원장 댁에서 신세를 지게 됐다. 여관방을 전전하다가 아늑한 가정집에서 묵을 수 있게 되니 기분이 한결 좋아졌다. 마침 여관방을 잡을 돈도 바닥난 상황이었기 때문에 집이 더 푸근하게 느껴졌다. 하루 일정을 마치고 효진이는 그간 찍었던 사진을 편집하고 글을 정리해 중앙인 커뮤니티와 진보신당 게시판에 올렸다. 같은 내용이었지만 반응은 엇갈렸다. 예상대로 진보신당 게시판에서는 격려의 댓글이 이어졌고, 중앙인 커뮤니티에서는 비난과 비아냥거리는 댓글이 꼬리에 꼬리를 물었다. 불경스러운 내용의 자보를 몸에 두르고 엎드려 절하고 있는 우리와 두산 깃발을 들고 그 옆을 지나치는 국토 대장정 일행이 함께 찍힌 사진 때문이었다. 누군가에게는 거북하고 혐오스럽게 보일 수도 있을 것이다.

　　육십령을 넘어 접어든 경남 땅에서부터 본격적인 불볕더위가 시작됐다. 손바닥으로 땅을 짚는 것조차 힘들 정도로 아스팔트는 열기를 잔뜩 머금고 있었다. 빨간 코팅 장갑에서는 고무 녹는 냄새가 올라왔다. 몸도 마음도 뜨거운 사막 한가운데 내던져진 것만 같았다. 걷는 것조차 아니 가만히 서있는 것마저 버거운 직사광선이었다. 하지만 악조건 속에서도 묵묵히 자리를 지키고 있는 효진이와 민호를 보며 참고 견딜 수밖에 없었다. 너무 힘에 부칠 때면 마음 한켠에서는 효진이가 먼저 쓰러져 줬으면 좋겠다는 생각도 들었다. 효진이가 나가떨어지면 강행군을 멈출 수 있을 것 같았다. 하지만 효진이에게도 부담감은 마찬가지였다. 그렇게 둘은 초긴장 상태에서 민호의 도움을 받으며 강행군을 이어 갔다.

　　저 멀리 국토 대장정 일행이 저벅저벅 걸어오고 있었다. 우리 옆을 스쳐 가는 일행도 지친 기색이 역력했다. 예사 날씨는 아니었나 보다. 구급차가 대열의 끝에서 그들을 에스코트해 주고 있었다. 뒷문을 활짝 열고 서행하던 구급차 안에 털이 무성한 개가 한 마리 보였다. 국토 대장정단의 일원으로 함께 왔던 삽살개마저 퍼져 버린 것이다. 무심하게 스쳐 지나가는 구급차가 야속했다.

　시뻘겋게 익어 터져 버릴 것 같은 허벅지의 열기를 빼기 위해 안의면 초입의 한 대중목욕탕에 들렀다. 꼭 갇혀 버린 사람들처럼 한동안 냉탕을 빠져나오지 못했다. 겨우 한숨을 돌리고 도착한 곳은 함양읍. 다행히 통장에 돈이 좀 들어와 기분 좋게 널찍한 모텔방을 잡았다. 효진이는 낮에 찍었던 사진과 함께 게시판에 올릴 글을 준비하느라 분주했다. 낮에는 삼보일배를 함께하며 옆자리를 지켜 주고, 밤에는 대변인이 되어 밤낮으로 부지런을 떠는 모습이 한없이 안타깝고 고마웠다.

8

〈학교 구성원의 일체감 형성 및 성취감 고취〉

○ 참여 인원 간 개개인의 극한 체험을 통하여 개인의 성취감 고취

○ 구성원 간의 격려 및 협조 등을 통한 중앙대학교 구성원으로서의 자긍심

○ 사회 진출 후 어떠한 어려움도 이겨 낼 수 있다는 자신감 부여

〈학교 홍보(대외) 효과〉

○행군 선두의 깃발 및 개인별 물품에 학교 로고를 부착하여 행군 지역 주민에게 학교 홍보 극대화

○ 국토 대장정이라는 자연스러운 소재로 언론에 학교 이미지 홍보

　　　　　　　　　중앙대 학생처, "국토 대장정의 행사 효과"[4]

'딱 하루만, 오늘 딱 하루만 더 참자'는 생각으로 버티고 버티다 보니 어느새 우측으로 지리산 자락이 병풍처럼 펼쳐졌다. 아마도 산청에 이르렀을 즈음이 반환점이었던 것 같았다. 대안 교육으로 유명한 간디학교에서 교사로 재직 중인 부부의 호의로 묵을 곳이 정해져 한결 가벼운 마음이었다. 국토 대장정 일행과 세 번째로 마주친 곳은 간디학교를 얼마 앞두고였다. 한눈에 봐도 확연히 지쳐 보이는 일행이 우르르 지나쳐 가는데, 곁에서 사진을 찍고 있던 민호가 누군가와 실랑이를 벌이는 듯했다. 뭔가 문제가 생긴 모양이었다.

"앞으로 사진 찍지 마세요! 왜 우리를 찍는 거죠? 또 찍으면 카메라를 뺏겠습니다."

국토 대장정 단장이라는 친구가 민호에게 퉁명스러운 경고를 던졌다. 어찌 된 일인지 며칠 사이에 대단히 날카로워진 모습이었다.

"우리는 당신들과 일행이 아닙니다! 그런데 왜 자꾸 겹치는 장면을 촬영해서 사진을 퍼뜨리는 겁니까? 불쾌합니다. 불필요한 행동을 계속하면 완력을 쓰겠습니다."

구태여 사진을 더 찍을 이유는 없었다. 사진은 그간 찍은 것만으로도 충분했다. 중앙인 커뮤니티의 여론을 환기시켜 보고자 우리의 여정을 알려 온 효진이의 노력이 어느 정도 반향을 일으킨 것 같았다. 창원까지 서로 격려해 주며 가자던 평화협정은 어느새 휴짓조각이 되어 버린 듯했다. 우리 사이에 흐르던 냉랭한 기류가 마치 창원이 가까워져 오고 있음을 알리는 신호처럼 느껴졌다.

"대학 기업화에 맞선 삼보 일배 실천단을 환영합니다."

진주로 접어드는 길목에 걸린 현수막이 우리를 맞았다. 그동안 다 망

가져 버린 무릎 보호대를 대신할 새 무릎 보호대를 공수해 준 건 진주당협 채수영 위원장이었다. 국토 대장정 일행이 산청의 한 시설에 들러 봉사 활동을 하는 사이 우리는 이틀에 걸쳐 진주를 북에서 남으로, 동에서 서로 횡단하며 삼보 일배를 했다. 더 이상 학생들과 부딪히며 마찰을 일으킬 이유가 없었다. 마침 KNN과 『오마이뉴스』, 진주미디어센터에서 우리를 취재해 갔다. 더 이상 '우리 셋뿐'이 아니었다. 언론의 관심에 기운이 났다. 다행히 진주 도심에는 사람이 많았고, 오가는 시민들도 우리를 관심 있게 지켜봤다. 덩달아 유인물을 돌리느라 민호가 정신이 없어졌다.

마지막으로 창원에서의 일정을 조율해야 했다. 상대는 노동조합이었다. 두산중공업 노조는 우리의 요청을 끝내 거절했고, 두산중공업 해고자 복직투쟁위원회와 두산의 계열사인 두산모트롤 노조가 함께 힘을 모으기로 했다. 진주, 창원 대도시 간의 도로는 삼보 일배를 진행하기에 적합하지 않았다. 사람들이 붐비는 창원을 놔두고 굳이 도로변에서 씨름할 이유도 없었다. 진주당협 박지호 부위원장의 자택에서 밤을 보낸 후 언론 인터뷰를 한 후 우리는 창원으로 서둘러 발길을 돌렸다.

9

마침내 창원. 우릴 반갑게 맞아 준 건 경남도당 안혜린 사무처장이었다. 예정보다 이틀 먼저 도착한 우리는 경남도청, 정우상가 일대를 돌며 유인물을 뿌리고 삼보 일배를 했다. 첫날의 종착지인 창원대 앞으로 우리를 태우러 마산당협 이장규 위원장이 나왔다. 이장규 위원장은 자택으로 가는 도

중 두산중공업 공장 인근에 차를 세웠다. 어마어마한 규모의 부두 크레인이 눈에 들어왔다.

"저기 보이는 게 마 두산중공업이다 아입니까! 두산이 노조 탄압 심하게 하는 악질 자본으로 창원에서도 명성이 자자한데 뭐 할라고 대학까지 기어들어 가가 그래 학교를 쑥대밭을 만들어 놨는지……. 마 장사하러 들어갔겠지마는……."

이튿날 아침에는 공장 앞 통근 버스 정거장에서 두산중공업 해고자 복직투쟁위원회 전대동 위원장과 공장으로 출근하는 노동자들에게 유인물을 돌렸다. 전대동 위원장은 두산이 한국중공업을 인수한 후 단행한 단협 해지에 맞서 공장점거 파업을 벌이다가 2002년 8월에 해고된 뒤 복직하지 못한 네 명의 노동자 중 한 명이었다. 그는 그 이후 무려 9년 동안 아침마다 공장 정문에서 출근 투쟁을 계속해 오고 있었다. 유인물을 나눠 주던 우리를 제지하기 위해 회사 관리자들이 나와 잠시 승강이를 벌이기도 했지만, 우리는 사측의 방해에도 아랑곳하지 않고 준비해 간 물량을 모두 배부했다.

출근 투쟁을 마치고 철수하는 길, 해고 노동자들이 자주 들른다는 단골 식당에서 순댓국을 들이키며 빈속을 달랬다. 오전에 마산역 일대를 한 바퀴 돌고 『경남도민일보』와 인터뷰를 한 뒤 합성동 터미널에서 삼보 일배를 마무리하고 오후는 마지막 날 기자회견 준비로 시간을 보냈다. 늦은 저녁 경남도당 허윤영 위원장의 초대로 마산의 한 곰장어 집에서 소주잔을 부딪치며 이야기를 나눴다. 그는 배달호 분신 정국 때 몸소 겪었던 두산중공업 구사대와의 격렬했던 대치를 회상하는 듯했다.

"그 놈들 공장 정문 쪽에서 기자회견 한다고 하면 마 득달같이 나와가 지랄병을 할 텐데……. 아주 치고 박고 난장판이 될지도 모르는데 학생들이 걱정이네. 그라도 마 어쩌겠나? 기왕 이래 된 거 함 붙어 봐야지."

허윤영 위원장의 말에 모두가 잔뜩 겁을 먹었다. 내일 아침 일이 너무 걱정된 나머지 늦은 밤 창규 형한테 급히 전화를 했다. 영상 활동가였던 창규 형이 현장에서 촬영을 하면 극단적인 상황은 피해 갈 수 있을 거라 생각했다. 혹 불미스러운 상황이 벌어지더라도 해명의 자료가 아쉬운 건 언제나 우리 쪽이었다. 폭행을 당하고도 퇴학 처분을 받지 않았던가. 전체 일정의 마지막 밤, 혹시 있을지도 모를 일들을 생각하니 뒤숭숭한 기분이 들었다. 다행히 창규 형이 바로 출발해 새벽이면 도착할 수 있을 것이라는 말에 한시름 덜 수 있었다.

신천섭 부위원장 댁에서 마지막 잠을 청했다. 마지막 밤이라고 생각하니 쉽게 잠들 수 없었다. 요 며칠 사이 자다 깨는 일이 잦아졌다. 효진이도 마찬가지였다. 누군가 발목을 쭉 잡아 빼는 듯한 통증이 몰려왔고 특히 무릎 관절이 심하게 아팠다. 절을 할 때마다 땅을 짚었던 손목의 통증도 심해졌다. 초반의 근육통은 눈을 질끈 감고 견딜 수 있었지만, 막판에 찾아온 관절 통증은 뭔가 절대적인 한계에 부딪힌 기분이었다. 며칠 더 삼보 일배를 하면 몸이 부서질 것만 같았다. 그나마 다행인 건 이것도 이제 정말 하루만 더 하면 끝이라는 것이다. 악몽으로 잠을 설치며 그렇게 마지막 밤이 저물어 갔다.

10

아침이 밝고 우리는 두산중공업 공장으로 향했다. 공장 정문까지 약 1킬로미터의 삼보 일배와 기자회견으로 모든 일정은 마무리될 예정이었다. 마지막 삼보 일배의 시작점은 '배달호 열사 추모비'. 『오마이뉴스』 윤성효 기자의 제안이었다. 배달호 열사는 지난 2003년 1월, 두산중공업 공장에서 몸에 불을 붙여 새까만 숯덩이가 된 채로 발견됐다. 2002년 사측의 일방적인 단체협약 해지로 두산중공업 노조는 파업을 이어 갈 수밖에 없었다. 두산은 이를 기다렸다는 듯 파업에 가담한 18명의 노동자들을 해고하고, 620명의 노동자들에게 징계를 내렸다. 더 나아가 손해배상 청구, 가압류를 통해 노동자들의 삶을 벼랑 끝까지 내몰았다. 65억 원에 달하는 손해배상 청구는 노동자들에게 전 재산으로도 감당할 수 없는 막대한 규모로 경제적 사형선고나 다름없었다. 가압류로 인해 함께 파업을 벌였던 동료들의 일상이 무너지고 노동조합과 노동자들의 삶이 산산조각 나는 모습을 보면서 배달호 열사는 분신 자결을 선택했다.

사람의 영혼까지 갉아먹는다는 손배 가압류가 불러온 참사였다. 파업은 본질적으로 기업에 손실을 입힐 수밖에 없지만 그 손실에도 불구하고 파업권을 보장함으로써 노동자들이 얻게 되는 권익이 더 크고, 이를 통해 실현되는 사회 형평의 가치가 더 소중하기 때문에 헌법에서 노동3권을 보장하는 것이다. 하지만 현실에서의 파업은 대부분 불법의 딱지를 면할 수 없었다. 그런데 거기에 더해 민사적 책임까지 묻는다는 것은 헌법상 보장된 파업권을 사실상 무력화시키는 것과 다름없었다. 당시로서는 이례적인 노동 탄압 수법이었던 손배 가압류는 두산과 박용성 회장의 작품이었다.

노동자들에게 청구된 65억 원에 달하는 손해배상 청구의 고통에 비할 순 없겠지만, 내 앞으로 청구된 2천5백만 원 역시 돈으로 노동조합과 노동자들을 옥죄고 한 노동자를 죽음으로 내몰았던 박용성 이사장의 솜씨일 것이다. 약한 자들의 오래된 그리고 유일한 무기는 연대라 했으니, 함께하는 것은 당연해 보였다. 추모비 앞에 둘러서서 묵념을 마치고 김창근, 전대동, 강웅표, 김춘백 이렇게 네 명의 해고 노동자들과 함께 삼보 일배를 하며 공장 정문으로 향했다.

"학생은 학교로, 노동자는 공장으로."

마지막 날의 몸 자보 내용은 소박했다. 팔목이 시큰거릴 때마다 두산중공업 본관 건물이 저 멀리서 한걸음씩 다가왔다.

그때였다. 공장 정문을 빠져나온 승합차에서 두산의 청원경찰들이 우르르 쏟아졌다. 이내 그들과 우리 일행이 한데 뒤엉키면서 고성이 오갔다. 곧 몸싸움이라도 벌어질 듯한 험악한 상황이 한동안 계속됐다.

'퇴학 처분 무효화를 위한 중앙대 삼보 일배 실천단 해단식.' 청원경찰들의 시비에도 꼿꼿이 현수막을 함께 잡아 준 건 두산중공업 해고자 복직 투쟁위원회와 두산모트롤 노동조합 그리고 경남도당 당직자들이었다. 멀리 인천의 두산인프라코어 노동조합에서도 연대 성명을 보내왔다.

학교가 징계를 풀지 않는다면 우리도 끝까지 싸워 나갈 것이다. 박용성 이사장은 돈으로 대학을 사고 학문을 사고 정의를 살 수 있다고 생각할지 모르지만, 대학을 대학답게 지켜 가고자 하는 학생들의 의지만큼은 살 수 없을 것이다.

노영수

징계가 부당하다는 것을 더 많은 사람들에게 알리고, 학교에 돌아가길 간절히 바라며 삼보 일배를 해왔다. …… 고되고 힘들었지만, 학교로 돌아갈 수 있다는 희망이 지난 55킬로미터를 견디게 해준 힘이었다. 학생은 학교로 돌아가야 한다. 학생이 있어야 할 곳은 학교다.

박효진

두산은 중앙대를 인수한 뒤, 일방통행식 구조 조정을 실시해 수많은 학생들의 미래를 암흑으로 물들이고 있다. 노동자들을 대량으로 해고하고 비정규직이라는 노예로 만드는 것도 모자라, 학교에서조차 학생들을 기업의 노예로 만들려 하고 있다.

두산중공업 해고자 복직 투쟁위원회

학생들이 미래를 꿈꾸고 이를 실현하기 위한 교육의 장이 되어야 할 학교가 두산 자본의 상식을 뛰어넘는 행동으로 투쟁의 장으로 변해 버린 현실에 안타까움을 금치 못한다. …… 노동 현장과 교육 현장에서 사람이 사람답게 살 수 있는 환경을 만들기 위해, 우리는 중앙대 학생들을 적극적으로 지지하고 연대할 것이다.

두산인프라코어 노동조합

노동자가 살맛 나는 세상, 학생들이 마음 놓고 편안히 공부할 수 있는 세상을 만들기 위해 노력하는 학생들의 투쟁은 정당하다.

두산모트롤 노동조합

13일간 55킬로미터에 이르는 대장정은 노동자들과 함께 막을 내렸다.

11

두산중공업은 우리의 삼보 일배마저 고발해 왔다. 피고발인 명단에는 효진이의 이름까지 올라 있었다. 선배가 받은 부당한 징계를 철회시키고자 보름 가까이 삼보 일배의 고행을 감수한 대가였다. 익산에서 창원까지 같은 경로를 지나온 국토 대장정단에게는 각자 1백만 원 상당의 기념품과 총장 명의의 완주증, 봉사 학점 등의 스펙이 쌓였고, 효진이에게는 두산중공업 명의의 고발장이라는 안티 스펙이 둘러쳐졌다. 효진이는 담담한 표정이었지만 나는 미안한 마음에 고개를 들 수가 없었다.

서울에 도착한 지 이틀이 지나 긴장이 풀린 탓인지 켜켜이 누적된 피로에 심하게 몸살을 앓았다. 몸과 마음은 지칠 대로 지쳐 있었고 더 이상 우리가 할 일은 없어 보였다. 이제는 천천히 일상으로 돌아가야겠다는 생각이 들었다. 이래저래 용돈을 벌기 위해 아르바이트를 해야 하는 상황이었다. 몸살에, 고발장에, 아무런 소득 없이 다시 일상으로 돌아가야 한다는 아쉬움에 무기력해 있을 때쯤 전혀 기대하지 않았던 희소식이 들려왔다. 시사평론가 김용민 씨가 무려 195만 원의 거금을 쾌척해 온 것이다. 영문도 모른 채 계좌에 찍혀 있는 금액을 보고 화들짝 놀랄 수밖에 없었다. 20대에겐 희망이 없다며 소위 '20대 쓰레기론'을 역설했던 평론가가 "재벌에 맞서 결기 있게 벌이는 싸움을 응원한다"는 메시지를 보내온 것이다. 그는 2011년 2월, 퇴학생들의 승소를 자축하는 후원 주점까지 찾아와 자신의 저서를 건네주었다. 얼마가 지나고 책을 뒤적이다 보니 책갈피처럼 5만 원짜리 한 장이 꽂혀 있던 페이지가 자연스럽게 펼쳐졌다. "양심이 원하는 길을 끊임없이 선택하기를 바란다." 그의 저서 한 꼭지도 우리에 대한 이야기로 채워져 있었다. 삼보 일배를 기사화하고 후원금을 보내 주었던 이재훈 기자도 칼럼을 통해 거대 자본과 싸우는 우직함을 격려해 주었다. 언제나 투박한 방법으로 싸워 왔던 우리에게 "세련되지 못하다"라는 자격지심을 덜어 주는 응원이기도 했다.

12

다시 싸움을 준비해야 했다. 지친 마음을 일으켜 준 주위의 관심과 응원, 여기저기서 보내온 두둑한 후원을 등에 업고 나니 물질적으로나 정신적으로 부족할 게 없었다. 언제 끙끙 앓았냐는 듯 몸살 기운도 사라졌다. 삼보 일배 뒤풀이 겸 문과대 옥상에서 푸지게 막걸리 잔치를 벌였다. 학생회 선후배들을 불러 모아 그간 있었던 일들을 함께 이야기하는 자리였다. 본관 앞 농성 천막이 철거된 이후로는 다 같이 모일 만한 자리도 딱히 없었다. 총학생회장인 지혜와 나는 향후 노동조합과의 연대 일정을 조율했다. 그리고 마지막으로 효진이와 민호를 위해 준비한 선물을 꺼내 들었다. 자그마치 30만 원이나 하는 K2 등산 가방.

"다른 건 하나도 안 부러운데 저 등산 가방은 꼭 갖고 싶어."

등산 마니아 효진이는 국토 대장정 일행이 우리 옆을 지나쳐 갈 때마다 예쁜 가방에서 눈을 떼지 못했다. "안 돼! 그건 두산 꺼야! 그건 박용성 가방이잖아!" 어설픈 말로 받아쳤던 내가 보기에도 너무나 근사했던 겨자색 가방. 효진이는 얼마나 갖고 싶었던지 진안에서 마주친 학생처 주임에게 다짜고짜 "혹시 가방 남는 거 없냐?"고 물어볼 정도였다. 김용민 씨의 후원금으로 마련한 '김용민 가방'으로 마음의 짐을 좀 덜어 냈다.

후원금은 다른 곳에도 쓰였다. 중앙도서관 앞으로 캔커피 30만 원어치를 주문했다. "이 커피는 시사평론가 김용민 씨의 후원으로 마련된 것입니다." 화창한 오후, 도서관 앞 계단을 정신없이 오르내리는 학우들에게 유인물을 돌리며 캔커피를 하나씩 나눠 줬다. 돌이켜 보니 한때는 나도 이 도서관을 정신없이 다니던 시절이 있었다. 전역한 후에는 새벽같이 들어가 늦은 밤 머리가 멍해져서 도서관을 나서곤 했다. 공부하다 잠깐 바람을 쏘일 때도, 귀갓길을 재촉할 때도 항상 계단 끝에서 고개를 돌려 환하게 빛나는 시계탑을 바라보곤 했다. 그러면 하루 종일 도서관에서 씨름했던 내용들이 차곡차곡 정리되는 기분이었다. 그런 평범한 학창 시절을 보내던 내가 지금은 "학교로 돌아오고 싶다"는 호소문을 들고 그 자리에 서있었다. 나도 같은 중앙대학교 학생인데……. 바닥에는 버려진 유인물이 나뒹굴었다. 퇴학생 노영수. 서러웠다.

13

"노동 탄압 중단, 노동기본권 보장, 해고자 복직." "중앙대 기업식 구조 조정 반대, 학생 징계 철회."

한 줄에 배열하기엔 뭔가 어색한 구호들. 삼보 일배를 통해 인연을

맺게 된 두산의 몇몇 계열사 노조와 연대 집회를 열었다. 해가 쩅쩅 내리쬐던 7월의 어느 날이었다. 두산 본사가 보이는 동대문 인근에서 노동자와 학생들이 함께 두산 자본을 규탄하는 자리였다. 두산은 노동자와 학생이 함께 집회를 여는 것에 대해 민감한 반응을 보였다. 예정된 집회가 마무리되고 두산을 규탄하는 내용의 유인물을 뿌리기 위해 집회 대오가 사방으로 흩어졌다. 나와 몇몇 후배들은 일부 조합원들과 함께 두산타워로 향했다. 두산 본사의 경호원들이 총출동해 이곳저곳에서 승강이가 벌어졌다. 다급한 목소리의 전화 한 통이 걸려 온 건 그때였다.

"오빠 빨리 종로 6가 쪽으로 와요. 어떤 사람이 오빠 이름 적힌 종이를 들고 뭘 끄적이다가 노조 사람들한테 붙잡혔는데, 막 숨기면서 도망가는 중이에요. 오빠가 직접 와야……."

지혜의 목소리는 중간에 끊어졌다. 내 두 다리는 이미 동대문 쪽으로 달음질치고 있었다. "노 동지, 이쪽이야!" 대로변을 따라 동대문에서 좌측으로 틀어 뛰어가는데, 길가에 있던 한 조합원이 마치 기다리고 있었다는 듯이 길을 안내했다. 그가 가리킨 곳은 청계천 쪽이었다. 다시 청계천 쪽으로 방향을 잡고 뛰었다. 마음은 급한데 청계천 길가엔 지혜가 보이지 않았다. 그때 다시 전화가 울렸다. 종로 6가 버스 정류장이라고 했다. 다시 종로통으로 나와 6가 방향으로 뛰었다. 멀찌감치 노상에서 다툼을 벌이는 무리가 눈에 들어왔다. 총학생회장 지혜와 부총학생회장 일건이가 낯선 남자 두 명과 입씨름을 벌이고 있었다.

"진정, 진정들 하라고. 우리 저기 커피숍 가서 얘기 좀 합시다." 아까 내게 길을 안내했던 조합원이었다. 키가 작은 다른 사내의 손에는 몇 장의 A4 용지가 쥐어져 있었다. "노영수 관련 동향 보고." 레포트 표지 같은 앞

표지가 눈에 들어왔다. 내 최근 행적에 대한 자료가 들어 있는 A4 5매 분량의 문건이었다. 일면식도 없는 얼굴들이었다. 학교에 모르는 사람이 없다던 총학생회장 지혜마저 처음 보는 얼굴들이라고 했다. 대체 무슨 일일까? 망치로 한 대 얻어맞은 기분이었다.

그들은 다름 아닌 두산중공업 소속 법인사무처 부처장과 대리였다. 동대문 쪽에서 길을 엇갈리게 만든 사람이 법인사무처 부처장이었고, 2백 미터가량 도주하다 택시를 타고 피신하려 했으나 일건이가 택시 앞을 가로막고 지혜가 뒤따라 앞좌석에 타는 바람에 몸을 피하지 못했던 법인사무처 대리가 그와 함께 붙들려 있었다. 어떻게 일면식도 없는 사람이 인파로 붐비는 종로통에서 날 한 번에 알아봤을까. 어떻게 그렇게 자연스럽게 '노 동지'라는 말이 입에서 튀어나왔을까. "노영수 관련 동향 보고"는 또 뭔가. 두산중공업 직원이라니……. 이게 다 무슨 소린가. 박용성 이사장의 작은 눈을 대신해 현장에서 나를 감시하고 사찰했던 두산중공업 직원들의 등장에 머리가 멍해졌다. 순간 분노가 치밀었지만 한편으론 '박용성 이사장이 맘만 먹으면 못할 것이 없겠구나'라는 생각에 덜컥 겁이 나기도 했다. '세상에 저 큰 회사가 일개 학생을 사찰하다니!' 무서웠다. 내가 너무 작아지는 기분이었다.

백주 도심 한복판에서 벌어진 학생 사찰 사건을 두고 진화에 나선 건 박범훈 총장이었다. 박범훈 총장은 주말이 지나고 배포한 보도 자료를 통해 학생들에 대한 감시를 직접 지시했다고 시인했다. 덧붙여 이번 일은 재단과는 아무런 관계가 없음을 강조했다. 스스로 사찰 사실을 신속하게 인정하는 모습에 놀랐고, 어떤 경우에도 두산 재단만큼은 비호하겠다는 그 충성심에 또 한 번 놀랐다. 사건 당일 경찰에 증거물로 압수된 문건은 제대로 공개되지 않았다. 경찰은 문건을 소유자에게 되돌려 줘야 한다는 이유로 법인사무처 대리에게 반환했고, 취재진에게는 두산그룹 변호사가 문건의 수·발신 부분을 수정액으로 하얗게 가린 뒤에야 공개됐다. 공개되지 않은 뒷면, 자필 메모 내용도 궁금했지만 이 문건의 핵심인 보고 라인을 알아내지 못한 게 못내 아쉬웠다.

"박용성 이사장님, 퇴학생도 구원받고 싶습니다." 지난달 명동성당에서 일인 시위를 할 때 쓰던 피켓에 한 줄이 더 덧붙여졌다. "불법 사찰 말고요."

떠들썩했던 기자회견을 마무리하고 후배들과 함께 동대문으로 몰려가 뒤풀이를 했다. "노 동지! 한 잔 쭉 들이켜!" 그 이후 한동안 나는 후배들로부터 '노 동지'로 불려야 했다.

얼마 후, 두산그룹 박용만 회장은 자신의 트위터 계정에 "중앙대 일은 박범훈 총장께서 발표를 했고 그것이 팩트"라는 짧막한 트윗을 남겨 두산그룹의 사찰 의혹을 부인했다. 그렇다면 두산중공업 직원들이 "노영수 관련 동향 보고"라는 문건을 들고 몰래 학생들을 관찰하고 기록하다 발각돼 백주에 도주를 시도했던 이 사건을 어떻게 해석해야 하는가? 난감했다. 아무리 대학이 기업화되었다 해도, 대학 총장이 대기업 직원에게 업무를 지시하다니, 게다가 업무 시간인 대낮에 자기 직원이 엉뚱한 사람의 심부름을 하도록 방치하는 대기업이라니! 도통 이해가 되지 않았다.

14

더위가 절정에 치닫던 8월 초, 다시 피켓을 들고 일인 시위에 나섰다. 두산 본사의 경호원들은 한층 더 민감하게 나를 주시했다. 두산타워 앞마당은 모두 자신들의 땅이라 했고 차도와 맞닿아 있는 가장자리 좁다란 부분만이 내가 딛고 설 수 있는 유일한 공간이라 했다. 그 경계엔 사람 세 명 정도가 앉을 수 있는 널찍한 직육면체 대리석이 반듯하게 줄지어 있었는데, 피켓을 들고 서 있다가 다리가 아프면 자연스럽게 대리석에 앉아 잠시 쉴 수 있었다.

며칠 후 대리석 양 끝에는 봉이 세워지고 그 사이로 쇠사슬이 길게 쳐졌다. 넘어오거나 앉지 말라는 얘기 같았다. 나는 여느 때처럼 피켓을 높이 쳐들고 있었고, 사람들은 두산 땅을 오가며 종종 고개를 돌렸다가는 획 지나쳐 갔다.

나도 예전엔 두산 땅을 자유롭게 거닐던 때가 있었다. 밀리오레 식당가에서 아르바이트를 한 적도 있었고, 어머니와 옷을 사러 동대문에 들른 적도 종종 있었다. 평화시장 세대인 어머니는 동대문운동장 맞은편에서 24시간 불야성을 이루고 있는 쇼핑몰들을 신기하게 바라보셨다. 그중에서도 넓고 깨끗했던 두타 매장은 옷을 사러 나올 때면 빼놓지 않고 들르던 곳이었다.

"너는 도대체 신세를 망치려고 작정을 했니? 까불긴 왜 까불고 다녀! 엄마 쓰러지는 꼴 봐야 정신 차릴 거야!"

어머니는 몇 차례 방송 뉴스를 통해 상황을 대충 알아차렸다. 혜화 경찰서 앞에서 칼을 뒤집어쓰고 주저앉아 지그시 눈을 감고 있는 아들이 클로즈업된 장면을 보시곤 가슴이 철렁했다고 하셨다. 아무리 차근차근 설명해 봐도 어머니는 상황을 이해하지 못했다. 저 큰 회사가 왜 아들을 감시하는지, 그 아들은 또 왜 바득바득 덤비고 드는지. 칼을 뒤집어쓴 아들의 모습이 어머니에게는 그저 섬뜩한 장면으로 비춰질 뿐이었다. 그렇게 못난 아들은 해명도 제대로 해보지 못하고 어머니 앞에서 죄인이 됐다.

철부지인 아들은 오늘도 이곳에 서있었다. 간밤에 잔소리를 호되게 들어서인지 한동안 머릿속에서 어머니 생각이 가시질 않았다. 그러고 보니 어머니 손잡고 두타에서 쇼핑을 한 것도 너무 오래전 일이었다.

15

"피고, 학교법인 중앙대학교가 2010년 5월 10일, 원고, 학생들에게 내린 일체의 징계처분을 취소한다. 땅땅땅!"

재단과 학교 측 인사들의 표정은 굳어 버렸고, 나는 말아 쥔 주먹을 치켜들며 법정을 나섰다. 2011년 1월, 마침내 법원은 우리 손을 들어줬다. 징계권을 남용한 학교 측의 패소였다. 법원 앞에서 우리의 승소를 알리는 기자회견을 열었다.

"오늘 잔치국수 1백 그릇 쏩니다."

법원으로부터 승전보를 받아 들고 오후에는 학교 앞에서 승소를 자축하는 파티를 벌였다. 2009년 2학기 진중권 교수를 떠나보낼 때, 2010년 1학기 퇴학 처분을 받은 직후, 2010년 2학기 벌금 마련을 위한 후원 주점, 그리고 2011년 1학기 퇴학 처분 무효 확인 소송에서 승소한 지금. 그러고 보면 지난 2년간 학기별로 한 번씩 경조사를 기념하는 주점이 빠짐없이 이어졌다. 주점은 사람을 모으고, 여론을 모으고, 돈을 모으는 중요한 방편이었다. 오늘은 잔칫집처럼 시원하게 베푸는 날이다. 주점을 열었던 4층 건물의 외벽에는 그간 기자회견을 하면서 썼던 열 장의 플래카드를 모아 하나로 박음질한 걸개를 내걸었다. 참으로 많은 일들이 있었다. 맨 아래 오늘의 승소를 알리는 플래카드 밑단이 바닥에 닿을 듯 지난한 여정을 말하고 있었다.

16

오랜만에 수업을 듣는다는 생각에 설레는 마음으로 복학을 준비했다. 부랴부랴 등록금을 마련해야 하는 버거움도 기쁨이었다. 그러나 그 기쁨도 잠시, 학교 측은 2월 25일자로 징계위원회를 다시 소집했다. 1심 본안 소송과 더불어 퇴학 처분 효력 정지 가처분 신청도 받아들여졌기 때문에 학교가 우리를 괴롭힐 수 있는 방법은 항소를 하는 것이 아니라 다음 단계의 징계 조치를 서두르는 것이었다. 또다시 내쳐질지 모른다는 불안감이 있었지만 나는 어렵게 찾아온 새 학기 학교생활에 부지런히 적응해 가고 있었다.

징계위원회는 노골적으로 무기정학을 예고했다. "퇴학생이 소송에서 이겨 복학하게 되더라도 다시 무기정학을 내릴 것이고 또다시 소송을 벌여 학교로 돌아와도 최장기간의 유기 정학을 내릴 것이다." 이를 공공연히 이야기하고 다녔던 사람은 다름 아닌 안국신 부총장이었다. 생각해 보면 참으로 숨 막히는 이야기였다. 징계 자체보다 징계로 흘려보내야 할 시간들이 더 두려웠다. 학생들을 시간의 방에 가둬 버림으로써 법원의 판결마저 무력화시킬 수 있다는 초법적인 발상이었다. 박범훈 총장이 청와대로 자리를 옮기면서 내버리고 간 빈방의 다음 주인으로 안국신 부총장이

지명됐다. 징계 논의가 급물살을 타던 3월 중순, 안국신 부총장의 방이 또 한 번 자리를 옮겼다. 학식과 경륜으로 쌓아올린 가장 높고 넓은 방이었다.

17

일단 무거운 징계 처분을 하고 징계 받은 이가 소송을 통해 무효 확인 판결을 받고 나면 그때서야 가벼운 징계 처분으로 수정해 계속적으로 반복해 징계 처분을 할 수 있도록 하는 것은 징계권자의 징계권을 남용하게 되는 결과를 초래할 우려가 있다.[5]

2006년, 고려대에서 있었던 학생들의 무더기 출교 사태에 대한 법원의 판단이다. 그것은 마치 안국신 총장을 향해 미래로 부치는 편지와도 같은 것이었다.

"대학의 징계권은 교육 목적의 범위에서 행사되어야 한다는 일정한 한계가 있다." 무분별한 징계권 행사에 대한 법원의 명쾌한 판결은 고려대학교 학생들이 장장 4년이라는 시간을 싸워 만든 값진 성과였다. 그러나 이미 확인된 이 평범한 진리를 다시 확인해서 얻을 실익은 크지 않아 보였다. 그로 인해 감수해야 할 기회비용이 너무 컸다.

교직원 폭행이라는 억울한 누명을 쓴 탓에 타협의 여지가 전혀 없었던 주식이는 애초에 징계위원회와는 등을 돌린 상황이었다. 총장실의 새 주인이 된 안국신 총장은 "노영수에 대한 무기정학은 리즈너블한 조치다"라며 무기정학을 기정사실화했다. 만약 안국신 총장의 생각대로 일이 진행된다면……. 손가락을 접어 가며 계산해 볼 필요도 없이 나는 기약도 없는 시간의 방에 꼼짝없이 갇히게 될 처지였다. 시간의 감옥에 다시 끌려 들어가 비전향 장기수가 되는 게 두려웠다.

"이거 이렇게 써서는 의미가 없어. 두산에 대한 얘기가 들어가야지. 이사장님이 제일 불쾌하게 생각하는 사람이 누군지 알잖아."

학생처에서 나의 반성문을 꼬치꼬치 따져 가며 문안을 조율했던 팀장은 두산 재단에 대한 사죄와 반성의 메시지가 분명히 들어가야 한다고 몇 번이고 나를 돌려세웠다.

"이유 여하를 불문하고 저의 과격한 시위로 인해 심려를 끼쳐 드리게 된 점 모든 중앙대 구성원 여러분들께 사죄의 말씀 드립니다."

한편으론 망설여지고 내키지 않는 일이었지만 난 어쩔 수 없이 반성문을 쓰기 시작했다. "과격한 시위 …… 심려 …… 사죄의 말씀……." 나로서는 최대한 타협한 결과였다. 그러나 '두산'이 빠진 사과문에 성이 차지 않았던 관계자들은 끝까지 심통을 부렸다.

"아니, 그러면 아예 불러 주세요. 내가 불러 주는 대로 받아 적을 테니까!"

징계위원회에 학과장 자격으로 참석했던 오성균 교수는 학교 측의 무리한 요구에 끝내 정색을 하고 말았다. 두산 재단에 대한 언급만 없었을 뿐 상식선에서 충분한 반성의 내용이 담긴 자술서는 그렇게 더는 수정되지 않고 제출됐다.

"됐어, 그 정도면 충분해." 징계위원회를 마치고 나온 오성균 교수는 복잡한 내 심사를 잘 아는 듯했다. 그러나 결과가 어떻게 나올지는 아무도 모를 일이었다.

"선생님도 아주 진땀을 뺐어. 그래도 어떻게 퇴학만은 막아 냈으니

다행이다." 약 1년 전이었던 2010년 1학기, 당시 학과장이었던 노영돈 교수는 2천5백만 원 손해배상 청구에 대한 항의의 뜻으로 머리를 빡빡 깎은 재학생들을 모아 놓고 최악의 상황을 면한 징계위원회의 경과를 전해 왔지만, 며칠이 지나고 도착한 징계처분 결정서에 덩그러니 남은 건 '퇴학'이라는 두 글자였다. 그만큼 징계위원회조차 징계의 향방을 예측할 수 없는 상황이었다. 징계를 최종 승인하는 사람은 따로 있었기 때문이다. 징계 처분 결정서의 직인은 총장의 것이었지만 그것은 사실상 박용성 이사장의 의지였다.

"노영수, 유기 정학 1년 2개월."

"김주식, 무기정학."

대학 측은 법원으로부터 철퇴가 내려진 퇴학 조치에 대해 어떤 입장 표명도 없이 중징계를 되풀이했다. 법원의 판결은 무력화됐고, 불량 제품인 우리는 다시 시간의 감옥 속으로 리콜되었다.

10 장

고요한 선상

중앙의 현재와 미래에 대해서 고민해 봤습니다. 학교의 이미지
상승으로 인해 점점 우수한 신입생이 들어오고 있습니다.
대외적인 평가 지표도 점점 상승하고 있습니다.
사회에서도 중앙대의 능력을, 중앙인의 능력을 인정하고 있고,
졸업자는 사회의 중추에서 리더로서 활약하고 있습니다. ……
우리 중앙의 구성원이 자기가 있는 자리에서 조금만 더 노력을 한다면,
도태되지 않고 진취적으로 나아가는 우리 중앙대가
머지않아 대한민국의 중앙에, 세계의 중앙에 우뚝 설 것이라
기대합니다.

개교 95주년 기념 축사, 제55대 좋아요 총학생회 총학생회장[1]

1

"최근 우리 대학의 상승세." 2011년 3월, 다시 정학을 받고 얼마 지나지 않아 홍보실장 이름으로 중앙인 커뮤니티에 공지글이 하나 올라왔다. '오르비'라는 유명 대학 입시 홈페이지에서 그동안 기타 대학으로 분류되던 중앙대가 서강대, 성균관대, 한양대와 함께 '서성한중' 게시판에 묶이게 된 것을 자축하는 글이었다. "경중외시에서 서성한중의 시대가 열리다." 일개 입시 상담 홈페이지에서 카테고리 하나가 바뀐 것을 두고 이를 특별히 치하했다는 이사장과 총장, 버젓이 올라온 자축의 공지글, 그리고 환호하는 학생들. 대학 본부가 앞장서서 입에 담기도 민망한 대학 서열의 은어를 공공연히 선전하는 모습은 신문에까지 뉴스거리가 되었다.[2]

2012년 8월에는 대학원의 장학금 지급 기준이 논란이 됐다. 『중앙일보』가 정한 대학 평가 순위를 기준으로 중앙대보다 더 낮게 평가되는 대학 출신의 석사과정 입학생들에게 장학금 수급의 기회를 원천적으로 차단한 것이 문제의 발단이었다.[3] 하지만 "우수 학생을 유치해 경쟁력을 높여야 한다"는 대학원 측의 입장은 대학 서열화를 조장하고 평등권에 위배된다는 사회적 지탄에도 불구하고 곧 학내 여론을 깨끗이 평정했다. 역시나 중앙인 커뮤니티를 통해서였다. 아무리 성적이 뛰어나도 성적 우수 장학금을 받을 수 없는 두산판 카스트제도. 대학 서열이라는 속물적 기준은 버 젓이 학사 행정의 지침으로 자리 잡았다.

2

2011년 2학기를 앞두고 가정교육과의 폐과 소식이 들려왔다. 경영대의 확 대 재편을 위해 구조 조정의 수레가 또 한 바퀴 돌았던 것이다.

"중대 애들은 돌머리인데 어떻게 학자로 키워 낼 수 있겠나?"

박용성 이사장이 회의석상에서 가정교육과의 폐과에 항변하는 교수 들을 향해 퍼부은 모욕이다. 당시 회의에 참여했던 사범대 학장이 이 내용 을 학생들에게 전했고, 학생들은 중앙인 커뮤니티에 이를 비판하는 글을 올렸다. 하지만 게시글은 얼마 지나지 않아 삭제됐다. "글을 내리지 않으 면 학생이 다칠 것 같아요." 가정교육과의 한 교수가 글을 쓴 학생에게 전 화를 했다. 이에 대해 또 다른 후배가 같은 문제를 제기한 게시물을 올렸지 만 몇 분 지나지 않아 게시글과 아이디는 소리 소문 없이 사라졌다. 물론 어떤 설명이나 해명의 기회도 주어지지 않았다.

"아, 진짜 이놈의 학교 답 안 나오네. 빨리 졸업을 하던가 해야지."

게시판에서 줄곧 쓴소리를 쏟아 내던 중권이의 입에도 재갈이 물렸다.

오프라인 상황도 크게 다르지 않았다. 군부독재 시절, 도서관 옥상에 깃발이 오르면 금세 수천 명의 학생들이 운집했던 도서관 뒤편의 해방 광장에는 재단을 비판하는 대자보 한 장 찾아볼 수 없게 됐다. "박용만 두 산그룹 회장 회사 설명회, 젊은 청년에게 두산이 하고 싶은 이야기." 두산이 하고 싶은 얘기는 들을 수 있었지만 학생들이 기획한 강연회는 번번이 벽에 부딪혔다. "기업은 누구의 것인가?" 주식회사의 경영권이 노동자에게 귀속되어야 한다고 주장하는 김상봉 교수가 "사장을 노동자가 뽑으면 안되는가?"라는 물음을 던지는 강연회였다. 순환 출자라는 기형적 지배 구조를 통해 여러 계열사를 거느린 박용성 이사장이 보기에는 말도 안 되는 소리였다. 학생처는 끝내 김상봉 교수 강연회 플래카드에 도장을 찍어 주지 않았다.

"글쎄, 이런 주장에 학교 구성원들이 얼마나 공감할까?"

학생처 팀장은 고개를 저으며 플래카드를 다시 돌돌 말았다.

"나는 왜 좌파에서 우파가 되었는가?" 며칠 전 열린 서경석 목사의 강연회를 알리는 플래카드에는 버젓이 허가 스티커가 붙어 있었다.

"진보신당학생위원회? 너흰 정당이잖아. 학교에서 이런 정치적인 거 하면 안 되지."

나경원, 정몽준 등의 보수 인사들이 연이어 초청 받을 때 유시민 같은 진보 인사의 강연회는 줄줄이 불허됐다. 그럼 새누리당은 정당이 아니란 말인가?

3

선진국은 수강생이 이삼백 명이 넘는 대형 강의가 많은데, 우리도 본격적으로 이를 본받아야 할 것 같습니다.

안국신, 2012년 3월, 『중대신문』과의 인터뷰 중에서[4]

1인당 교육비가 대폭 증가했다는 대대적인 선전 문구와 달리 실제 교육 여건은 자꾸만 퇴보해 갔다. 두산 재단이 법인 전입금을 돈이 아니라 시멘트로 들이부은 결과였다. 법인 전입금이 한 푼도 없는 해도 있었다. 법인 전입금을 내놓지 않는 두산 탓에 재단이 부담해야 할 사학 연금을 학생들의 등록금에서 끌어다 쓰기 일쑤였다. 국내 대학 단일 건물로는 최대 규모의 백주년기념관 착공. 덕분에 재미를 보는 이들은 따로 있었다. 중앙대의 모든 공사를 독점했던 두산건설. 건설 경기 침체 속에 중앙대에서 따낸 백주년기념관 신축 공사는 2013년 두산건설 건축 분야 신규 수주액인 3,361억 원의 3분의 1에 해당하는 막대한 규모였다.[5] 두산건설이 1천1백억 원 규모의 중앙대학교 건물 신축 사업을 수주했다는 소식에 주가도 상승했다.[6] 이쯤 되면 중앙대가 두산건설을 먹여 살린다 해도 과언이 아니었다.

　　우후죽순으로 생기는 새 건물들도 반가워할 일만은 아니었다. 신축 약학 R&D 센터에 입주한 상점들 중에는 1천만 원이 훌쩍 넘는 고액의 상가 임대료를 부담하는 곳이 수두룩했다. 상황이 이렇다 보니 새롭게 조성된 상가는 학생들에게 후생 복지시설로서의 역할을 제대로 하지 못했다. 저렴한 가격에 이발을 할 수 있었던 이발소는 개업한 지 얼마 안 돼 문을 닫았다. 기존 학생 문화관에 위치한 구내 상점들의 임대료도 일제히 치솟았다. 문구점, 이발관, 사진관 등 학생 복지와 관련된 기본적인 시설들도 줄줄이 퇴출됐다.

　　시멘트가 대접받는 사이 도서는 푸대접 받았다. 2012년 2학기, 희망 도서 연간 신청 한도가 변경된다는 소식이 들려왔다. 새롭게 설정된 연간 신청 한도는 이전의 기준에 비해서도 줄어든 수치였고, 다른 대학들과 비교해 봤을 때도 낮은 수준이었다. 신청 한도의 기준이 '권'에서 '원'으로 바뀐 것도 눈에 띄었다. 다른 대학의 경우 희망 도서 신청 한도를 금액으로 규정하는 경우는 거의 없었다. 이례적으로 제한 금액을 설정한 연세대도 국외 서적 신청 기준만을 80만 원으로 규정했을 뿐 국내서는 무제한 신청할 수 있는 조건이었다.

중앙도서관 측에서 발표한 '도서 구입 정책 변경안'에는 최소 두 권씩 구매하던 도서를 한 권씩 구매하겠다는 내용이 포함돼 있었다. 불필요한 도서 구입을 줄이고 효율적인 도서관 운영을 위해서라는 설명이 뒤따랐다. 도서관 측의 해명에도 불구하고 학생들의 도서 접근권을 위축시킨 일련의 조치들은 도서관 예산이 전년 대비 20퍼센트 삭감된 결과였다. 반면, 두산건설이 맡아 진행된 중앙도서관 리모델링 공사에는 처음에 계획된 공사비 80억을 훌쩍 뛰어넘는 150억의 자금이 들어갔다.

후생 복지 차원의 인쇄물 정책도 하루아침에 뒤바뀌었다. 단과대별로 새해가 되면 다이어리와 달력이 담긴 상자를 나르면서 새 학기가 시작됨을 실감할 수 있었다. 12월 임기 시작과 함께 새롭게 선출된 총학생회가 이듬해 다이어리 디자인을 선정하면 학우들은 새롭게 제작된 다이어리를 살펴보고 총학생회의 첫인상을 평가하곤 했다. 하지만 2013년 학교 다이어리는 예산 문제를 이유로 제작하지 않으며,[7] 책상 달력은 2천 원에 판매된다는 소식이 전해졌다. 모두 입학할 때부터 무료로 배부받던 것들이었다. 그 대신 다른 특별한 혜택이 주어졌다. "불필요한 도서 구입을 줄이겠다"던 홈페이지에 "두산동아 중앙 가족 특별 할인전"이라는 배너가 떴다.

교정 곳곳에 시멘트를 들이부은 결과 두산의 재단 인수 당시보다 교사 면적은 두 배 가까이 넓어졌다. 두산건설의 맹활약이었다. 그러나 강의실 안의 사정은 달랐다. 2012년 단행된 강의 개편 결과 강의 시수가 줄어든 대신 강의당 정원이 늘어났다. 대형 강의가 늘어나면서 강의실은 콩나물시루가 됐다. 두산 재단이 강조하던 학사 운영의 효율을 기하기 위해서였다. 2008년 150과목, 319개 반이었던 교양과목이 2012년 1학기에는 81과목, 154개 반으로 축소됐다. 강의 선택권은 50퍼센트 가까이 줄어들고 실제 운영되던 강의실도 52퍼센트 가까이 사라진 셈이었다. 분반 기준이 엄격해져 원래는 분반을 하던 어학 수업들도 한데 합쳐졌다. 어느 과목보다 소형 강의가 절실했던 어학 과목마저 덩치가 불어나면서 교수는 교수대로 학생은 학생대로 애를 먹어야 했다. 기존의 교양과목들 중 대여섯 개가 한데 합쳐진 경우도 있었다. '수화의 이해'와 '인터넷 커뮤니케이션론'이 합쳐져 '인터뷰와 프레젠테이션'으로 화학적 변화를 일으키기도 했다.[8] 학생 중심의 수업은 다 옛말이 되어 버렸고 여기저기서 불만이 터져 나왔다.

고시반 사정도 녹록치 않았다. 교사 면적은 두 배로 늘었지만, 고시반원들은 방을 빼야 할 처지가 되었고, 그 대신 입관비가 두 배 이상 비싼 신축 기숙사 퓨처 하우스로 들어가야 했다. 휴학생과 졸업생들에게는 그 기회마저 주어지지 않았다. 기존 건물에 외국인 학생들을 유치해 더 많은 수익을 내려고 휴학 중이거나 졸업한 고시생들을 내쫓았다는 반발이 일었다. 수많은 방들이 새로 생겼음에도 구성원들은 하나둘 방 밖으로 밀려났다.

4

(주)두산의 자회사인 두산타워는 상권의 경쟁력을 유지하기 위해 내년 2월 26일 개점 1주년을 맞아 2천여 입주 상인 중 영업 실적이 안 좋은 상인들을 강제

퇴출시키기로 했다. 두산타워는 그동안 점포별 영업 실적과 고객 서비스 수준 등을 항목별로 나눠 평가 작업을 해왔으며 연말에는 예비 퇴출 대상자 명단을 작성할 예정이다. 두산타워 관계자는 "실적이 안 좋은 경우는 물론이고 불량 제품을 팔거나 손님과 자주 싸우는 상인들이 퇴출 대상"이라며 "입점 때 '문제가 있으면 나갈 수 있다'는 이행 각서를 받아 놓았다"고 말했다. 실제로 이미 5개 점포가 퇴출되기도 했다. 두산타워는 입점을 기다리는 상인만 3백 명을 넘는 등 인기가 높은 곳이어서 입점 상인들이 긴장하고 있다.[9]

2013년, 중앙대 교수들이 처한 상황은 15년 전 두산타워 상인들의 처지와 크게 다르지 않았다. 교사 면적이 두 배로 늘어났는데도 방이 부족해서였을까? 대학 본부는 '교수 연구 경쟁력 강화를 위한 정책'을 확정하고 교원 평가에 따른 패널티를 강화한다는 방침을 밝혔다. 총장과 부총장단 등 7명으로 구성된 총장단이 S, A, B, C 등급 가운데 3년 연속 C등급을 받은 교수는 개인 연구실을 회수하고 대학원 강의를 제한한다는 내용이었다.[10] 2010년부터 실시됐던 등급 분류와 연봉 동결 및 감봉에 이어 두산이 내놓은 충격적인 패널티에 교수 사회는 경악했다. 한편에서는 논문이 125퍼센트나 급증했다는 소식과 함께 1년간 20편, 5년간 50편의 논문을 쓴 S등급 교수들에 대한 찬사가 쏟아졌다. "한 경영학부 교수가 이미 표절한 논문을 또 다른 교수가 '번역한 수준'으로 표절"하고 "제자의 논문을 가로챈 교수가 해임"되는 등의 연이은 논문 표절 사태는 사소한 잡음에 불과했다. 해임된 교수는 5년간 논문 50여 편을 쓴 이른바 'S등급 교수'였다.[11]

5

새 학기가 시작되면 학생회장이나 각 학년별 과대표들은 장학금이 들어오는 날만을 손꼽아 기다린다. 대표자 장학금은 보통 학생회 집행부 회식비나 부족한 학생회 사업비 등으로 쓰인다. 10년간 학교를 다니면서도 나는 대표자 장학금을 한 번도 받아 본 적이 없었다. 그렇게 야단법석을 부리며 다니긴 했지만 여태까지 이렇다 할 직책을 맡았던 적이 없기 때문이었다.

"아니, 뒷방 노인네가 조용히 학교나 다니지 뭐 주워 먹을 게 있다고 기어 나와, 기어 나오길!"

과대표 한번 해보겠다고 나섰더니 광재가 걸쭉하게 핀잔을 주며 한 소리 했다. 과대표 표찰 달고 전학대회(전체학생대표자회의)도 가보고 싶었고, 과대를 하면 데모하느라 소원해진 후배들과도 좀 더 친해질 수 있을 것 같았다. 과대 장학금? 그런 건 애초에 관심도 없었고, 사실 받는다 해도 내 돈도 아니었다. 얼마 되지도 않지만 후배들 보태 주면 그만이었다. 아니, 보태 줘야 했다. 2011년부터 시행된 학부제로 인해 유럽문화학부로 지급되는 장학금 40만 원을 노문, 독문, 불문 세 개 과의 신입생들이 쪼개 쓰고 있는 상황이었다. 고작 13만 원. 서른 명 남짓 동기들과 우르르 몰려가 맥주 한잔하기에도 빠듯한 돈이었다.

"학생 이름으로는 과대 장학금이 나갈 수가 없네요."

2012년도 2학기 인문대 대표자 장학금 지급이 유독 늦어진 건 나 때문이었다. 징계 이력 때문에 장학금을 지급할 수 없다고 했다. 납득할 수 없는 상황이었지만 행정실에서는 내게 한 번의 기회를 더 준 것이었다. 과대표 이름을 다른 후배로 바꿔 올려 장학금을 받으라는 얘기였으니 말이다.

단순히 장학금만 생각했다면 그렇게 해도 무방했을 것이다. 하지만 그럴수 없었다. 학교에서는 나의 대표성 자체를 문제 삼고자 했기 때문에 명분은 버리고 실리만 취할 수는 없었다. 간소한 절차였지만 총회에서 투표를 통해 선출된 과대표는 나였으니 말이다. 결국 대표자 장학금은 시간을 끌다가 독문과 3학년 과대인 나를 제외하고 지급됐다. 과대 장학금이 누락된 건전례 없는 일이라고 했다. 퇴학이라는 낙인은 유령처럼 주위를 맴돌았다.

"학생, 안타깝지만 국가 장학금도 잘렸어요."

과대 장학금이 누락된 지 얼마 지나지 않아 국가 장학금마저 지급이 중단된다는 통보를 받았다. 한국장학재단에서 직접 처리하는 국가 장학금 1유형은 지난 학기와 같이 지급됐지만, 학교에서 이에 대한 매칭 펀드 형식으로 지급하는 국가 장학금 2유형의 집행이 중단된 것이었다. 역시 징계 이력이 문제라고 했다. 반값 등록금 요구를 정치권이 제대로 현실화했다면 벌어지지 않았을 일이었다. 명색이 국가에서 주는 장학금인데 사학 재단의 눈 밖에 났다는 이유 하나만으로 장학금 지급에 제동이 걸리다니. 더불어 모든 장학금 지급이 중단될 거라는 설명이 뒤따랐다. 도대체 무슨 근거로? 화가 치밀었지만 돈 문제다 보니 마땅히 호소할 곳도 없었다. 같이 징계를 받았던 후배들이 떠올랐다. 나야 이제 곧 졸업이지만 후배들은 또 얼마나 더 시달려야 할까. 당장 우리 몇몇의 불이익보다 "두산에 맞서면 끝이다"라는 공공연한 겁박의 메시지, 그로 인해 위축될 후배들이 더 걱정이었다.

장학금에 대한 모든 미련을 버린 뒤였지만 학생처로부터 온 호출에 왠지 모를 기대가 생기기 시작했다.

'그럼 그렇지. 장학금이 무슨 손주 용돈 주는 것도 아니고 그렇게 함

부로 할 수 없겠지.'

잃어버린 장학금을 이미 되찾은 사람처럼 들뜬 마음으로 학생처 문을 활짝 열었다. 그것 말고는 나를 부를 이유가 없었으니까. 하지만 그건 180도 착각이었다.

"학생, 이거 어쩌나 1학기 때 받은 장학금도 반환해야 돼요."

"예? 도대체 그게 무슨 말이에요? 무슨 근거로 지난 학기에 받은 장학금까지 돌려 달라는 겁니까?"

장학 업무를 담당하는 직원이 데스크 위로 문서 한 장을 들이밀었다.

〈징계자 관련 장학 처리 지침〉

징계자는 '징계 코드'로 신규 편성해 경력을 관리한다. 징계자에 대해서는 장학금을 지급하지 않으며 이미 지급된 장학금을 회수 조치한다.

'도대체 무슨 근거냐'는 말에 보기 좋게 근거를 제시한 것이다. 세상에! 입이 다물어지지 않았다. 차라리 근거가 없는 편이 나았을 것이다. '징계 코드'가 다 무슨 말인가? 전산상 블랙리스트로 관리되는 내 이름 석 자가 처연했다. 과대 장학금에 국가 장학금까지 1백만 원 가까운 장학금을 받아야 할 내가 한순간에 빚쟁이가 되다니! 허탈했다.

"두산 재단 이후로는 감사가 엄격해져서 임의로 어떻게 해드릴 수가 없네요."

혹 떼러 왔다가 혹 하나 더 붙이고 학생처 문을 나섰다. 지난 학기에 받은 장학금에 대한 소급적 징벌. 두산이기에 가능한 처사였다.

2학기가 끝나 갈 무렵 나와 같이 지난 학기 장학금을 반납해야 했던 처지의 창인이도 학생처에 다녀왔다. 장학금을 반환할 능력이 없다는 '무자력 각서'를 쓰고 오는 길이었다. 창인이는 그것으로 채무가 탕감됐다고 했다.

"나는? 내 얘긴 안 했어?"

나도 채무를 탕감 받고 싶었다. 하릴 없이 각서를 쓰는 것은 굴욕이었지만 그래도 마음의 짐은 덜고 싶었다. 하지만 나에겐 굴종의 기회마저 주어지지 않았다.

"형, 지난달에 학칙 무효 소송 넣었다면서요. 그 인간들, 이를 갈고 있을 텐데 형한테까지 연락을 하겠어요?"

6

2012년 가을, '징계를 받은 이력이 있는 학생에 대해 총학생회 선거 피선거권을 제한하는 학칙'에 대해 소송을 제기했다. 민변 박주민 변호사의 도움으로 가능한 일이었다. 박주민 변호사를 처음 접한 건 "2012년 위헌적 학칙에 대한 쟁송 방안"이라는 국회 토론회에서였다. 빈털터리 의뢰인이었지만 박 변호사는 주저 없이 소송을 맡아 줬다.

두산 재단이 들어온 뒤 학도호국단 시절에나 적용됐을 법한 사문화된 학칙들이 하나둘 힘을 발휘하기 시작했다. 집회 허가제, 출판물 사전 검열제에 이어 학생회 선거까지 학칙을 통해 노골적으로 개입했다. 두산은 개교 이래 과연 한 번이라도 소집됐던 적이 있었을까 싶던 '선거지도위원회'를 소집해 2012년 안성 교정에서의 운동권 선본 당선을 취소시켰다. 이

사태로 학생회 선거에 대한 개입을 규정하는 학칙에 대한 법정 다툼은 학생 사회가 풀어야 할 중요한 과제 중 하나가 되었다. 또한 당시 소송은 블랙리스트까지 만들어 가며 징계자들을 짓누르고자 했던 두산 재단에 경종을 울리고자 하는 작은 몸부림이기도 했다.

재단에 맞선 죄. 나를 둘러싼 것만도 총 네 차례의 징계위원회, 손해배상 청구를 통한 금전적 압박, 블랙리스트를 통한 이력 관리와 장학금상의 원천적 소급적 불이익, 사이버상의 시민권 박탈, 학생회 선거에서의 시민권 박탈. 속수무책으로 당할 수만은 없었다. 어디쯤에선가는 선을 그어야 했다.

하지만 이듬해 2013년 봄, 1심 재판부는 학교법인의 손을 들어줬다. 학생회 선거를 규율하는 학칙은 사립학교의 재량 사항이라는 판시였다. 애초에 큰 기대를 한 건 아니었지만 낙담하지 않을 수 없는 결과였다. 이제 대학 생활도 한 학기만을 남겨 두고 있는 상황에서 항소를 해야 할지 말아야 할지 고민이 됐다. 피선거권에 관한 법정 다툼은 이제 내게 어떤 효용도 기대할 수 없는 상황이었다. 항소한다 해도 결과는 쉽지 않아 보였다. 하지만 석이, 창인이가 마음에 걸렸다. 나란히 국문과, 철학과 학생회장을 맡고 있는 두 사람은 연말 학생회 선거를 마음에 두고 있었다. 블랙리스트에 올라 있는 학생들의 학생회 선거 출마를 학교는 가만히 두고 보지 않을 것이다. 마침 박주민 변호사도 조심스레 낙관적인 전망을 내줬다. '그래, 혹시 좋은 결과가 나오면 후배들에게 도움이 될 수도 있겠지.'

몇 차례 경험을 통해 느낀 것이지만 소송은 참 오랜 시간의 인내를 필요로 했다. 고등법원에 계류 중인 피선거권 소송이 까맣게 잊혀 갈 때쯤 2심 재판 결과가 나왔다. 2013년 학생회 선거를 목전에 두고였다.

〈판결주문〉

1. 제1심 판결을 취소한다.

2. 이 사건 소를 각하한다.

3. 소송비용은 원고가 부담한다.

형식상으로는 패소였지만 재판부는 결정 이유에서 "후보 자격을 확인하는 주체는 학교가 아닌 학생회"라고 명시했다. 따라서 학생회가 아닌 학교를 상대로 한 소송은 부적법하다는 법리였다. 이는 내용상으로 볼 때 상당 부분 학생들의 손을 들어준 판결이었고, 학칙의 부당함을 전제로 한 각하결정이었다. 더구나 1심 판결마저 취소됐다.

"학생회는 학교법인과는 독립된 별개의 비법인 사단이다." 학교법인 중앙대학교 박용성 이사장은 중앙대학교 학생회 선거에 간섭할 자격이 없다는 이야기였다. 학교가 학생회장 자격을 제한할 권한이 없다는 예상 밖의 판결에 기쁨을 감출 수 없었다. 애초 다툼의 대상이었던 징계 이력에 의한 피선거권 제한 규정을 넘어 학생회 선거를 규율하는 학칙 일반에 대한 판결이라는 점에서 더 큰 의미가 있었다.

학생회 선거를 목전에 두고 나온 판결은 마침 창인이의 인문대 학생회장 선거 출마를 놓고 벌어진 후보 자격 시비에 종지부를 찍어 줄 수 있을 것만 같았다. 하지만 학교는 이를 보란 듯이 무시하고 다시 선거지도위원회를 소집했다. 더 나아가 인문대 선관위 전원을 상대로 난데없는 징계 카드를 들이밀며 선거 중단을 지시했다. 선거지도위원장이었던 인문대 학장은 "납작 엎드려 있으라"라며 학생회장들에게 노골적인 협박의 언사를 퍼부었다. 결국 2013년 인문대 학생회 선거는 무산됐다.

총학생회 선거 후보 지위 확인의 소. 나와 후배들의 후보 자격을 확인하고자 했던 대가는 작지 않았다. 학교법인 중앙대학교의 대표자 박용성 이사장 측은 내가 물어야 할 소송비용으로 3백만 원이 넘는 금액을 청구해 왔다. 막대한 비용 청구에 가슴이 철렁했다. "학교가 학생회장 자격을 제한할 수 없다"는 판시에도 불구하고 학교는 형식상 각하 판결이라는 점을 강조하며 판결에 대한 해석을 일축했다. 해석은 학교에게 유리한 경우에만 인정되는 것이었다. 마지막 작별의 순간까지 두산 재단에 맞선 대가에는 씁쓸한 가격표가 붙었다.

11 장

침묵의 벽을 깬 사람들

마. 기타 사항

1) 각종 행사 및 비상시 근무자 동원에 있어서 적극적으로 협조한다.

2) 작업 도중 잡담이나 콧노래, 고성을 삼가야 하며, 휴식 시 도박 행위를 금지하며 사무실 의자 및 쇼파 등에 앉아 쉬지 않도록 한다.

3) 작업 시간 중 교내에서 외부 인사와 면담을 일절 삼가토록 한다.

4) 청소 작업에 소요되는 전력이나 용수는 목적 외 사용을 일절 금하며 절전과 절수에 각별히 협조하여야 한다.

……

제18조 [종업원 관리]

……

3) "을"은 노사분규로 인해 인력 공백이 발생할 경우 동등 수준의 대체 인력을 즉시 투입하여야 한다.

중앙대와 청소용역업체 티엔에스개발(주) 사이의 '미화 관리 도급 계약서' 중에서[1]

1

"실내 청소를 담당하시는 아주머니들이 건물 외곽 청소를 겸하는 경우는 없어요. 특히 겨울철 얼음 깨기, 눈 쓸기 같은 험한 일을 건물 내부를 청소하시는 아주머니들에게 전가하는 유일한 대학이 중앙대에요."

중앙대학교 청소 노조가 2013년 2학기 개강과 함께 출범했다. 그동안 최저임금에도 못 미치는 임금 조건에 근로계약서조차 써본 적이 없는 이들이었다. 이른 새벽부터 첫차를 타고 나와 학교를 청소하던 그들이 인간답게 일하고 싶다고 침묵의 벽을 부수고 나온 것이다. 60대 전후의 고령, 여성, 비정규직, 파견, 청소 노동자. 한국 사회 불평등의 연쇄 고리를 켜켜이 안은 채 투명 인간처럼 살아 온 그들의 현실은 처참했다.

"청소 중에 앉지 마라, 얘기하지 마라, 콧노래도 부르지 마라." 열악한 노동조건에도 불구하고 묵묵히 학교를 가꿔 왔던 청소 노동자들에겐 콧노래를 흥얼거리며 일할 자유마저 허락되지 않았다. 용역 회사는 조정 절차를 거쳐 시작된 정당한 파업에 대해 불법의 딱지를 붙이며 조합원 1인당 6백만 원의 손해배상을 청구하겠다고 으름장을 놨다. 게다가 "불법 파업을 하다가 한번 호적에 빨간 줄이 그어지면 자식들 시집 장가도 못 가고 나중에 취업도 못 한다"는 망발까지 퍼부었다.[2]

"중앙대, 청소 노조원들에게 노래 1회, 구호 1회, 대자보 1장당 1백 만 원을 내라고 간접강제 신청."

새해 벽두부터 일간지들을 화려하게 장식한 중앙대발 뉴스는 많은 이들을 허탈하게 했다. 하지만 상식은 이미 무너진 지 오래였다. 환갑이 넘은 분들에게 '이 ○, 저 ○'도 모자라 '더러운 ○' 호칭까지, 최저임금도 받지 못하는 노동자들에게 온갖 촌지를 강요하며 일을 부리던 관리자들 눈에 이들은 인격 없는 기계일 뿐이었다.

"우리는 산재 같은 거 안 키웁니다."

제설 작업에 쓰일 염화칼슘을 옮기다 넘어져 다치고, 계단 끝 신주를 닦느라 몸살이 난 노동자들이 소장을 찾아가 하소연해도 되돌아오는 건 차가운 냉소뿐이었다. 청소 노동자들의 사전엔 휴가도 산재도 없었다. 어쩔 수 없이 퉁퉁 부어 꾸부정한 손가락으로 대걸레 자루를 말아 쥐어야 했던 청소 노동자들의 설움이 파업과 함께 물밀 듯 쏟아져 나왔다.

"우리도 큰 회사가 들어온다고 하니까 내심 기대를 했지. 지금 생각해 보면 미쳤던 거야."

청소 노동자들의 소박한 기대와는 달리 두산이 중앙대를 인수한 직후 오히려 노동조건은 크게 뒷걸음질 쳤다. 유동 인구가 많아 관리가 특히 더 힘든 건물 로비 담당자들에게는 2만 원의 로비 수당이 지급되어 왔으나 두산 재단과 함께 들어온 티엔에스개발이라는 용역 회사는 이 수당마저 반으로 줄였다. 티엔에스가 들어온 뒤 매년 봄가을 두 차례씩 진행되던 야유회도 폐지됐다. 근무 중 담소조차 나눌 수 없게 만든 노예 계약은 노동자들의 불만이 한데 섞여 나오는 것을 경계했기 때문이다. 학생들의 새터와 농활이 산산조각 나 버린 것과 같은 맥락이었다. 여름·겨울 1년에 두 번

지급되던 계절 학기 특근수당도 폐지됐다. 계절 학기 수업료는 해마다 인상되면서 2013년 전국 최고를 기록했지만 청소 노동자들과는 무관한 일이었다. 각종 시험 때마다 3만 원씩 지급되던 고사장 청소 수당도 잘렸다. 깡통, 병, 폐휴지를 모은 데 대해 1년에 두 번, 6만 원씩 지급되던 재활용 수당도 사라졌다.

중앙대 측은 '작업 도중 잡담이나 콧노래 금지' 같은 인권침해 조항이 일반적으로 청소 용역 계약에 삽입되는 문안이라고 설명했지만 청소 용역 업체들의 계약에서 이와 같은 사례는 찾아볼 수 없었다. 사실 이와 유사한 사례는 두산의 사업장들에서 쉽게 찾을 수 있었다. 두산타워 상가 관리 규정은 독서, 수면, 심지어 잡담 등 40가지에 달하는 행위에 대해 벌금, 벌점을 물려 영업정지와 강제 퇴점을 할 수 있도록 명시하고 있었다.[3] 이 역시 기본권을 지나치게 침해해 논란을 일으킨 바 있었다. 두산모트롤 공장의 근무 기강 확립 가이드는 이보다 더해 부정적인 자세, 비협조적인 자세, 불량한 작업 태도, 분위기에 맞지 않는 언행, 선동으로 반 분위기를 저해할 경우 징계위 등에 회부될 수 있음을 명시하고 있었다. 흥겨움에 콧노래를 불러도 안 되고 분위기에 맞지 않을까 언행도 조심해야 하는 상인과 노동자들은 두산의 근무 규정 앞에 일하는 기계 그 이상도 이하도 아니었다.

두산이 들어오기 전에도 청소 노동자들은 용역 회사와 간접 고용 형태의 계약을 했지만 그래도 그때는 정이 있었다. 한참을 일하고 나면 관리자가 막걸리에 빵에 한 보따리 먹을거리를 건네곤 했다. 하지만 언제부터인가 커피 믹스가 놓인 캐비닛마저 굳게 잠그기 시작했다. 사소한 봉지 커피 하나였지만 청소 노동자들은 인간적인 모멸감을 느껴야 했다. 티엔에스개발이 들어온 이후로는 명절 선물 한번 받아 본 적이 없었다. 오히려 난데없는 지시 사항들이 이들을 괴롭혔다.

"신주 닦는 거 못 하시겠으면 일 그만 두시는 겁니다. 하실 수 있죠?"

티엔에스 사장의 말에 그 누구도 아니라고 말하지 못했다. 황당한 주문이었지만 청소 노동자들은 그저 눈만 껌뻑거리며 서로를 바라봤다. 신주를 닦는 일은 60대 전후의 여성 노동자들이 감당하기엔 가혹한 격무였다. 힘에 부친 이들은 몇만 원씩 주고 사람을 써가며 신주를 닦아야 했다. 하루아침에 개인 사업자가 된 것이다.

"아니 말이야, 여기가 무슨 호텔도 아니고 …… 그거 한 번 닦고 나면 약품에 눈이 따끔거리고 아주 기운이 쪽 빠진다니까!"

"신주는 닦는 약품이 따로 있어. 무슨 연마젠가? 그것도 다 우리 돈으로 사다가 닦았다니까 글쎄."

신주 얘기가 나오자 기다렸다는 듯 이곳저곳에서 불만들이 터져 나왔다.

2

혹한의 1월, 한 달 가까이 풍찬노숙을 하며 천막 농성을 이어 온 노동자들의 요구는 단순했다. 홍익대, 이화여대, 경희대, 고려대 등 노조가 만들어진 서울 지역 14개 대학들의 청소 노동자들과 같은 대접을 받는 열다섯 번째 대학이 되어 달라는 것이었다. 그저 남들만큼만 대접해 달라는 요구였다. 14개 대학들은 건물 로비가 위치한 층의 담당자에게 5만 원의 로비 수당을 지급한다. 그래도 힘들어서 기피하는 로비 청소에 중앙대가 지급한 돈은 1만 원이었다. 또한 사단법인 한국위생관리협회의 기준에 따라 단위 면적당 부족한 필요 인원을 충원하라는 요구도 있었다. 한국위생관리협회의 기준대로라면 중앙대학교는 건물의 외곽 청소를 담당하는 노동자들을 대거 충원해야 했다. 낙엽을 쓸고 염화칼슘 뿌리는 일을 맡아서 할 사람도 따로 두어야 했다. 그러나 중앙대학교와 티엔에스개발 측은 연일 언론의 입방아에 오르내리면서도 사태 해결의 의지를 전혀 보여 주지 않고 있었다. 오히려 노동조합을 탄압하는 데만 골몰했다.

"민주노총에서 계속 버티면 다 잘려!" 민주 노조 와해를 위해 조직적으로 노조 탈퇴를 종용한 덕에 청소 노동자 115명 중 100여 명이 가입해 있던 노동조합은 반 토막이 나버렸다. 노조 결성을 방해하는 부당노동행위였다.

중앙대 청소 노조가 출범한 2013년 9월 27일 이후로도 광운대, 서울여대, 카이스트에서 연이어 노동조합의 깃발이 세워졌다. 광운대에서는 총장실 점거 이틀 만에 소장이 파면되고 용역 업체가 변경되는 등 사태가 조기에 일단락됐다. 부당노동행위를 시정하고 단협을 인정하겠다던 광운대는 온갖 전횡을 부리던 용역 업체와 관리자들에게는 철퇴를 내렸다. 서울여대 측에서도 노조와 직접 만나 대화로 문제를 풀겠다고 총장이 팔을 걷어붙였고 2014년 1월 현재 실무 교섭이 진행 중이다. 쟁의가 시작되고 얼마 지나지 않아 문제를 일으킨 용역 업체는 짐을 싸야 했다. 카이스트 역시 순리에 따랐다. 카이스트 측은 바로 교섭에 임했고 단협을 놓고 협상을 진행 중이다.

그런데 유독 중앙대학교에서만 문제 해결이 지지부진한 이유는 무엇일까? 티엔에스개발이라는 업체의 베일이 벗겨지면서 그 이유가 밝혀졌다. 티엔에스개발 대표이사 고희권은 중앙대 경제학과 69학번으로 두산건설 부장 출신이었다. 같은 회사의 이사이자 중앙대학교에서 청소 노동자들을 통제·감독하는 김경석 소장 역시 두산건설 상무 출신이었다. 그래서인지 티엔에스개발의 총 매출 가운데 90퍼센트 이상(중앙대 51.4퍼센트, 두산건설 8.7퍼센트, 중앙대학교병원 20.89퍼센트)이 모두 두산그룹과 관련된 곳이었다. 두산건설 출신들이 만들고 주로 두산과 거래하는 티엔에스개발. 결국 문제의 중심에는 두산이 있었다.

두산이 어떤 기업인지 생각해 보면, 새삼스러운 일도 아니었다. 지금으로부터 13년 전인 2001년, 한국중공업을 인수한 두산이 제일 먼저 한 일은 청소 노동자들의 임금 인하였다. 경비들의 월급도 80만 원에서 59만 원으로 깎았고, 두산중공업 안에서 물건을 나르는 차를 운전하던 14명의 노동자들도 내보냈다. 그리고 그중에 10명을 다시 외주 업체에 채용시켜 이전의 3분의 2에 불과한 월급만 주고 비정규직으로 재고용했다. 또한 식당 일부를 용역화했고, 거기서 일하는 사람들도 다시 반값에 채용했다.[4]

"사람이 미래다"라며 광고를 하지만, 두산의 미래는 사람을 쥐어짜내는 데 있었다. 박용성 이사장의 두산중공업은 외주화와 간접 고용으로 노동자들을 쥐어짰다. 사람들을 등급화하고, 회사에 꼭 필요한 소수와 그렇지 않은 다수로 사람들을 나누어 서로 경쟁하게 만들었다. 그때까지 공기업이었던 한국중공업 노동자들에게 방만한 경영을 혁신하겠다는 명분으로 도입된 민영화란 20년 넘게 일한 회사에서 하루아침에 용역으로 내몰려 자신들의 노동을 헐값에 내다 팔라는 얘기에 지나지 않았다.

티엔에스개발 고희권 사장은 청소 노동자들의 고혈을 쥐어짜 모은 돈 1천만 원을 학교에 쾌척했다. 국내 대학 단일 건물로는 최대 규모로 지어지는 백주년기념관을 위해서였다. 그렇게 두산에서 나온 돈은 두산 출신 기업가를 거쳐, 다시 두산으로 돌아갔다. 지난 6년간 온갖 수당을 빼앗아 축적한 수억 원대의 자금, 청소 노동자들의 피와 땀과 눈물이 백주년기념관에 이유 없이 흩뿌려졌다.

3

"학교는 복지 기관이 아니기 때문에 여러분의 등록금에서 나오는 재정을 최대한 효율적으로 집행할 의무가 있다. …… 방호원과 청소원 같은 대표적인 공급과잉의 저임금 직종은 완전경쟁을 통한 고용, 즉 용역 업체에 대한 상호 경쟁입찰을 통해 최소의 비용을 확보할 수 있다."

청소 노동자의 처우 개선 문제가 불거지자 이용구 총장이 게시판 공지글을 통해 간접 고용의 불가피성에 대해 설명했다. 이와 같은 학교 측의 입장이 발표되면서 중앙인 커뮤니티의 여론 역시 들끓었다. "저 청소부들 아직 해고 안 됐나요?" "청소부들한테도 명예가 있었나요?" '회계와 사회'가 심어 준 환상이었을까? 예비 노동자들은 자신들의 노동권보다 건너편의 경영권을 더 추켜세웠다.

"청소 노조의 교섭 대상은 중앙대가 아니다."

"민주노총은 중앙대에서 철수하라."

"중앙대의 브랜드 가치가 하락하고 있어 매우 안타깝다."

학교 본부의 입장과 별반 다르지 않은 성명을 발표한 곳은 놀랍게도 중앙대 56대 총학생회였다.

"티엔에스도 아니고 그렇다고 학교도 아니고 …… 학생들이 우리한 테 이럴 순 없지."

"브랜드 가치? 먹고살자는데 그게 다 뭔 소리야……."

청소 노동자들 사이에서 총학생회에 대한 실망의 탄식이 이어졌다.

징계위원회 동수 구성, 신규 직원 추천권, 노조 활동 유급 보장.

"민주노총이 주장하고 있는 세 가지 안건은 학생 대표자들의 입장에 서도 수용 불가능하다고 생각한다." 그러나 총학생회가 불가능하다고 말한 세 가지 안건은 이미 연세대, 고려대 등 서울 지역 14개 대학에서 단체 협약을 통해 적용되고 있는 사항들이었다.

어떻게 보면, 구조 조정으로 한창 시끄러웠던 2010년을 끝으로 학생 자치는 사실상 암흑기에 접어들었던 것으로 보인다. 성명을 발표한 2014 년 제56대 총학생회장은 2011년 총학생회 문화위원장과 2012년 총학생 회 부총학생회장을, 부총학생회장은 2012년 문화위원장을 역임하며 소위 '새로운 시대의 학생 자치'를 주창해 온 인물들이었다. 하지만 그들이 내세 웠던 학생 자치는 협소해질 대로 협소해져 두산이 그어 놓은 선을 단 한 발자국도 넘어서지 못했다. 더욱이, 2011년 부총학생회장과 2013년 총학 생회장은 임기를 마침과 동시에 두산그룹에 입사함으로써, 대학 기업화 시대의 학생 자치가 가진 쓸쓸한 모습을 보여 주었다.

4

"뼈 빠지게 일만 했다. 중앙대 청소 파업 사태, 두산 재단 박용성 이사장이 결자해지 하라."

　2014년 1월 노동당에서 학교 밖에 내걸은 플래카드 세 장이 불과 하루가 지나지 않아 흔적도 없이 사라졌다. 구청에서 정비한 것도 아니었다. 경찰에 수사를 의뢰했지만 범인을 잡을 수는 없었다. 학교 측이 내세운 합리적인 비용 절감 노력이 얼마나 합리적인지, 과연 그것은 정당한 것인지를 묻는 이들에게는 재갈이 물렸다. 온갖 막말이 난무하는 상황에서도 홍보실 실장은 유독 청소 노동자들을 옹호하는 학생들에게만 법적 조치와 징계를 운운하며 압박을 가했다. 중앙인 커뮤니티에 청소 노동자들의 직접 고용을 촉구하는 글이 올라왔다. 중앙대 관계 당국은 용역 업체 선정 과정에 대해 의혹을 제기한 부분을 문제 삼으며 "허위 사실을 유포해 학교의 명예를 훼손한 것에 대해 학칙에 따라 처리할 것"이라고 엄포를 놓았다. 결국 당사자는 직접 행정처장을 만나 사과까지 해야 했다. 무차별적인 징계 위협은 당사자를 넘어 이를 지켜보던 수많은 학생들에게 자기 검열의 신호를 보냈다. 반면 청소 노동자들을 모욕하고 청소 파업을 응원하는 학생들에 대한 마녀사냥은 표현의 자유를 최대한 보장하는 것이 게시판 관리의 기본 방침이라는 명분하에 무책임하게 방치됐다.

　학교 밖의 여론이 악화될수록, 학교 당국은 내부 여론 통제에 더욱 열을 올렸다. 이견 제시는 곧 중앙인 사이트를 이용할 수 없는 신분으로의 강등을 의미했다. 청소 노동자들이 교내에서 외치는 구호 한 번, 대자보 하나, 현수막 하나에 1백만 원씩의 벌금을 물리겠다는 중앙대 측의 엄포에 대해 "학교가 과연 상식이 있는 것인지 모르겠다"고 이야기한 학생에게도 홍보실장과 행정처장은 징계를 하겠다고 나섰다. 학교 측의 행위에 대한 질문은 모두 학교에 대한 명예훼손과 모욕으로 간주되었고, 중앙인 커뮤니티에서 퇴출되었으며, 그러고도 언제 있을지 모를 징계와 소송에 불안에 떨어야 했다.

온라인 커뮤니티의 상황은 날로 악화되어 갔지만 오프라인의 상황은 새로운 전기를 맞고 있었다. 2013년 말, '안녕들 하십니까' 신드롬이 전국을 뜨겁게 달구었다. 철도 파업을 이슈화했던 고려대 주현우 학생의 물음에 중앙대 학생들도 화답했다. '교내 게시물 관리 방침'에 따라 자취를 감췄던 대자보가 여기저기 나붙으면서 안녕하지 못한 학생들의 목소리가 터져 나오기 시작했다. 홍보실장으로서도 속수무책일 수밖에 없었다. 커뮤니티 관리자로서 그가 쥐고 있던 온라인상의 권력으로는 학생들의 대자보를 통제할 수 없었다. 중앙인 커뮤니티에서처럼 공지글을 게시해 다스릴 수도 없었고, 누군가를 강제로 퇴장시킬 수도 없었다. 학생들의 대자보는 총무처의 '교내 게시물 관리 방침' 공지를 순식간에 에워싸더니, 그것도 모자라 법학관 로비를 가득 채웠다. 학교는 대자보 여론을 차단하고자 수십 장의 대자보를 철거하기도 했지만 여론이 급격히 악화됨에 따라 이내 철거를 포기할 수밖에 없었다. '안녕들 하십니까'라는 전국적 이슈와 맞물린 학생들 개개인의 목소리는 더 이상 예전의 대자보처럼 힘없이 짓밟히지 않았다.

2014년 1월 11일, 중앙대 학생들로 구성된 '의혈, 안녕들하십니까'와 페이스북 모임 '데모당'은 중앙대 정문에서 파업 중인 청소 노동자들을 지지하며, 대화에 응하지 않는 학교의 태도를 비판하는 '대자보 백일장' 행사를 열었다. 이날의 시제는 '중앙대 청소 노동자 투쟁 지지', '불통 중앙대 재단 규탄' 두 가지였다.

맹자가 중앙대 홍보실장을 만나되, 홍보실장 가로되 "그림자도 못 밟는 집안의 가장 같은 총장님을 학생들이 비아냥거리고, 학교의 품위를 떨어뜨린 게 사실이냐"고 물었다. 맹자 가로되, "직접 고용 않는 일을 후려치기라 하고, 노동자의 파업과 발언을 방해하는 일을 노조 깨기라 한다. 후려치고 노조 깨는 이를 장사치라 부르니, 학생이 장사치를 비판했다는 말은 들었지만 스승의 명예를 실추시켰다는 말은 듣지 못했다."[5]

서울대 김현우 학생의 촌철살인이 백일장에서 장원을 차지했다. 이어 2014년 2월 10일, 성균관대 비천당 앞에서 열린 대자보 백일장에서 장원을 차지한 것은 중앙대 학생의 글이었다.

청소 노동자 분들이 학교의 부당한 처사에 맞서 파업을 했고 어제까지 과실 옆의 이웃 학과가 없어지고, 그 과의 친구는 꿈도 후배도 잃었습니다. 아니, 빼앗겼습니다. …… 봄인 줄 알았던 대학은 겨울이었습니다. 너무 춥습니다. …… 저는 얼어 죽지 않기 위해 사람들의 손을 잡고 그 체온으로 연명할 뿐입니다. 하지만 이렇게 봄은 오는 것입니다. 꽃은 필 것입니다.[6]

"학생이 공부를 해야지 왜 대학 경영에 간섭하려 하냐"라던 박용성 이사장의 소망을 비웃기라도 하듯 청소 노동자들의 파업을 응원하는 학생들의 목소리가 교정 곳곳에 봇물을 이뤘다.

에필로그

1

혹자는 나를 현실성이 부족한 이상주의자라 할 수도 있고 더러는 돈키호테라고 비아냥거릴 수도 있겠다. 모를 일이다. 2009년 여름 고시반 입반 시험을 통과했을 때 승당관 입관을 신청했다면, 그래서 학교 밖 기숙사에 묻혀 생활했다면 지금의 나는 어떤 모습이 되었을까? 사실 새로 지어진 법학관 건물에 위치한 고시반 자리가 나는 무척이나 맘에 들었다. 우측으로 고개를 돌리면 창밖으로 문과대 낡은 건물이 내려다보였고, 사물함까지 딸려 있었다. 진중권 교수의 임용을 둘러싸고 문제가 불거진 건 고시반에 자리를 배정받고 얼마 지나지 않아서였다. 아무리 재단이라도 교수 임용 문제까지 왈가왈부하는 건 지나친 간섭이라고 생각했다. 괜히 자존심이 상하는 것도 같았다. 학교를 마음대로 주무를 수 있다는 재벌의 오만이 본능적으로 거북했다. 진 교수 대책위에 참여하면서부터 하루에 두 번 있는 열람실 출석 체크조차 채우기가 쉽지 않았다. 몇 가지 욕망이 상충하는 시기였다. 몇 번을 둘러대면서 상황을 모면해 보려다 결국 자진 퇴실을 결정했다.

그 이후 삶이 뒤엉키기 시작했다. 펜을 쥐어야 할 손에는 매직과 붓이 들렸고, 학생회실에서 며칠 동안 대자보와 플래카드 위를 뒹구는 게 일상이 되었다. 여기저기 페인트에 더럽혀진 옷을 입고 그렇게 분주하게 뛰어다니다 결국 총장실에까지 불려 가게 되었다.

2

『경향신문』의 연말 기획 기사에 독문과 김누리 교수와 나는 2009년에 이어 2010년 나란히 인터뷰의 주인공이 되었다. 김누리 교수는 '시국 선언과 지식인', 나는 '대학 상업화'라는 지면에서였다. 대학에서 잘려 나간 교수와 학생들, 손발이 묶여 버린 연구소, 일그러진 커리큘럼 등 상식을 뛰어넘는 대학의 살풍경. 이는 2009년 2학기부터 2010년 1학기까지 불과 일 년도 채 안 되는 기간 동안 기업가가 방문한 한 대학에서 벌어진 일이었다.

열심히 싸웠지만 역부족이었다. 일개 대학의 문제가 아니었기 때문이다. 비슷한 시기에 다른 수많은 대학에도 '기업화'라는 이름의 유령이 떠돌았다. 한국 사회의 권력이 정치의 영역에서 자본의 영역으로 넘어갔고, 신자유주의의 파고는 여지없이 대학마저 삼켜 버렸다. 학문은 상품이 되었고, 학생은 그 상품의 소비자가 되었으며, 교수는 그 학문의 생산자가 되었다. 그리고 모두가 시장 원리에 따라 성과를 내지 못할 경우 채찍을 맞아야 했다. 대학은 더 이상 성찰적 시민을 양산하는 공간도, 시장에 대한 대안을 제시하는 공간도 아니었다. 대안은커녕, 시장이 원하는 부품을 찍어 내기에 바쁜 공장, 직업 양성소가 되어 버렸다. 대학은 점차로 시장을 닮아

갔다. 유감스럽게도, 대학이 시장을 모방하기 시작했기 때문이었다. 대학 역시 정글이 되었다.

수천억씩 적립금을 쌓아 놓은 대학들에서 몇십 억 펀드 손실을 입었다는 소식은 더 이상 뉴스거리도 아닌 게 되어 버렸고, 펀드 도박에 대해 게시판에 해명을 요구한 학생은 정학 처분을 받았다. 물론 그 와중에도 등록금은 고공 행진을 이어 갔다. 이런 방만한 운영을 보다 일사불란하게 집행하기 위해 총장 선출 방식도 크게 뒷걸음쳤다. 문제의 대학들은 '경쟁에서 살아남기 위해 불가피했다'라는 말로 범죄를 정당화하려 들지만 그들 간의 경쟁에서 승자와 패자가 나뉠 순 있어도 경쟁 이데올로기의 틈바구니에서 교수와 학생들로 이뤄진 학문 공동체는 언제나 패자일 수밖에 없을 것이다.

3

두산 재단 6년, 수많은 일들이 나를 고개 숙이게 했고, 눈물짓게 했고, 절망하게 했다. 그러나 무엇보다 힘들었던 것은 사람이 변해 가는 걸 옆에서 보고 견디는 일이었다. 해군기지, 핵발전소, 방폐장, 송전탑. 공동체의 온전한 가치를 지키기 위해 분연히 일어난 사람들을 가장 괴롭히는 것은 공권력도 헬기도 포크레인도 아닌, 바로 곁에 있던 사람들이었다. 권력은 언제나 사람들을 분열시켰고, 서로를 의심하게 했으며, 결국은 서로 싸우다 나가떨어지게 만들었다. 지식사회도 마찬가지였다. 교수들은 백묵처럼 허망하게 뚝뚝 부러져 갔다. 너무 쉽게 포기하고 자신을 정당화하기에만 급급했다.

한때는 어깨동무로 큰 원을 그렸던 공동체도 산산조각이 났다. 도덕적 우위를 잃지 말자고 했다. 멋지게 지자고 했다. 그러나 현실은 부도덕하게 승리한 자들이 지배하는 세상이었다. 한때는 같은 천막 안에서 머리를 맞대고 고민하던 자들이, 그리고 한때는 마을회관에서 같이 농민가를 부르며 막걸리를 나눠 마셨던 자들이 맞은편 반석 위에 둥지를 틀었다. 떵떵거리며 사는 그들의 모습 앞에서, 내 자신이 초라해 보이지는 않았다. 다만, 그들과 또다시 싸워야 하는 현실이 너무 슬프다.

4

2011년 1월, 중앙대 사태를 취재하기 위해 나를 인터뷰했던 김순천 작가님으로부터 『인간의 꿈: 두산중공업 노동자 배달호 평전』을 선물로 받았다. 법원으로부터 '퇴학 처분은 부당하다'라는 판결을 받은 직후였다. 2002년을 전후로 두산중공업에서 벌어진 일들은 놀랍도록 중앙대에서 벌어진 일들과 유사했다. 송경동 시인의 표현대로 중앙대는 참 이상한 공장이었다. 부끄럽게도 나는 책을 즐겨 읽는 편은 아니지만 유독 이 책만큼은 닳고 닳도록 읽게 됐다. 10년 전 일들이 바로 눈앞에서 펼쳐지는 것만 같았다. 한국중공업이 두산중공업이 된 이후 80만 원이었던 임금이 59만 원으로 깎인 경비 노동자, 하루아침에 외주 노동자가 되어 버린 식당의 여성 노동자들, 인터넷 게시판에서 회사를 비판했다는 이유로 해고된 노동자, 손배가압류라는 신종 노동 탄압 수법에 결국 자신의 몸에 불을 붙이고 만 노동자, 그리고 '해고'라는 주홍 글씨를 달고 십 년이 넘게 공장 밖을 서성이며 복직 투쟁 중인 해고 노동자들이 있었다. 그들의 얼굴 위로 중앙대 청소 노동자들과 구조 조정된 학과의 교수와 학생들, 그리고 시위와 징계, 거액의 손해배상 청구로 점철된 대학 시절을 보내야 했던 나와 내 친구들의 얼굴이 겹쳐졌다.

"법과 원칙의 이중 잣대 두산 자본 규탄한다." 매일 아침 두산중공업 공장 앞에서 펼쳐졌다 다시 접히는 플래카드. 법과 원칙이 휘두르는 이중 잣대는 해고 노동자들과 두산가 형제들 사이에서 극명하게 엇갈렸다. 어제도 그랬고, 오늘도 그랬듯이, 내일도 굴하지 않고 그 자리를 꿋꿋이 지킬 두산중공업 해고 노동자들에게 이 책이 따뜻한 순댓국 한 그릇이었으면 좋겠다. 그리고 두산을 바꾸는 사람들이 손을 맞잡는 계기가 되었으면 좋겠다.

5

지난 연말 모 대학 후배로부터 전화 한 통을 받았다. 몇 년 만에 학생들의 힘으로 총학생회를 세웠는데, 학교에서 새터부터 발목을 잡고 나섰다는 것이다. "신입생 명단을 틀어쥐고 지원금도 끊겠다고 해 어찌해야 할지를 모르겠다"는 말을 전해 들었다. 얼마 후 마우나 리조트 붕괴 참사가 벌어졌다. 참사 직후 부산외대 측은 학생회가 금지 방침을 어기고 무리하게 행사를 강행했다는 입장을 발표했다. 한술 더 떠 '학생회 단독 OT 금지' 법안이 제출될 거라는 뉴스마저 들려왔다. 이후 조사 과정에서 대학 측이 예전에 비해 OT 예산을 대폭 삭감한 정황도 드러났다. 일련의 소식들에 머리가 복잡해졌다. 어찌 보면 사소해 보이는 일개 대학과 학생회의 새터 줄다리기는 대학 기업화와 학생 자치의 후퇴라는 변화의 한복판에서 벌어진 일이기도 했다. 2010년 중앙대의 모습이 떠올라 마음이 무거웠다.

6

이 책은 나 혼자만의 기록이 아니라 대학 기업화의 험로에서 함께해 주었던 많은 친구들과 선후배 그리고 여러 선생님들이 만들어 낸 지난 6년의 기록이다.

어려운 순간마다 함께해 주었던 친구들은 그 이후에도 그로 인해 많은 불이익을 받고 있다. 고공 시위를 함께했던 친구 석이는 블랙리스트에 올라 지난 학기 국문과에서 3등을 하고도 성적 장학금을 받지 못하게 됐다. 또 창인이는 징계 이력 때문에 피선거권을 제한한다는 학교 측의 억지에 작년 선거가 무산되었다. 물론 꿋꿋이 올봄 선거에 재도전할 예정이다. 두 친구 모두에게 한없이 미안한 마음과 고마움을 전한다. 질기고 뜨거웠던 여름, 보름 가까이를 노상에서 함께 고생한 효진이와 민호에게도 감사의 말을 전한다. 2010년을 미련 없이 싸울 수 있게 해준 내 마지막 총학생회장 지혜는 이제 소방공무원이 되어 불철주야 불 끄러 다니기에 바쁘다. 모쪼록 아무 탈 없이 건강하길 빈다. 나란히 칼 뒤집어쓰고 앉아 '징계는 사양하겠다'고 함께 외쳤던 동익이, 한참 어린 동생이지만 참 어른스럽고 야무진 호정이, 농활 가는 버스 안에서 막걸리를 먹이고 나를 민주노동당에 입당시킨 주식이, 삭발식에서 머리를 밀어 준 의리파 승선이, 항상 배후에서 지략과 총알을 보태 주며 투쟁을 사주한 동민이, 독문과 조교라는 이유로 이래저래 시달리며 고생했던 혜정이, 군 복무만 아니었으면 나랑 같이 타워크레인에 올라갔을 후배이자 친구인 나종, 겨울비 부슬부슬 내리던 날 기자 한 명 없는 헌법재판소 앞에서 플래카드 잡아 주고 우산 받쳐 준 승건이와 혜인이, 삭발 소식이 측은했던지 빡빡이 대열에 기꺼이 합류해 준 까까머리 동기 명숙이와 후배 철혁이, 밤늦게까지 플래카드를 쓰고 있으면 치킨이며 피자며 맛있는 간식을 안겨 주고 사라졌던 천사 같은 정미 누나, 그리고 일일이 언급하지 못한 모든 친구와 선생님들께 감사의 말을 전하고 싶다. 위기의 순간순간을 극복하고 담담히 두산과 맞설 수 있었던 것은 그들과 함께했던 보석처럼 빛나는 추억이 있었기 때문이다.

프롤로그

1 박용성 중앙대 이사장 인터뷰, "학교에 대해 무슨 규제가 이렇게 많은지……,"『월간 조선』
(2008년 11월호).

1장 바다를 향한 남자의 도전

1 고바야시 다키지,『게 가공선』(서은혜 옮김, 창비, 2012), 31-32쪽.

2장 대항해시대의 개막

1 http://en.wikipedia.org/wiki/University.

2 "박용성 이사장 '대학도 하나의 산업, 중앙대 대개혁' 이름만 빼고 모두 바꿀 터"(『경향신문』
2008/06/17)

3 대학교육연구소 논평 및 보도 자료(http://khei-khei.tistory.com/428).

4 "김희수 이사장 퇴진 강력 요구: 모교의 미래를 위해 용단 내려야…'학교법인정상화추진특별
위원회' 구성"(『중앙대학교 동창회보』제254호 2007/06/29); "현 학교 법인을 돌아보며-공
과"(『중대신문』2008/06/02).

5 "재정난 중앙대, 새 재단 두산에 큰 기대"(『한국대학신문』2008/05/08)

6 "두산, 중앙대 인수로 이미지 쇄신 나섰다"(『한국일보』2008/05/08).

7 "두산 전 이사장 쪽과 편법 매매 의혹"(『한겨레』2008/06/04); "학교까지 사고팔아서야 되겠는가"
(『한겨레』2008/06/05).

8 "두산그룹, 중앙대 인수 둘러싼 속사정: 평생 의술 버릴 수 있나요"(『시사포커스』2008/05/21);
"M&A공룡 두산, 중앙대까지 노림수"(『일요경제』2008/05/20); "두산, 중앙대 인수 뒷말 무성
한 내막: 기업보다 학교 인수가 더 짭짤?"(『시사포커스』2009/06/16); "두산, 중앙대 인수 편법
매매 의혹: 대가성은 인정하지만 관련 법규가 없다?"(『시사포커스』2009/06/29).

9 "1캠-개교 90주년 행사에 부쳐 애교심을 고찰하다," 중대 방송국 UBS 논평(2008/10/03).

10 "중앙대 구조 조정 이야기"(http://russell85.egloos.com/v/330261).

11 "법인 기대치 81.5%, 대학 투자 증가에 대한 희망 때문"(『중대신문』 2008/10/07).

12 "재학생, 총장 선출 임명제보다 직선제 지지, 제16회 중앙인 의식조사 설문 조사 결과"(『중대신문』 2008/10/07).

13 [박용성 인터뷰] 인센티브가 교육보다 효과적"(『월간조선』 2002년 9월호).

14 "중앙시평, 대학 발전과 참된 주인 의식"(『중앙일보』 2009/08/28).

15 "두산 '형제의 난' 1년7개월 만에 종결"(『한겨레』 2007/02/22).

16 김예슬, 『오늘 나는 대학을 그만둔다, 아니 거부한다』(느린걸음, 2010).

17 김순천, 『인간의 꿈: 두산중공업 노동자 배달호 평전』(후마니타스, 2011), 171-172쪽.

3장 우리들의 천국

1 "[특별 기고] 대학 교육에서 '교양'이란 무엇인가"(『한겨레』 2014/02/20).

4장 두산이 바꿔 놓은 것들

1 "'대학 민주화보다 이젠 경쟁력이 화두' 총장 직선제 폐지론 확산"(『중앙일보』 2007/10/22).

2 "중앙대 총장 직선제 폐지, 교수 연봉제 도입"(『동아일보』 2008/08/28).

3 강내희, "정동칼럼: 영혼을 파는 대학"(『경향신문』 2009/09/24).

4 Thorstein Veblen, *The Higher Learning in America*(New York: B. W. Huebsch, 1918), p. 139; Noble, *America by Design*, p. 244[제니퍼 워시번, 『대학 주식회사: 대학의 상업화에 대한 심층 탐사 르포』(김주연 옮김, 후마니타스, 2011), 78쪽에서 재인용].

5 "중앙대 대기업보다 '센' 연봉제 도입"(『교수신문』 2010/04/05); "중앙대 교수 연봉, 최대 630만 원 차이"(『한국대학신문』 2010/06/07).

6 "박용성 이사장의 중앙대 개혁 '성공할까"(『이코노미 조선』 2009/10/03); "두산 법인 2년, 중앙대 대학 개혁 중심에 서다: 연공서열 파괴… 대학 경쟁력 '쑥쑥'"(『한국경제매거진』 제762호 2010년 7월); "중앙대 '2년 연속 C등급 받은 교수, 안식년 금지'"(『중앙일보』 2011/06/11).

7 "두산의 '중앙대 실험' 1년 관전기: 1라운드는 두산 승, 2라운드는 이제 시작?"(『신동아』 통권 597호 2009/06/01).

8 "법인 직원 인건비도 등록금으로 집행"(YTN 2012/01/19).

9 "[인터뷰] 박용성 중앙대 이사장: 학교에 대해 무슨 규제가 이렇게 많은지…"(『월간조선』 2008년 11월호).

10 "유기풍 서강대 총장 - 이우현 OCI 사장 '기업가정신 과목 개설…시장 알아야 좋은 연구 나온 다"(『한국일보』 2013/07/23).

11 "두산의 '중앙대 실험' 1년 관전기: 1라운드는 두산 승, 2라운드는 이제 시작?"(『신동아』 통권 597호. 2009/06/01).

5장 독문과에 생긴 일

1 "[특집] 대학과 기업의 '부적절한 동거'"(『주간경향』 853호 2009/12/08).

2 "진중권 '박범훈 총장, 제자를 기생 취급하다니……저렇게 기본을 배워먹지 못한 분이 총장이라 는 게 한국의 불행'"(『프레시안』 2009/02/26); "'자르세요'했던 진중권… 중앙대, 정말 잘랐다" (『오마이뉴스』 2009/08/14).

3 "중앙대생들 진중권 해임 반대 운동 본격화"(『미디어스』 2009/08/17).

4 "한국연구재단 줄사퇴 파문 …… 내부감사도 책임 규명 부실"(『한겨레』 2010/07/12).

5 "한국연구재단 인문사회 단장 전원 사퇴"(『한겨레』 2010/07/11).

6장 더 이상의 자치는 없다

1 "『한겨레』 토요판 기자 허재현 동문을 만나다"(『잠망경』 9호 2013/12/15).

2 『중앙문화』 2010 무제호 참조.

3 매튜 A. 크렌슨·벤저민 긴스버그, 『다운사이징 데모크라시』(서복경 옮김, 후마니타스, 2013), 22쪽.

7장 지금 대학은 구조 조정 중

1 "학과 폐지가 단순히 학과 몇 개 없애는 걸까요?"(『프레시안』 2012/02/08).

2 "학문을 상품으로 보는 비교육적 조정안 철폐하라"(『머니투데이』 2011/12/07).

3 "부(富) 사회 환원 요구 헛소리 땐 자본주의 체제 무너질 수도"(『동아일보』 2005/07/20); "박용 성 회장, 중고교 교과서부터 고쳐라"(『한겨레』 2004/08/11).

4 "중앙대 '메가톤 변혁' 추진: 언론에 매 맞을 각오 …… 내달 구조 조정안 공개"(『한국일보』 2009/10/19).

5 "'대학 개혁' 깃발 든 박용성 중앙대 이사장의 직설 토로, 중앙대 개혁 실패하면 성공할 대학 없 다"(『신동아』 통권 601호 2009/10/01).

6 제니퍼 워시번, 『대학 주식회사: 대학의 상업화에 대한 심층 탐사 르포』(김주연 옮김, 후마니타스, 2011), 325쪽.

7 최종안에서는 당초 폐지하기로 했던 민속학과가 인문대학 아시아문화학부 비교민속학 전공으로 축소됐다. 하지만 독문과·불문과·일문과를 각각 유럽문화학부와 아시아문화학부 소속의 전공으로 축소시킨다는 방침은 유지됐다. 또 사범대의 경우 5월 교과부의 전국 사범대학 평가 결과에 따라 구조 조정을 단행하기로 한다(『한국일보』 2010/03/23). 이후 2013년 4월 15일, 민속학과는 결국 폐지를 통보받는다.

8장 동시다발 고공 시위

1 제니퍼 워시번, 『대학 주식회사: 대학의 상업화에 대한 심층 탐사 르포』(김주연 옮김, 후마니타스, 2011), 269쪽.

9장 시간의 감옥

1 "[이슈 인터뷰] 서강대학교 손병두 신임 총장"(『중앙일보』 2005/07/05).

2 구자홍, 『일단 저질러 봐: 청춘들이여! 실패해도 좋다, 지금이 기회다』(공감의 기쁨, 2011), 추천사.

3 "두산의 '중앙대 실험' 1년 관전기: 1라운드는 두산 승, 2라운드는 이제 시작?"(『신동아』 통권 597호 2009/06/01).

4 "국토 대장정의 행사 효과", 중앙대 학생처.

5 "고려대 출교생들 또 승소 '4년 싸움' 마침표 찍을까"(『한겨레』 2010/09/01).

10장 고요한 선상

1 "개교 95주년 기념 축사"『중대신문』(2013/10/07).

2 "학벌 부추기는 '서열 놀이' …… 대학 본부까지 가세 호들갑, 유명 입시 정보 누리집서 중앙대 분류 상향 변경에 홍보실장 '큰 성과' 자축글 서열 논쟁에 학생 동원"(『한겨레』 2011/03/29).

3 "'본교보다 상위대 출신만 장학금' 중앙대 대학원 규정 도마 위"(『중앙일보』 2012/08/01); "어이없는 중앙대 '우리보다 상위 대학 출신만 장학금 지급'"(『프레시안 2012/09/13).

4 "개강 특집 안국신 총장 인터뷰, 강의시수 개편 문제점 지속적 개선할 것."(『중대신문』 2012/03/03).

5 "두산건설 작년 흑전, 영업익 573억 …… 올 목표 1,300억"(『머니투데이』 2014/02/06).

6 "두산건설, 1,100억 원 규모 중앙대 신축 공사 수주"(『머니투데이』 2013/08/30); "두산건설, 중
앙대와 공사 계약 소식에 상승"(『조선비즈』 2013/09/02); "[재계 기부 상아탑 건물④] 삼성·두
산 재단 성균관·중앙 재단 '일장 일단'"(『비즈포커스』 2013/04/03).

7 이 조치는 이후 학생들의 항의로 철회되었다.

8 "특집: 수업의 질도 좋아지고 효율성도 높아진다는 거짓말"(『잠망경』 2호 2012/04/03).

9 "시장 상인도 경쟁력 떨어지면 '퇴출'"(『중앙일보』 2002/02/23).

10 이용구 총장 인터뷰에 따르면, "평가 결과 C를 받은 교수는 승진, 연구년(안식년), 해외 연수 선
정, 연구 조교 배정에 제한을 받는다. 2회 연속 C를 받으면 해당 연도의 강사료가 회수되고 다
음해 강의 시수가 늘어난다. 3회 연속 C가 나오면 개인 연구실을 회수한다. (3회 연속 C 대상자
는) 2015년 봄부터 나온다. 반면 본분을 지키는 교수는 기꺼이 지원한다. 올해 연구 장려금으
로 24억 원을 썼다. 인센티브도 활발하다. 15명이 2천만 원 이상을 받았다. 5천만 원을 받은 교
수도 나왔다"(『중앙일보』 2013/12/23). "중앙대, 교수 평가 3년 연속 최하위 등급 땐 연구실
몰수"(『조선일보』 2013/09/16)도 참조.

11 "중앙대학교, 교수 2명 '심각한 표절 확인'"(『중앙일보』 2013/09/28); "중앙대 'S등급' 교수, 제
자 논문 가로채: 지난 5년간 50여 편 쓴 교수 해임… '논문 수 중시가 빚은 촌극' 비난"(『서울
신문』 2013/10/04).

11장 침묵의 벽을 깬 사람들

1 "'청소 중 콧노래 안 돼' 중앙대의 황당한 청소 용역 계약서"(『경향신문』 2014/01/08).

2 "1백만 원 대자보 사건에도 손배의 악취"(『시사인』 2014/01/21).

3 "두산타워 퇴출 상인 억울해 …… 상가 관리 규정 어떻기에: 박용만 두산그룹 회장 '불통 행보'"
(『주간자유신문』 2013/09/02).

4 김순천, 『인간의 꿈: 두산중공업 노동자 배달호 평전』(후마니타스, 2011), 180쪽.

5 "중앙대 '대자보 백일장' '맹자 가로되 직접 고용 않는 일을 후려치기라'"(『경향신문』 2014/01/12).

6 주현우, "새내기는 안녕들 하십니까?"(『잠망경』 2014년 3월 새내기 특별호), 3면.